DUMONT

REISE-TASCHENBÜCHER

Mosel

In der vorderen Umschlagklappe: Die Mosel (westl. Teil)

In der hinteren Umschlagklappe: Die Mosel (östl. Teil)

Reinhold Schommers

Mosel

DUMONT

Umschlagvorderseite: Burg Landshut über Bernkastel
Innenklappe vorn: Winninger Weinhex-Fest
Innenklappe hinten: Dom St. Peter, Innenhof mit der Pauluskapelle
Umschlagrückseite: Steinmetzfigur in Traben-Trarbach (o.); Weinlese (u.)
Abbildung S. 2/3: Moselschleife bei Trittenheim

Über den Autor: Reinhold Schommers, geboren 1936, ist Studiendirektor und lebt in St. Aldegund an der Mosel. Von ihm sind zahlreiche Publikationen zur Kunst, Bau- und Sozialgeschichte der Moselregion erschienen.

Fremde Kulturen kennenlernen und gastfreundlichen Menschen begegnen – wie sehr genießen wir das auf Reisen. Zu Hause bei uns jedoch wird mancher Ausländer von einer kleinen Minderheit beschimpft, bedroht oder sogar mißhandelt. Alle, die in fremden Ländern Gastrecht genossen haben, tragen hier besondere Verantwortung. Deshalb: Lassen Sie es nicht zu, daß Ausländer diffamiert und angegriffen werden. Lassen Sie uns gemeinsam für die Würde des Menschen einstehen.

Verlagsleitung, Mitarbeiterinnen und Mitarbeiter des DuMont Buchverlages

Die Deutsche Bibliothek – CIP-Einheitsaufnahme

Schommers, Reinhold:
Mosel / Reinhold Schommers. - Köln : DuMont, 1997
(DuMont-Reise-Taschenbücher ; 2138)
ISBN 3-7701-3741-8

1. Auflage 1997

Satz und Druck: Rasch, Bramsche
Buchbinderische Verarbeitung: Bramscher Buchbinder Betriebe

Printed in Germany ISBN 3-7701-3741-8

Inhalt

Land und Leute

Natur und Geographie

Geschichte, Kunst und Kultur

Unterwegs an der Mosel

Koblenz – Stadt am Deutschen Eck

Von Koblenz bis Karden

Die schönsten Umwege der Mosel

Die Mosel von Trarbach bis Schweich

Trier – In 2000 Schritten durch 2000 Jahre

Ausflüge ins Dreiländereck

Tips und Adressen

Land und Leute

»Die vielen Ortschaften zu beiden Seiten geben den muntersten Anblick, der Weinbau, überall sorgfältig gepflegt, läßt auf ein heiteres Volk schließen.«

Johann Wolfgang von Goethe

HAMBURG

Natur und Geographie

Abwechslungsreicher Flußverlauf durch alte Kulturlandschaften

Sonnenverwöhnte Hänge mit südländischer Vegetation

Alte Weinbautraditionen

Blick auf die Reichsburg Cochem

Die Mosel – Vielfalt auf engstem Raum

Das Moseltal ist eine der am meisten besuchten Landschaften Mitteleuropas. Diese ›sanfte Flußlandschaft im südlichen Licht‹ mit ihren romantischen, waldigen Bachtälern bezieht ihren besonderen Reiz aus der Vielgestaltigkeit der überraschenden Flußwindungen: dem warmen, geradezu mediterranen Klima der Rebhänge, dem Wald in seiner großen Vielfalt, der zu beschaulichem Wandern einlädt, dem Wein und der mit ihm verbundenen Lebensfreude. Was die Mosel von den weiten Hochflächen des Hunsrücks im Süden bis zur Vulkaneifel im Norden zu bieten hat, sind drei ganz unterschiedliche Landschaften in einer, und das hebt sie von anderen touristischen Landschaften ab.

Der Tourismus bietet an der Mosel viel auf engstem Raum: Da ist zum einen die **Weinseligkeit** des »hier bin ich Mensch, hier darf ich's sein« auf unzähligen Festen um und mit dem Wein von Mai bis November. Vom Weinblütenfest bis zum Federweißerfest liefert der Wein in seinem Werden jederzeit in weniger als 20 km Entfernung vom jeweiligen Urlaubsort einen Anlaß zu feiern.

Wer es ruhiger haben will, der kann eine ganz andere, stille Mosel erleben, gleich hinter dem letzten Haus am Rebhang. Kaum irgendwo bietet sich dem **Wanderer** solche Vielfalt von duftender Strauchlandschaft an steilen Südhängen, von Auwäldern am Fluß und in den Bachtälern oder von Eichen-Hainbuchen-Wäldern mit mehrhundertjährigen Beständen im Wechsel mit schattigem Nadelwald. Dazu bieten sich am Hang immer wieder überraschende Ausblicke von Felsvorsprüngen ins Tal und weite Blikke von den Höhen bis zu den Quarzitrücken von Soon-, Idar- und Hochwald und den Basaltkuppen der Eifel.

Mosel, das ist auch eine alte deutsche Kulturlandschaft, immer wieder befruchtet von anderen Völkern und Kulturen, die hier durch das ›grüne Herz Europas‹ gezogen sind. Nicht nur in Trier ist keltoromanische und imperiale Geschichte gegenwärtig, nicht nur in Koblenz die Macht der trierischen Kurfürsten und des preußischen Militärs. Kultur von höchster Qualität findet man selbst in kleinsten Dörfern. Allgegenwärtig sind nicht allein Zeugnisse der Vergangenheit, Musikfestivals, Ausstellungen und Kultur-Aktionen steigern den kulturellen Reichtum der Region. Wer all dies erleben will, sei es in einer romanischen Dorfkirche, einer mittelalterlichen Burg, einem barocken Klosterhof, einem klassizistischen Winzerhof oder einem neubarocken Weinmuseum, die Mosel bietet es unverfälscht, und noch dazu zu bescheidenen Preisen – Provinz zwar, doch keineswegs provinziell!

Geographie

Das Moseltal ist eine der abwechslungsreichsten Landschaften Europas, nur vom Mittelrhein an Majestät übertroffen. Dies veranlaßte auch die romantischen Reisenden des 19. Jh., ihr Landschaftserlebnis zu inszenieren: Engländer reisten die Maas aufwärts bis etwa nach Givet, querten Luxemburg und fuhren moselabwärts zum Rhein, um so das Reiseerlebnis zu steigern.

Geographisch gesehen ist die Mosel (Moselle, d. h. ›kleine Maas‹) ein westlicher Nebenfluß des Rheins mit einer Gesamtlänge von 545 km. Sie entspringt 735 m über NN am südwestlichen Hauptkamm der Vogesen beim Col de Bussang, fließt in nordwestlicher Richtung bis Toul, wo sie sich bis auf wenige Kilometer der Maas nähert, und fließt dann in nördlicher Richtung an Metz und Thionville vorbei, schließlich schlägt sie einen nordöstlichen Lauf ein und erreicht bei Kilometer 297 die breiten Tal- und Auenlandschaften an der deutsch-luxemburgischen Grenze. Von hier an verändert sich ihr Bild grundlegend.

Zunächst stellen sich die mächtigen Keuper- und Muschelkalkschichten des Ostluxemburger Gutlandes der Mosel entgegen, in deren wellige Hochflächen sich der Fluß ein verhältnismäßig breites Tal gegraben hat. Die Landschaft ist geprägt von intensivem Ackerbau, punktuellen Industrieansiedlungen und ausgedehnten Rebfluren an den Uferhängen. Geographisch etwas unpräzise wird dieser Talabschnitt aus deutscher Sicht **Obermosel** genannt.

An der Saarmündung dehnt sich in den weichen Buntsandsteinschichten das Bett der Mosel zur **Trierer Talweitung** aus, die zunehmend von Siedlungsflächen eingenommen wird. Die roten, teils sichtbaren Sandsteinfelsen steigen zum flachen bis welligen Moseltrog steil an. Auch wenn der Volksmund sagt: »In Trier regnet es – oder es läuten die Glocken«, dann überwiegt das Läuten, denn der Niederschlag liegt – bei hoher Sonnenscheindauer – um 600 bis 700 mm. Bei Schweich tritt der Fluß unvermittelt in das Rheinische Schiefergebirge, während Eisenbahn und Straßen die stark ausgeräumte Wittlicher Senke durchqueren.

Dies erklärt sich aus der geologischen Geschichte. Das Rheinische Schiefergebirge gehört zu den in der Karbonzeit (vor ca. 350 bis 285 Mio. Jahren) gebildeten variskischen Faltengebirgen. Während des ganzen Erdmittelalters und der Erdneuzeit wurde dieses Gebirge abgetragen und bildete vor ca. 1 bis 2 Mio. Jahren eine Rumpfebene nur wenig über Meereshöhe. In breiten Talauen flossen der Rhein und seine Nebenflüsse träge mäandrierend dahin.

Die Alpenfaltung erfaßte von Süden her dieses Rumpfgebirge und hob es in rund 2 Mio. Jahren

›Steckbrief‹ Mosel

Größe und Lage: Zwischen Hunsrück im Süden und Eifel im Norden gelegene, im Flußlauf 243 km, in der Luftlinie 120 km lange und 1 bis 10 km breite Tallandschaft, eingeschnitten in einen 4 bis 12 km breiten Trog. Das Moseltal erstreckt sich in nordöstlicher Richtung von der französisch-luxemburgischen Grenze bis zur Mündung in den Rhein bei Koblenz. Nach einer kurzen Strecke durch das Saarland verläuft das Tal sonst durch das nördliche Rheinland-Pfalz. Zur Region Mosel-Saar-Ruwer zählen das untere Tal der Sauer, dem westlichen Grenzfluß zu Luxemburg, das untere Saartal von seinem Eintritt ins Rheinische Schiefergebirge bei Mettlach, das Ruwertal als südlicher Zufluß und die Wittlicher Senke.

Geographie: Die Mosel bei Perl liegt 140 m über NN, die Mündung bei Koblenz 59 m über NN. Die Tallandschaft gliedert sich in die Obermosel mit der nordwestlichen Luxemburger Talseite bis zum Mündungsbereich von Sauer und Saar in Hügellandschaft am Saargau auf Keuper- und Muschelkalkschichten; die Trierer Talweitung mit Buntsandstein bis Schweich, fortgesetzt nach Nordosten in die von Rotliegend-Schichten geprägte Ausräumungsmulde der Wittlicher Senke und das Durchbruchstal der Mosel im Rheinischen Schiefergebirge, im Bereich der weicheren Hunsrückschiefer der Mittelmosel bis Bullay-Alf als Mulden-, im Bereich der Tonschiefer, Grauwacken und Quarzite der Untermosel als Kastental mit stark mäandrierendem Lauf ausgebildet. Das z. T. erkennbar terrassenförmig ausgebildete, rund

schnell an. Der Fluß verlegte sich von der Seiten- auf die Tiefenerosion verhältnismäßig harter Schichten. Da der alte Verlauf sich nicht mehr strecken konnte, entstand diese Besonderheit eines tief in das Gebirge eingeschnittenen stark mäandrierenden Flusses.

Dieses eigentliche Moseltal läßt sich wiederum in drei geographische und auch kulturlandschaftlich unterscheidbare Talabschnitte teilen. Die sogenannte **Mittelmosel** von Schweich bis an den Kreis Cochem-Zell ist ein tief eingeschnittenes Kastental im alten Moseltrog und den begleitenden höheren Quarzitrücken und Kuppen zum Hunsrück und zur Eifel hin im etwas weicheren bläulich-grauen Hunsrückschiefer, der den besten Untergrund für den Weinbau in der Steillage bildet. In weit geschwungenen Mäandern hat der Fluß den deutlichen Gegensatz von steilen Prall- und sanften Gleithängen

250–300 m eingeschnittene Tal geht von dem in knapp 400 m über NN liegenden Moseltrog in leichten Stufen zu den Rumpfflächen von Eifel und Hunsrück über.
Bevölkerung: Die Moselregion ist mit 420 000 Einwohnern relativ dünn besiedelt. Etwa 50 % der Moselbevölkerung wohnt in den Städten Trier (95 000 Einw.) und Koblenz (115 000 Einw.). Die übrigen 200 000 Einwohner der Region verteilen sich auf etwa 130 Weindörfer und -städtchen. Die größten von ihnen sind Wittlich und Konz mit 16 000 Einwohnern, Bernkastel mit 7000, Cochem, Traben-Trarbach und Saarburg mit 6000 Einwohnern und Zell mit 5000 Einwohnern.
Verwaltung: Die Weindörfer Perl, Besch und Nennig gehören zum Saarland, die übrige Region zu Rheinland-Pfalz mit den Regierungsbezirken Trier und Koblenz, bestehend aus den kreisfreien Städten Koblenz und Trier und den in Verbandsgemeinden untergliederten Kreisen Trier-Saarburg und Bernkastel-Wittlich sowie Cochem-Zell und Mayen-Koblenz.
Wirtschaft: Bedeutendster Wirtschaftsfaktor ist der Weinbau und Weinhandel in enger Verflechtung mit dem Tourismus, der an der Mosel die höchste Bettendichte je Einwohner aller deutschen Ferienregionen erreicht. Punktuelle Industrieansiedlungen der Kunststoffertigung, des Metall- und Maschinenbaus, der Möbel- und Ersatzteilindustrie finden sich in Seitentälern, in Gewerbegebieten auf den Höhen des Moseltrogs, im Stadtbereich von Wittlich, Konz und der großen Städte Trier und Koblenz, in denen viele Pendler der Region Arbeit finden. Der Anteil im Dienstleistungsbereich ist in den Verwaltungs- und Universitätsstädten Koblenz und Trier besonders hoch.

geschaffen. Recht weit öffnen sich die Seitentäler der Bäche und kleineren Flüsse wie Dhron und Lieser, in deren Mündungsbereich sich mehrere Umlaufberge mit trocken gefallenen alten Talböden der Mosel zu einer reizvollen Beckenlandschaft entwickelt haben. In diesem Bereich des Hunsrückschiefers liegt das Kernland des Moselweinbaus.

Zwischen Trarbach und dem Mündungsgebiet von Endert und Elz nordöstlich von Cochem hat die stärkste Aufwölbung des Rumpfgebirges die größte Reliefenergie des Moseltals und die stärkste Mäandrierung des Flusses zur Folge gehabt. Das Tal ist steiler, der Talboden wird schmaler, die Bäche und kleinen Nebenflüsse bilden steile, waldreiche Kerbtäler. Die Rebhänge sind auf weiten Strecken ›Amphitheater‹ von übereinandergetürmten Trockenmauern bzw. zyklopischen Mauern von

Flurbereinigungen jüngerer Zeit. Hier – so haben es schon die englischen Reisenden der Romantik vielfach beschrieben – erstreckt sich der reizvollste Abschnitt der Mosel mit seinem ausgeprägten Wechsel hoher Rebhänge und dichter Bergwälder. Der Untergrund besteht teils aus quarzitischen Schichten mit starker Felsbildung, teils aus Tonschiefern in rötlichen Farbtönen und aus steinigen Grauwacken, dem beliebten sichtigen Baumaterial des 19. Jh.

Moselabwärts ab Cochem wird der Eindruck des Moseltals, das man landläufig **Untermosel** nennt, rheinischer. Es wird auch zur naturräumlichen Einheit Mittelrhein gezählt. Das Tal gewinnt teilweise den Charakter eines langgestreckten Canyons mit steilen, felsigen Hängen, einem sehr schmalen Talboden und einem sehr abrupten Übergang vom Tal auf die von Kiesen und Löß bedeckten Trogflächen des Maifelds und des Vorderhunsrücks. Die kurzen Bachtäler sind teilweise klammartig in den meist harten Kieselgallenschiefer eingeschnitten. Die eingelagerten Dachschiefer- und Tonschieferschichten sind reich an Fossilien. Im Regenschatten von Eifel und Hunsrück ist dieser Talabschnitt durch ein sommerwarmes Beckenklima mit nur 550–600 mm Niederschlag pro Jahr ausgezeichnet.

Fast im gesamten Talbereich sind die durch das Zusammenwirken der quartären Eiszeiten mit Hebungsphasen des Gebirges entstandenen Hangterrassen erkennbar. Besonders ausgeprägt ist die 280 m über NN liegende Hauptterrasse. Mittelterrassen erkennt man in verschleifter Form besonders an den flacheren Gleithängen. Die Niederterrasse wird dort, wo sie breiter entwickelt ist, von den Siedlungen eingenommen.

Sommer auf den Trogflächen des Maifelds

Klima und Vegetation

Dank der Wechselwirkung von atlantischen und mediterranen Klimaeinflüssen mit einem speziellen Talklima, das vorwiegend nach Südwesten geöffnet und nach Norden und Osten abgeschirmt ist, ist die Mosel mit Ahr und Mittelrhein eines der nördlichsten Weinbaugebiete der Welt.

Die Wärmespeicherung des (gestauten) Flusses verhindert Frühfröste – genauso wirkt die Talnebelbildung in den Herbstmonaten Spätfrösten entgegen. Deshalb gedeiht vorzüglich der Riesling, die Rebe mit der längsten Wachstumszeit und daher höchsten Qualität.

Im Winter lassen vorwiegende Südwestwinde vom Atlantik die Durchschnittstemperatur des kältesten Monats langfristig nicht unter +2 °C fallen. Im Frühling verstärkt sich der Einfluß milder Luftmassen, so daß die durchschnittlichen Temperaturen bei langer Sonnenscheindauer über 18 °C liegen. Im Sommer werden in der Regel Tagestemperaturen von 25 °C erreicht.

Die Niederschläge sind mit 550–750 mm ausreichend und fallen im Sommer meist als Gewitterregen. Eine Folge dieses Klimas ist eine Vegetationsvielfalt, wie man sie sonst nur in Südwestfrankreich (atlantische Steppenheiden) oder im Mittelmeerraum (Trockenpflanzen) antrifft: Orchideen, Buchsbaum, wilder Hopfen, Christrose, Mehlbeere, Maulbeerbaum, Wal-

Mosel-Apollo und Smaragdeidechse

Apollo, der Gott des Lichtes und der schönen Künste, wurde, wenn auch unter anderen Namen, von den Kelten an der Mosel sehr verehrt. Als Verkörperung von Schönheit gab er dem schönsten unserer Falter den Namen: Apollo-Falter.

Der äußerst seltene Mosel-Apollo wird von Fachleuten als schönster Schmetterling überhaupt bezeichnet. Nur wo Wein auf Mauerterrassen im Schiefersteilhang wächst, hat er seinen Lebensraum. Und dort, wo er in der Sonnenglut taumelt, huscht auch im Trockengemäuer die Smaragdeidechse mit grün irisierender Rückenfärbung. Am Mittelmeer heimisch, zählt sie bei uns zu den Seltenheiten. Sie ist ›ein Hauch von Mittelmeer‹ an der Mosel wie die weiten Buchsbaumhecken auf trockenem Fels der Terrassenmosel, wie knorrige Maulbeerbäume hie und da als Zeuge ehemaliger Seidenraupenzucht, Eßkastanien und Feigen, Walnußalleen und wärmeliebende Orchideen.

Eine weitere seltene Köstlichkeit hat die Mosel zu bieten: den Weinbergpfirsich, auch Mandel-Pfirsich, der nur dort sein unter pelziger Schale verborgenes Aroma und die rubinrote Farbe des Fruchtfleischs entwickelt, wo auch der beste Riesling wächst. Was Mosel-Apollo und Smaragdeidechse an äußerer Schönheit haben, hat der Weinbergpfirsich an Geschmack, dessen fruchtiger Mandelton mit den besten Rieslingweinen wetteifert.

Wenn ein Moselaner eingemachte *Wingertspesche* oder deren Marmelade verschenkt, zu Weinbergpfirsichtorte einlädt, dann bezeugt er gegenüber dem Beschenkten seine besondere Freundschaft.

nüsse, Eßkastanien, Weinbergpfirsiche u.v.a. Das Moseltal ist Lebensraum seltener Tiere wie Smaragdeidechse, Mosel-Apollo-Falter, Reiher, Kormorane, Haselhuhn und Zippammer.

Das Tal hat ein sehr mildes, gelegentlich schwüles Klima, die Moselberge bestimmt bei rund 400 m Höhe ein mildes Reizklima.

Die älteste Weinlandschaft Deutschlands

Die Mosel ist die älteste deutsche Weinlandschaft, deren Produkt die Lebensart, Arbeit, Wirtschaft und Kultur bis heute bestimmt.

Daß die keltischen Treverer schon in vorrömischer Zeit Weinbau betrieben haben, dafür gibt es Hinweise: Die Übernahme griechischer Anbaumethoden und Werkzeuge, die von Massilia (Marseille) aus über Rhône und Saône erfolgte. Auch das auf römischen Steindenkmälern stets abgebildete Holzfaß ist keltischer Herkunft. Beweise für keltischen Weinbau haben die Archäologen bisher jedoch noch nicht.

Die Römer haben italischen Wein in das von ihnen eroberte ›Belgien‹ und ›Germanien‹ an Mosel und Rhein gebracht; den Weinbau haben sie dort klein gehalten. Erst als nach den Germaneneinfällen die Versorgung der Rheingrenze nicht mehr klappte, gab Kaiser Probus den Weinanbau an Mosel und Rhein frei, der sich dann schlagartig entwickelte, was auf alte Kenntnisse hinweist. Er bestimmte fortan das Leben an der Mosel.

Elbling (Alben = *vinum album:* Weißwein), mit dem wohl gallischen Synonym ›Klemprich‹ genannt, gilt als ›Wein, den schon die Römer tranken‹. Er wird vorwiegend auf Muschelkalkböden zwischen Saarmündung und Dreiländereck angebaut und dort, wo sich ein keltoromanischer Dialekt bis ins Hochmittelalter gehalten hat: Zwischen Zell und Cochem gibt es den ›Klemprich‹ in kleineren Mengen. Sein kraftvoller, säurebetonter Männerwein ist anregend zum Essen, vor allem zum Fisch, und ein Zechwein.

Auch Rotwein bauten die Keltoromanen und die ihnen folgenden Franken an, der stellenweise bis ins 19. Jh. gepflegt wurde und im Augenblick eine zaghafte Renaissance erlebt.

Der Wein zog Abteien, Klöster und Adel an die Mosel. Wein war *das* gesunde Getränk des Mittelalters und der frühen Neuzeit. Unzählige geistliche und adelige Weinhöfe bestimmen bis heute das Bild der Weindörfer entlang des Flusses, ihre Kultur und die Namen vorzüglicher Lagen: vom ›Dompropst‹ über den ›Herrenberg‹ bis hin zu ›Königslay‹, ›Bruderschaft‹ und ›Prälaten‹.

Aus dem Mittelalter sind uns die minderen ›Hunnenweine‹ und die

Mosel-Riesling

Vom alten Loden-Image zum jungen Trendsetter

Winzer bei der Probe

Man spricht wieder – positiv – über den Mosel-Riesling! Die ›Weinpäpste‹ Hugh Johnson und Stuart Pigott tun es, Ulrich Wickert tut es bei Bio, Johann Lafer, mit der Nahe verheirateter Gourmet-Koch, scheut sich nicht, es zu tun; dem eher moselkritischen ›Spiegel‹ ist es eine Story in 44/95 wert, und selbst Fernseh-Regisseure stellen neuerdings zum schmusigen Tête-à-Tête schon mal einen Moselwein auf den kerzenschummrigen Tisch. Sie sind im Trend! – In der größten Krise scheint der Mosel-Riesling wie ein Phoenix aus der Asche zu steigen.

hochwertigen fränkischen Weine bekannt. Im frühen 15. Jh. wird in Trier erstmals der *rüßling* genannt, der sich zur klassischen Rebsorte der Mosel entwickelte. Sie gedeiht in guten Weinjahren nirgends trefflicher als auf den steilen Schieferhängen der Mosel.

Zu Zeiten von Wilhelm II. galt Moselwein als Modewein für adelige und großbürgerliche Lodenträger mit Zigarre in den kieferdunklen Weiten Nord- und Ostdeutschlands ebenso wie für den zigarettenspitzenbewehrten Dandy in den Großstädten. Bei Mosel wurden Jagderfolge gefeiert und Liebesworte geflüstert. Aber die Zeiten änderten sich: Auf den Moselwein färbte zusehends das Kegelklubimage des Billigtourismus ab; er wurde zum Massen-Wein im doppelten Sinn des Wortes. Das schien zunächst gut zu gehen, solange die Deutschen lang Entbehrtes ungehemmt nachholten. Gleichermaßen hemmungslos weitete man an der Mosel Rebflächen aus: »von den schnatternden Enten am Moselufer bis zum blökenden Höhenvieh auf Eifel und Hunsrück«, wie der ›Spiegel‹ 1958 süffisant schrieb. Man pflanzte säurearme Massenträger neuester Züchtung, deren Produkt ebenso flach war wie die Fläche, auf der sie wuchsen.

Ein Weingesetz von 1971, wie es sich nur Deutsche geben können, verführte – oder zwang – eine große Zahl von Winzern und Weinhandlungen, zu manipulativen Praktiken bei der Weinbereitung zu greifen – die übrigens anderswo in Europa als legal gelten. Nach kurzem, steilem Aufstieg der vorherrschenden Spät- und Auslesen kam mit den Skandalen der 80er Jahre der tiefe Fall. Altrenommierten und erfahrenen Weingütern und fachlich bestausgebildeten jungen Newcomern, unterstützt von den Öko-Weinbauern, gelang es nicht nur, den Absturz zu vermeiden, sondern den Trend zu neuem Aufstieg umzukehren.

Man erfand neu, was den Mosel-Riesling schon immer auszeichnete: den schlank-eleganten, sportiven, jugendlichen Wein. Seinem Outfit gab man eine gelungene Mischung von Tradition alter Weinkultur und künstlerischem Trend à la mode. Statt Masse heißt Klasse das neue, alte Zauberwort.

Wiederentdeckt wurde, um was uns südliche Weinerzeuger (heimlich) beneiden: der alkoholarme, aber feinfruchtige, mineralstoffreiche, pikantsäurige, gesunde Wein. *Light is in!* – also auch der Mosel-Riesling in seiner klassisch-neuen Art.

Es herrscht, trotz aller erkennbaren Schwierigkeiten, Aufbruchstimmung an der Mosel. Dem Weinliebhaber kann es nur recht sein!

Da aber bis ins 18. Jh. Qualität weniger gefragt war als mengenhafter Ertrag, wurden vielerlei Rebsorten ungeordnet angepflanzt. Erst seit 1736 legten Verordnungen die Qualität fest, was im Gebot des letzten Trierer Kurfürsten Clemens Wenzeslaus, Prinz von Sachsen, aus dem Jahr 1788 gipfelte. Es machte den Anbau von Riesling ebenso zur Pflicht, wie es verbot, andere Rebsorten in abgabepflichtigen Weinbergen zu pflanzen.

Die 1794 einmarschierenden Franzosen achteten den Weinbau an der Mosel gering und förderten dagegen Obstbau und Forstwirtschaft. Die Preußen erhielten aber mit dem Rheinland 1815 endlich ihren Wein und weiteten, ›Grünberge‹ gewöhnt, den Anbau auch dahin aus, wo eher »dünne Säuerlinge« wuchsen, wie sich ein Reisender des frühen 19. Jh. mokierte. Die Öffnung der innerdeutschen Zollgrenzen 1834 brachte der Moselregion eine schlimme wirtschaftliche Krise, die sich auch im Weinanbau niederschlug.

Durch die Erfindung von Claude Chaptal und Ludwig Gall, Weinmost durch die Zugabe billigen Rübenzuckers anzureichern/zu verbessern, konnten die klimabedingten Schwankungen der Qualität ausgeglichen werden. Was in Frankreich als ›Chaptalisieren‹ bis heute positiv gesehen und gepflegt wird, erhielt bei deutschen Weinen völlig zu Unrecht den Makel des Pantschens. Die Abfüllung in Flaschen, die mit Kapsel gesichert wurden, der Original-Kellerabzug, konnte nun vom Schankwirt nicht mehr wie früher, als er aus dem Faß verzapft wurde, gepantscht werden. Moselwein war in der zweiten Hälfte des 19. Jh. fast ebenso gefragt wie der Rheingauer, wodurch ein wohlhabendes Wein-Bürgertum entstand, das sich einen repräsentativen und kultivierten Lebensstil leisten konnte. Das wiederum förderte den Absatz und einen anspruchsvollen Tourismus.

Genossenschaften hatten wenig Chancen an der Mosel. Jeder Winzerbetrieb – und war er noch so klein – baute seinen eigenen Wein aus. Das brachte eine herrliche Vielfalt, erschwerte aber die überregionale Vermarktung. Der Selbstvermarkter stand und steht daher stets im ungleichen Wettbewerb mit Großkellereien. Darin liegt heute ein strukturelles Problem des Mosel-Weinbaus: Die Familienbetriebe haben meist 1,5–4 ha Rebfläche; große Weingüter sind eher selten. Da der Selbstvermarkter nur

Weinberg im Frühling

punktuell werben kann und für die über seinen Betrieb hinausgehende Werbung meist wenig – oder kein Geld – übrig ist, bleibt die Mosel-Weinwerbung in Finanznöten und hat es schwer, für das Typische zu werben. Der Weinkenner darf oder muß also auf Entdeckungsreisen durch die Keller gehen, um *seinen* Wein und Winzer zu finden. Für den, der es mag und die Muße dazu hat, ein herrliches Vergnügen. Nur, wir leben im Zeitalter der Pauschalangebote: und das bekommt dem Markt für Moselwein nicht sonderlich gut.

Weinfeste als ein fröhlich-weinseliges Massenereignis helfen da auch nicht viel. Ein trefflicher Festwein als Werbung für Moselwein ist garnicht selbstverständlich. So schwankt das Bild des Moselweins manchmal stärker als der Weingenießer nach der dritten Flasche.

Geschichte, Kunst und Kultur

Geschichte im Überblick

Spuren der Römer

Wehrhafte Burgen, Sakralkunst und Fachwerkidylle

Die Kaiserthermen in Trier

Die Mosel, Durchgangsland und Schmelztiegel Europas

»Der Moselaner, der sich nicht scheut, die Frage nach seiner Herkunft ohne Hemmung zu beantworten, läuft Gefahr, gegen viele gute Sitten zu verstoßen.«

Alfons Krisam

Ein genauer Blick auf die Landkarte verrät es: Verbindet man die großen Hauptstädte Europas miteinander, dann kreuzen die meisten Linien den Raum zwischen Koblenz und Trier. Geographische Leitlinien verdeutlichen noch diese Stellung mitten in Europa: Die Rhein-Linie stellt die große Verbindung zwischen Süd und Nord, die Linie Maas-Mosel-Lahn-Thüringische Pforte die von West nach Ost dar. Als man noch zu Fuß oder mit dem Schiff unterwegs war, nahm man die jeweils kürzeste Verbindung; und die führte durch das Mosel-Mittelrhein-Gebiet!

Erste sichtbare, hörbare und erkennbare Spuren in der Landschaft und bei den Menschen hinterließen die Kelten. »Vor Rom stand Trier 1300 Jahre«, kündet eine Inschrift am Marktplatz von Trier. Bei allem Mythos, der diese Inschrift umweht – die Treverer waren Kelten und besiedelten etwa 700 Jahre vor unserer Zeitrechnung den Raum von Mosel und mittlerer Maas. Rätselhaft ist trotz aller neueren Forschung immer noch ihre Geschichte, denn sie bildeten keinerlei staatsähnliche Organisationsformen aus, und sie hinterließen auch keine schriftlichen Zeugnisse. Dennoch waren die Kelten ein Volk, das den Raum der Gebirge und Mittelgebirge vom Balkan bis nach Spanien und Großbritannien besiedelte. Hügelgräber mit reichen kunstvollen Beigaben, Bergstädte mit Heiligtümern und ›Kurzentren‹, Münzen und Sprachreste, die sich bis heute im Dialekt der Moselaner halten, Orts- und Flurnamen, orientiert an natürlichen Gegebenheiten, all das sind letzte Spuren einer hochentwickelten, insgesamt friedlichen Kultur.

Gaius Julius Caesar, ebenso genial wie rücksichtslos, hat diese Kultur zerstört. Sein propagandistischer Bericht über den Gallischen

Bildnis des Kaisers Probus auf einer Münze aus dem 3. Jh.

Die Rieslingrebe

Der Riesling, in Trier erstmals um 1450 als *rüßling* namentlich erwähnt, ist eine langreifende, gegen Früh- und Spätfröste widerstandsfähige Rebe. Die als *vinum amineum* schon in der Antike hochgeschätzte Ursprungsrebe für weißen, lagerfähigen Gebirgswein liebt gut durchlüftete mineralreiche Böden, Sommer mit ausreichend Wärme und Feuchtigkeit sowie trockene Spätsommer. Die lange Wachstumszeit bringt fruchtige, mineralstoffreiche, alkoholärmere und feinsäurige Weine, die durch spritzige, nervige Eleganz bestechen. Die Rebe ist den klimatischen und geologischen Bedingungen der Tallandschaften nördlicher Anbaugebiete optimal angepaßt, weshalb der Riesling als bester Weißwein guter Jahrgänge gilt.

Bis heute ist Riesling in Steillagen praktisch die einzige und an Mosel-Saar-Ruwer insgesamt mit über 60 % der Fläche die vorherrschende Sorte.

(keltischen) Krieg sagt interessante Wahrheiten über die Kelten, aber nicht die ganze Wahrheit über sein brutales Vorgehen gegen sie.

Die Römer waren da; kulturell sind ihre Spuren seit spätaugusteischer Zeit faßbar. Trier feierte 1984 sein zweites Jahrtausend, Koblenz 1992. Die Römer stellten hier aber nur die militärisch-administrative Führungsschicht. Die ihrer kulturtragenden Gesellschaftsklasse beraubten Kelten (Gallier) übernahmen nun die Errungenschaften der römischen Zivilisation.

Latein war Verwaltungs- und Handelssprache, das Volk sprach weiterhin keltisch. Jüngste Sprachforschungen haben bestätigt, was schon länger als sicher galt: daß ein kelto-romanischer Dialekt bis ins Hochmittelalter an der mittleren Mosel und an der Untermosel weiterlebte. Unbestritten, die Römer mit ihrem Organisationstalent haben zusammen mit der keltischen Führungsschicht dem Land an der Mosel ihren kulturellen Stempel aufgedrückt. Monumentale Ruinen und weitgehend erhaltene Gebäude bezeugen das noch heute für jeden sichtbar. Römerstraßen blieben bis ins 19. Jh. die einzigen überregionalen Verkehrswege. Der Aufschwung des Weinbaus seit der Lockerung zentralrömischer Restriktionspolitik im späten 3. Jh. überdauerte die Völkerwanderungszeit und hat bis heute die Weinkultur an der Mosel geprägt. Römische Gebietseinteilungen sind bis heute Grenzen der Verwaltungsbezirke und der Kirchenregionen geblieben. Zu fast

100 % geht die Fachsprache des Winzers auf römische Ursprünge zurück.

Wie die Römer, so haben auch die sengenden Franken eigentlich nur eine Oberschicht an der Mosel gebildet. Sie ließen die weinbauerfahrenen Keltoromanen unbehelligt und machten sich ihre Kenntnisse zunutze. Auf diese Weise entstanden rechtliche und ökonomische Strukturen, die den Moselanern bis zur Französischen Revolution verhältnismäßig große Freiheiten ließen. Der Moselaner war kein ausgesprochen geübter Untertan, er war eher ein lebensfroher und kritischer Individualist, den die Verhältnisse zwangen, einen gewissen Grad von Anpassungsfähigkeit zu entwickeln, um im wesentlichen Eigenständigkeit konservieren zu können.

Und so schwankt das Bild, wie der Moselaner sei, in der Geschichte bis heute: gesellig solle er sein, doch auch eigenbrödlerisch, ein selbstbewußter Individualist und gleichzeitig ein berechnender Anpasser an Unvermeidliches, weltinteressiert und fixiert auf seinen eingeengten Lebensraum. »Die Denkweise des Moselaners gleicht seinem Tal: gewunden und kapriziös – aber mit eingeengtem Horizont«, so krittelte ein (preußischer) Reisender des frühen 19. Jh. Ein Konzentrat europäischen Wesens, das ist der Moselaner, eingebunden in den ständig wechselnden Horizont einer windungsreichen Tallandschaft.

Kultur an jeder Flußkrümmung

Wer zur Mosel fährt, kann die älteste und in sich geschlossenste Kulturlandschaft Deutschlands erleben. Der Bogen spannt sich von den Kelten und Römern bis zu den kulturellen Umbrüchen der Moderne.

Aufgrund ihrer verkehrsgeographisch zentralen Lage war die Mosel gezwungenermaßen stets offen für kulturelle Einflüsse von außen. Sie nahm die Anregungen auf und entwickelte sie selbständig weiter. Ein vielfältiges und reiches Kulturerbe ist das Ergebnis dieses Prozesses. Dieses Erbe ist das Kapital für einen ausgeprägten und entwicklungsfähigen Erlebnistourismus mit kulturellen Akzenten. Dies gilt nicht nur für die alten Kulturzentren Trier und Koblenz, das gilt ebenso für das ›platte Land‹: Wer erwartet schon ein Tafelbild aus dem Bellini-Umkreis in einer moselländischen Dorfkirche, wer die bedeutendste private Handschriftensammlung des 15. Jh. in einem Altenheim, wer die schönsten deutschen Jugendstilvillen in einem Weinstädtchen? An der Mosel findet man das!

Römische Kultur

Trier kann mit seinen antiken Monumenten (fast) mit Rom konkurrieren; in Trier sind sie übersichtlicher erlebbar als dort: die Porta Nigra, das monumentalste römische Bauwerk, das original erhalten ist, die Basilika, die Palastaula der Kaiserresidenz, das Amphitheater, drei (!) Thermen und unzählige begehbare Ausgrabungen im trierischen Stadtboden. Landes- und Diözesanmuseum sind randvoll mit Mosaiken und Gläsern, Statuen und Grabdenkmälern, die ein Bilderbuch römischen Lebens an der Mosel sind. Was anderswo als ›einmalig‹ gilt, hier findet man es vielfach. Das rekonstruierte Deckengemälde aus dem kaiserlichen Palast, geborgen unter dem Boden des Doms, lohnt nicht nur den Besuch im Diözesanmuseum, es ist einen Umweg wert! Selbst entlang der Mosel sind römische Altertümer in großer Zahl zu besichtigen: Tempelanlagen und Villen, Weinkelter und Grabtempel, wie die in Nehren mit original ausgemalten Grabkammern. Jedes Heimatmuseum besitzt bemerkenswerte Fundstücke aus der keltoromanischen Kulturepoche bis zur Wende zum 5. Jh. Aus merowingischer Zeit steht mit dem Merowingerkreuz in Moselkern die älteste nachrömische Skulptur des Rheinlands.

Die trierisch-mittelrheinische Romanik

An römische Vorbilder knüpft die Romanik in Trier und Echternach an. Unter Bischof Egbert (um 980) lieferten die dortigen Werkstätten beste Buchmalerei, Elfenbein- und Goldschmiedearbeiten an die Dome und Abteien des ganzen Reiches. Das Westwerk des Trierer Doms greift im 11. Jh. vorbildhaft auf Formen der römischen Monumentalarchitektur zurück.

In der Verschmelzung maasländischer, lothringischer und eigenständiger Formen entstand vor 1200 die mittelrheinische Spätromanik mit ihrer sehr feinen Bauplastik. Der Ostchor des Trierer Doms, 1196 geweiht, der Chorbau an der Porta Nigra, die Arbeiten des Laacher Samson-Meisters in Springiersbach und auf dem Maifeld, die Stiftskirchen an der unteren Mosel und in Koblenz sind Höhepunkte einer plastisch durchgeformten Architektur. Unzählige Dorfkirchen setzen die Vorbilder in schlichte Formen um, und Profanbauten wie Wohntürme oder Kapitelhäuser tun das ebenso. Bestes Ensemble ist der Stiftsbezirk von Karden.

Die Gotik

Als mit der Matthiaskapelle über Kobern der letzte und feinste Höhepunkt der romanischen Architektur erreicht war, begannen in Trier die 1243 beendeten Arbeiten an der nach St. Elisabeth in Marburg ältesten deutschen gotischen Kirche, der Liebfrauenkirche. An den Kathedralen der Île de France geschulte Meister schufen mit dem feingliedrigen Zentralbau einer steingewordenen *Rosa mystica*, auf

Die Römer an der Mosel

›Schon die alten Römer ...‹ beginnt fast jede kulturgeschichtliche Erklärung an der Mosel. Sicher, die sichtbaren Kulturzeugnisse erwecken den Eindruck, das Moselland sei mehr als 400 Jahre von den Römern besiedelt gewesen. Bei Licht betrachtet ergibt sich aber ein anderes Bild: 700 Jahre vor dem Überfall Caesars entwickelten die vom Osten gekommenen Treverer bereits eine hohe geistige, künstlerische und politische Kultur. Aber es entstand kein geschlossenes Staatsgebilde mit schriftlichen und baulichen Dokumenten. Nur Hügelgräber und die Grundmauern von Höhenstädten geben Zeugnis von dieser Kultur – und natürlich die Menschen und die Reste ihrer Sprache im Dialekt.

Caesar überrannte 56 v. Chr. diese Kultur, und mit kluger Taktik und rücksichtsloser Brutalität unterwarf er die gallischen (keltischen) Völker an der Mosel. Geschickt band er die Führungsschicht, die bereit war, sich zu unterwerfen, nach der Losung »Teile und herrsche« an das römische Imperium.

Augustus gründete an der Mosel die ersten Städte, wie die *Augusta Treverorum,* als Etappen- und Verwaltungsstädte. Trier feierte 1984 sein 2000jähriges Stadtjubiläum. Des Augustus Feldherren und Söhne bauten mit Legionslagern wie *Confluentes,* Koblenz, und *Bonna,* Bonn, sowie *Colonia Agrippina,* Köln, die Rheingrenze aus. Sogar ein Kaiser, Caligula, soll auf den Moselhöhen bei Münstermaifeld (Kalscher Höfe) im Feldlager geboren sein.

Die Kelten übernahmen römische Kultur- und Lebensart spätestens nach der schrecklichen Niederlage bei Riol 70 n. Chr. Große landwirtschaftliche Betriebe, *villae rusticae,* Handels- und Handwerkerstädte versorgten die Legionslager; sie boten den Soldaten Abwechslung im tristen Winterlager. Römische und keltische Kultur, Kunst und Religion verschmolzen mehr und mehr. Nur die einfache Landbevölkerung blieb rein keltisch.

Rom zeigte seine überlegene Macht in repräsentativen Staatsbauten: Amphitheatern, Bädern, den Thermen, Märkten mit Säulengängen, den Foren, Tempeln, Brücken, Toren und Straßen. Das Volk brauchte ›Brot und Spiele‹, die Rheingrenze den Nachschub. Roms Frieden zu genießen wurde für die Unterworfenen zum Selbstbewußtsein. Nicht nur in Trier kann man in der Porta Nigra, ursprünglich, um 180 n. Chr., als reine Machtdemonstration gebaut, diese hohe Kultur bewundern: ein gewaltiges doppeltes Steintor mit vier Ecktürmen, ohne Mörtel unzerstörbar aufeinandergetürmt, schwarz geworden von der Patina vieler Jahrhunderte. Als nach 250 germanische Stämme den Rhein überschritten und das Land bis weit hinter Trier verwüsteten, wurde es funktionstragendes Tor in der hastig erbauten Stadtmauer.

Drei Thermenanlagen hatte Trier im 4. Jh.: die um 150 gebauten Barbarathermen, wo erstmals das Hypocaustensystem (Boden-Wand-Heizung) angewandt wurde, die jüngst entdeckten Forumthermen und die zur Residenz der nachkonstantinischen Hauptstadt des Westreichs gehörigen Kaiserthermen. Zur Residenz gehören die Palastaula des Kaisers, die Basilika, zwei Großbasiliken im Bereich der Domstadt und der Palast der Helena, aus dem der Trierer Dom erwuchs. Unglaublichen Luxus sammelten die Reichen im gut organisierten Moselland; am Krieg verdient man immer gut. Das Landesmuseum von Trier vermittelt einen Einblick in die luxuriöse Lebensweise der Reichen, aber auch in das einfache Leben und den Glauben der Landbevölkerung.

Statue des römischen Dichters Ausonius in Neumagen

Zahlreiche Villen, Kelteranlagen, Tempel und Reste anderer Römerbauten sind konserviert und rekonstruiert; manche, wie die Wasserleitung von Riveris nach Trier, sind noch in Gebrauch. Diese Rekonstruktionen und viele kleine Heimatmuseen geben noch heute den Besuchern ein Bild vom sinnenfreudigen, weinseligen Leben der Römer an der Mosel. Auch Goethe hat dies in einem Nachwort zu seiner »Campagne in Frankreich« sehr treffend in zwei Distichen gefaßt:

»Trierische Hügel beherrschte Dionysos, aber der Bischof/Dionysius trieb ihn und die Seinen herab;/ Christlich lagerten sich Bacchanten-Schaaren im Tale:/ Hinter den Mauern versteckt übten sie alten Gebrauch.«

Baumeisterfigur (um 1500) an der ev. Pfarrkirche in Traben-Trarbach

dem Grundriß einer zwölfblättrigen Rose, eines der schönsten gotischen Bauwerke überhaupt. Die übrige Zeit des 13. und 14. Jh. war an der Mosel dem umfangreichen Ausbau der Burgen gewidmet. Für große Kunst war weniger Raum.

Um so reicher ist die Kunstentwicklung der Spätgotik zwischen 1450 und 1525 in allen Bereichen des Kunstschaffens. Nach dem Vorbild der von Antwerpener Meistern gebauten Kapelle des von Nicolaus Cusanus gestifteten Hospitals seiner Heimatstadt Kues entstand eine Vielzahl von Hallenkirchen, zumeist als Einstützenhalle, bei deren Bau einheimische Baukünstler ihr ausgezeichnetes Können zeigten. Reich war und ist deren Ausstattung mit Altären, Plastiken, Fenstern und Malereien.

Überall entstanden Kunstwerke von internationalem Rang: die mittelrheinische Tonplastik, besonders schön im Dreikönigsretabel von Karden, die Stein- und Holzplastik, geprägt von Nicolaus Gerhaert, der mit seinem berühmten Sierck-Grabmal (Diözesanmuseum Trier) erstmals 1462 in Trier faßbar ist und dessen Straßburger und Wiener Arbeiten alle großen Meister der Spätgotik in Süddeutschland beeinflußt haben.

Auch Fachwerkkunst erreichte ihren ersten Höhepunkt an der Mosel. Besonders schöne Ensembles spätgotischer Häuser mit Schwebegiebeln findet man in Karden, Bruttig-Fankel, Ediger und Merl.

Es war die künstlerisch blühendste Zeit an der Mosel. Bereichert wurde sie durch den Import rheinischer und Antwerpener Altarschreine mit vielfigurigem Schnitzwerk und farbigen Tafelbildern aus den besten Werkstätten (u. a. Trier, Klausen, Merl, Münstermaifeld).

Die Renaissance

Die Renaissance setzte sich erst nach 1530 durch Einflüsse der Mainzer Bildhauerei durch. Die Kurfürsten und der Stadtadel bauten statt Kirchen Residenzen und Palais mit prachtvollen Portalen, wie die Alte Burg in Koblenz, das alte Schloß in Trier oder das Schloß Zell und setzten sich in ihren Begräbniskirchen repräsentative Grabaltäre.

Die Wirren der Reformation unterbrachen diesen Beginn für eine Generation, ehe mit den Bildhauern Johann von Trarbach und Hans Ruprecht Hoffmann zwischen 1570 und 1660 eine bemerkenswerte Blüte der Spätrenaissance einsetzte. Sie schufen zahllose Epitaphien und hervorragende Bauplastik, deren Stärke das fast vollplastische Relief in Alabaster und feinem Udelfanger Sandstein war. Selbst in kleinen Städten wie Wittlich blühte das Steinmetzhandwerk, dessen Formensprache sich auf die Kerbschnitzerei des Fachwerks übertrug. In Bernkastel, Ürzig, Pünderich oder Ediger zeigt es bis heute eine um 1625 erreichte Blüte. Als schönstes original erhaltenes Wohnhaus dieser Zeit gilt das Schuncksche Haus in Bruttig von 1659.

Barock und Rokoko

Nach den schweren Zerstörungen des Dreißigjährigen Krieges und der Reunionskriege zwischen 1632 und 1697 setzte eine fieberhafte Bautätigkeit ein. Sie wurde zuerst von niederländischen (Philipp Honorius von Ravensteyn) und italienisch geprägten (Johann Christian Sebastiani) Baumeistern in Koblenz und mittelrheinischen Baumeistern in Trier (Johann Wolfgang Fröhlicher, Jörg Judas) getragen. Eifrig wurde begonnen, die romanischen Kirchen zu barockisieren, was nur im Ansatz erfolgte; doch immerhin wäre es Jörg Judas fast gelungen, den Trierer Dom zum Einsturz zu bringen.

Unter den bauwütigen Kurfürsten Franz-Ludwig von Pfalz-Neuburg und Franz-Georg von Schönborn kamen die besten süddeutschen Künstler an die Mosel. Johann Balthasar Neumann entwarf zusammen mit seinem Schüler Johannes Seiz Schlösser und Kirchen. Seiz entwickelte Neumanns Pläne vor Ort weiter. Der Bildhauer Ferdinand Tietz schuf die schönste Bau- und Gartenplastik des Rokoko. Bei dem in St. Paulin in Trier tätigen Freskomaler Christian Thomas Scheffler aus Augsburg lernten einheimische Maler wie Johann Peter Weber und Franz Freund, die zahlreiche Dorfkirchen ausmalten.

Im nahen Hunsrück bauten mehrere Generationen der Familie Stumm Barockorgeln von großer formaler und klanglicher Schönheit. In der zweiten Hälfte des 18. Jh., schon im Übergang zum Klassizismus, war in Koblenz mit Januarius Zick (1730–1797) der letzte große Tafelmaler des Barock Hofkünstler und beeinflußte dort eine bedeutende Künstlerkolonie.

Klassizismus

Bereits mit Johann Philipp von Walderdorff kündigte sich um 1760 der aus Frankreich kommende Klassizismus an. Unter Clemens Wenzeslaus, dem am Versailler Hof erzogenen Enkel Augusts des

Klassizismus in Bad Bertrich, dem Badeort des 19. Jh.

Starken (1769–1794/1812) setzte er sich ganz durch. Mit Pierre Michel d'Ixnard holte Clemens Wenzeslaus einen im Allgäu erfolgreichen Franzosen nach 1775 an seinen Hof. Seine Entwürfe für die neue Koblenzer Residenz brachten den Durchbruch und die Ablösung des Barockmeisters Seiz. Der dann von Antoine-François Peyre und François Mangin 1787 vollendete Schloßbau ist der erste und größte seiner Art im Rheinland. Das von Peter Josef Krahé erbaute Koblenzer Theater oder das Bertricher Badeschlößchen von Johann Andreas Gärtner erreichen vergleichbare Qualität.

Abrupt unterbrach die Besetzung des Mosel-Saar-Raums durch die Revolutionstruppen 1794 diese kulturelle Blüte. Die Säkularisation hat ungeheure Schätze der Kirchen, Klöster und Schlösser vernichtet.

Ein Verdienst Napoleons war es, die Porta Nigra von mittelalterlichen Umbauungen freizulegen und die teilweise abgebrochene Basilika im Ansatz zu rekonstruieren.

Vom Moselklassizismus bis heute

Mit der Übernahme der Rheinlande durch Preußen vollzog sich ein starker Kulturwandel. Beeinflußt von Karl-Friedrich Schinkel, der als Staatsarchitekt mehrfach an Rhein und Mosel für den preußischen König baute (Festung Ehrenbreitstein, Schloß Stolzenfels, Serriger Klause), wendeten sich junge Klassizisten wie Johann Claudius von Lassaulx (1771–1848) dem Historismus zu. Lassaulx entwarf für die Moselorte Valwig und Treis 1823 die ersten neuromanischen und neugotischen Kirchen überhaupt.

In Koblenz entstand eine Malerkolonie von Landschafts-, Tafel- und Historienmalern, die zu den besten, bei den Nazarenern in Rom ausgebildeten Künstlern gehörten.

Nach 1850 setzten sich in Architektur, Plastik und Malerei beim Kölner Dombau geschulte Architekten und Künstler wie Vinzenz Statz und der Trierer Dombaumeister Reinhold Wirtz durch. In Trier entstanden große Werkstätten für die Ausstattung der vielen neuen Kirchen und privater Wohnbauten.

Der Wiederaufbau der Burg Cochem nach Entwürfen des Kölner Stadtbaudirektors Julius Raschdorff verhalf um 1880 dem rheinischen Übergangsstil von der Spätgotik zur Renaissance zum Durchbruch. Großstädtische Architektur und Kunst verdrängte in der Schicht reichgewordener Weinhändler bodenständige Kunstentwicklung.

Eine absolute Besonderheit ist die Tätigkeit des bedeutendsten Berliner Jugendstilarchitekten Bruno Möhring (1863–1929), der mit Josef Maria Olbrich in Traben-Trarbach zwischen 1898 und 1907 tätig war. Der führende Architekt des Traditionalismus, Paul Schulze-Naumburg, baute 1910 in Wittlich das neoklassizistische Kreishaus und beeinflußte damit nachhaltig die örtlichen Baumeister. Die Tätigkeit von Heinrich Tessenow an der Trierer Werkschule um 1910 blieb leider ohne große Wirkung auf das regionale Bauen; er ging nach Dresden-Hellerau. Aus der jüngsten Vergangenheit sind u. a. die Bauten von Dominikus Böhm und Emil Steffan (in Cochem) und von dem im Kreis Cochem geborenen Oswald Mathias Ungers (in Trier) von internationalem Rang.

Das ›Happy-Mosel‹ Kultur-Erlebnis

Mosel und Saar reagieren auf die Herausforderungen eines vielfältig anspruchsvollen Tourismus mit Kultur-Erlebnis-Tourismus. Vier Säulen hat das Konzept: Kultur, Radeln, Wandern, Wasser.

Klassische Kultur-Erlebnisse im Ambiente historischer Gebäude: Der Kreis Cochem-Zell feiert im Frühsommer Festliche Orgeltage mit virtuosen Konzerten auf historischen Orgeln zwischen Karden und Lieser. Im September folgt der Internationale Klaviersommer mit Konzerten internationaler Meisterpianisten und ihren Meisterschülern an ungewöhnlichen Orten zu ungewöhnlich kleinen Preisen. Im Klostergut Machern bieten die Mosel-Festwochen über den Sommer höchsten Standard in einem großartigen Weingut-Ensemble. Koblenz und Trier bieten Sommer-Festivals vor imposanter Kulisse von Festung, Schloß, Kaiserthermen und Amphitheater; Jazz auf Winzerhöfen liegt im Trend.

Übers Jahr bieten gut beschilderte, abwechslungsreiche und ruhige Strecken und ausgebaute Radwege zwischen Cochem und Reil und im Saar-Mosel-Dreieck ungetrübtes **Radfahrvergnügen.** Höhepunkte bilden ›Happy Mosel‹ am ersten Sonntag nach Pfingsten und ›Saar-Pedal‹ am Sonntag nach Himmelfahrt, wenn die Straßen zwischen Cochem und Schweich bzw. Konz und Mettlach autofrei sind.

Wandern über Berg und Tal mit schönsten Aussichtspunkten und schattigen Bachtälern zu großen Denkmälern und heimeligen Gasthöfen, das ist der Moselhöhenweg. Die 164 km der Eifelstrecke von Trier bis Koblenz in acht und die 224 km von Palzem aus auf der Hunsrückseite in zehn Abschnitten fordern jeden Wanderfreund heraus.

Wassersport aller Arten: Segeln und Surfen auf den Stauseen der Mosel, besonders bei Koblenz und Trier sowie dem Stausee der Sauer; Wasserski und Paragliding auf ausgewiesenen Strecken überall an Mosel und Saar hinter den Staustufen. Nicht zuletzt locken Schiffsfahrten der ›Weißen Flotten‹ zum Augenschmaus, verbunden mit Gaumenfreuden an Gewächsen der vorbeigleitenden Steilhänge.

Geschichte im Überblick

Keltisch-römische Zeit

um 500 v. Chr. Der keltische Stamm der Treverer besiedelt den Moselraum und entwickelt eine hohe Kultur, ohne eine nationalstaatliche Einheit zu gewinnen. Hügelgräber, Höhenbefestigungen und die zentralen *oppida,* auf Bergplateaus gelegene Kultzentren wie der Titelberg in Luxemburg oder der Martberg bei Pommern, sind erkennbare Zeugnisse dieser Kultur.

55 bis 53 v. Chr. Caesar erobert im Gallischen Krieg das Land der Treverer und überquert zweimal den Rhein im Gebiet zwischen Koblenz und Andernach. Es gelingt ihm nicht, die rechtsrheinischen Germanenstämme zu unterwerfen.

nach 17 v. Chr. Gründung der römischen Stadt Augusta Treverorum unter Kaiser Augustus.

9/8 v. Chr. Erstes Auxiliarkastell *ad Confluentes* (Koblenz). Caligula wächst bei seinem Vater Germanicus im Feldlager auf dem Maifeld auf.

70 n. Chr. Ein Aufstand der Kelten gegen die römische Vorherrschaft wird bei Riol (Rigodulum) an der Mosel niedergeworfen. Die Kelten passen sich der römischen Kultur und Zivilisation an. Der Limes als befestigter Grenzwall gegen Germanien wird errichtet. Im Hinterland an Rhein und Mosel entstehen umfangreiche Militärstandorte (Kastelle) und Siedlungen zu deren Versorgung. Die Wirtschaft blüht.

um 180 n. Chr. Als Zeichen von Macht und Wohlstand wird in Trier ein gewaltiges Nordtor (Porta Nigra) erbaut.

258–275 Germanisch-fränkische Stämme überrennen den Limes, dringen bis Trier vor und zerstören weitgehend die Stadt und das Hinterland. Bau von Stadtbefestigungen.

278–280 Der Soldatenkaiser Probus läßt in den linksrheinischen Provinzen den weitflächigen Weinbau zu.
Beginn der Blüte des Weinbaus.

293 Trier wird Kaiserresidenz unter dem Tetrarchen Constantius Chlorus.

305–324 Kaiser Konstantin und seine Mutter Helena bauen Trier als ›Hauptstadt des Römischen Westreiches‹ aus (Palast, Palastaula, Basilika, Kaiserthermen).

um 360 Erste Missionierungen des Mosellandes durch Castor und seine Begleiter Lubentius und Potentinus.

406	Zusammenbruch der römischen Verteidigung und Verwaltung an Rhein und Mosel beim Sturm der Alanen, Sueben und Vandalen.
450	Attila und die Hunnen dringen bis in den Moselraum vor.

Frankenzeit

475	Eingliederung des Mosellandes in das Frankenreich unter der Verwaltung der Bischöfe.
496	Der Frankenkönig Chlodwig besiegt die Alemannen bei Zülpich und tritt mit seinem Volk zum Christentum über.
vor 639	König Dagobert stiftet die ersten großen Klöster links des Rheins.
um 750	Der hl. Bonifatius predigt im Moselland; die Karolinger gründen die großen Reichsabteien.
842	Nach dem Tod Ludwigs des Frommen verhandeln seine Söhne Ludwig, Lothar und Karl in Koblenz über eine Teilung des Frankenreichs. Die Verhandlungen führen 843 zum Teilungsvertrag von Verdun; das Moselland fällt an Lotharingien.
870	Nach dem Tod Lothars wird Lothringen formell dem Ostreich Ludwigs zugeschlagen.
882	Die Wikinger ziehen mordend und brennend die Mosel aufwärts und zerstören Trier.

Mittelalter

925	Das Rhein-Mosel-Gebiet fällt unter König Heinrich I. endgültig an das ostfränkisch-deutsche Reich.
um 975	Unter Kaiser Otto gewinnen die Trierer Erzbischöfe Heinrich und Egbert für Stadt und Erzstift zahlreiche Privilegien. Höhepunkt der Goldschmiedekunst und Buchmalerei in den Werkstätten Egberts. Das Moselland wird von den mit Kaiser Otto verwandten Pfalzgrafen der Ezzonen verwaltet.
1138	Wahl Kaiser Konrads III. in Koblenz. Kurfürst Albero von Trier festigt seine Landeshoheit.
1151	Kaiser Konrad III. von Hohenstaufen beendet vor Cochem den Streit um die Pfalzgrafschaft. Die Springiersbacher Klosterreform der Augustiner ist mit der Gründung von Töchterklöstern (u. a. Stuben, Marienburg, Lonnig) abge-

schlossen. Die romanische Baukunst an Rhein und Mosel erreicht ihren Höhepunkt.

1196 Der Ausbau des Trierer Doms ist abgeschlossen. Der Burgenbau an der Mosel erlebt seine Blüte.

1248 Im Alkener Krieg um die Burg Thurand wird die Pfalzgrafschaft endgültig durch Kurköln und Kurtrier von der Mosel verdrängt.

1307–1354 Der mächtigste Trierer Kirchenfürst, Balduin von Luxemburg, erweitert in zahlreichen Auseinandersetzungen mit angrenzenden Territorien die Landesherrschaft entlang Mosel und Lahn. Seine kirchliche Reformpolitik fördert die Kunst. Seine Reichspolitik stärkt die Stellung der Kurfürsten und Reichsstädte. Er gründet zahlreiche neue Landstädte.

1454–56 Nicolaus Cusanus, römischer Kurienkardinal und Generalvikar des Papstes, stiftet in seinem Geburtsort Kues das Nikolaus-Stift mit seiner Bibliothek, der bedeutendsten Privatbibliothek der Zeit: Der Bau des Stifts ist der Anfang einer Blüte spätgotischer Baukunst im westlichen Rheinland.

1512 Unter Kaiser Maximilian wird in Trier der letzte große Reichstag des Spätmittelalters abgehalten. Erstmals wird der Heilige Rock, das nahtlose Untergewand Christi, ausgestellt und verehrt.

Neuzeit

1522 Der Versuch Franz von Sickingens, Trier gewaltsam zur Reformation zu führen, wird zurückgeschlagen. Sickingen fällt.

um 1590 Ausgelöst durch schlechte Ernten verbreitet sich die Hexenverfolgung im Bistum Trier; sie wird bekämpft von dem Trierer Jesuiten Friedrich Spee.

1632–36 Das Moselland ist Hauptkampfplatz im Dreißigjährigen Krieg.

1687–89 Im Pfälzischen Erbfolgekrieg verwüsten die Truppen der französischen Reunionsheere das Moselland. Alle festen Plätze werden zerstört. Bei Trarbach entsteht die größte französische Festung, Montroyal.

1697 Der Friede von Rijswijk beendet den Pfälzer Erbfolgekrieg. Montroyal wird geschleift.

1737 Nach zahlreichen Verwüstungen im Spanischen Erbfolgekrieg zieht sich Frankreich völlig aus dem Moselland zurück.

um 1750	Das Moselland erlebt unter den Kurfürsten von Schönborn und von Walderdorff eine wirtschaftliche und kulturelle Blüte.
Okt. 1794	Französische Revolutionstruppen besetzen das Kurfürstentum Trier. Der letzte Kurfürst, Clemens Wenzeslaus von Sachsen, flieht nach Augsburg.
1797	Das linksrheinische Gebiet wird unter französisches Verwaltungsrecht gestellt und damit Teil Frankreichs.
seit 1803	Im Zuge der Säkularisierung werden Klöster und Stifte aufgelöst und viele Kulturgüter zerstört.
1. 1. 1814	Preußen, Russen und Österreicher setzen über den Rhein und vertreiben die Soldaten und Beamten Napoleons. Das Moselland kommt nördlich der Mosel unter russische, südlich der Mosel unter österreichische Besatzung.
1. 4. 1815	Das Rheinland wird preußisch. Koblenz wird Sitz der Provinzialregierung.
1839	Nach einem Flußausbau verkehrt das erste Dampfschiff zwischen Koblenz und Trier. Vor allem Engländer bereisen das Moselland.
1842	Das wirtschaftliche Elend an der Mosel erreicht seinen Höhepunkt. Der in Trier geborene Kölner Journalist Karl Marx gerät wegen der schlechten Verhältnisse an der Mosel in einen Presse-Streit mit der Regierung und muß ins Exil gehen.
1876–79	Die Eisenbahnstrecke Koblenz–Trier wird fertiggestellt.
1892–1903	Blüte des Weinbaus und des Weinhandels an der Mosel.

20. Jahrhundert

1918–1930	Amerikanische, dann französische Truppen besetzen das Moselland. Die Franzosen provozieren 1923 den ›passiven Widerstand‹; Höhepunkt der Inflation.
März 1945	Die USA besetzen das stark zerstörte Moselland und übergeben es im Juli an Frankreich.
1946/47	Die Franzosen gründen das Land Rheinland-Pfalz. Die ersten Wahlen machen Peter Altmeier (CDU) zum Ministerpräsidenten.
1957–64	Ausbau der Mosel zum Großschiffahrtsweg mit Schleusen.
1993/94	Die Mosel erlebt die höchsten Hochwasser seit 1784.
1996	700 000 Gläubige kommen zur Heilig-Rock-Wallfahrt. Der Kunstsammler Peter Ludwig wird in St. Aldegund beigesetzt.

Unterwegs an der Mosel

»Wir fuhren stromab auf der hurtigen Mosel zwischen grünbewachsenen Ufern, die in Hügel übergingen; nicht wild in ihren Umrissen, sondern höchst angenehm für das Auge, während zahlreiche Dörfer, jedes mit einer Kirche und einem spitzen Turm, eingebettet in die Bergfalten an uns vorüberglitten. Manche zierten auch einen Felsvorsprung, der eine Krümmung des vielgewundenen Flusses bildete.«

Mary Shelley

Koblenz – Stadt am Deutschen Eck

Altstadtflair

Vorbildlicher Klassizismus am Neuen Schloß

Festung Ehrenbreitstein

Blick aufs Deutsche Eck

Koblenz ist eine rheinische Stadt, obwohl ihr historisches Gesicht der Mosel zugewandt ist. Ein Besuch von Koblenz ist nicht nur voller kulturgeschichtlicher Höhepunkte: es ist die urbane und heimelige Atmosphäre, die jeden Gast bei einem Spaziergang durch die Altstadt umfängt, es ist die großartige Landschaft, die von der Festung Ehrenbreistein zu überblicken ist. Reisenden aller Kulturen und Zeiten waren von Koblenz entzückt – hier verdichten sich europäische Geschichte und Kultur.

Fluvii confluentes, ›zusammenfließende Flüsse‹, nannten die Römer die Stelle, an der sie kurz vor Christi Geburt erste Spuren hinterließen und in tiberisch-claudischer Zeit, kurz vor 40 n. Chr., ein Lager für Hilfstruppen errichteten. Seit dem Bau des Limes, ab 82 n. Chr., entstand eine offene Handelsstadt am Hochufer der Mosel mit einer Rheinbrücke und einer Moselbrükke, über die mitten durch die Stadt die Heerstraße Mainz–Köln verlief. Nach den Frankeneinfällen erhielt die Stadt um 260 eine Mauer mit 19 Rundtürmen, von denen zwölf ganz oder in Teilen nachgewiesen sind. Die römische Befestigung blieb bis ins hohe Mittelalter Stadtmauer. Im 6. Jh. entstand wahrscheinlich auf dem Kapitol (Tempel) der römischen Stadt eine merowingische Königsburg mit einer frühchristlichen Kirche an dem Platz, wo sich heute die Stadtpfarrkirche Liebfrauen befindet. Wohl an der Stelle des Prätoriums entstand zum Schutz des Moselübergangs im 13. Jh. eine bischöfliche Burg der Erzbischöfe und Kurfürsten von Trier, nachdem seit der Schenkung der Stadt an Trier durch Kaiser Heinrich II. der Königshof als Residenz der Bischöfe gedient hatte.

Wegen der Anwesenheit der Kurfürsten gelang es Koblenz nie, eine freie Reichsstadt zu werden, obwohl es seit 1254 dem Rheinischen Städtebund angehörte. Es blieb kurtrierische Landstadt bis zum Ende der Feudalzeit. Um den Landesherrn scharten sich die Adeligen des Landes und bauten in Koblenz ihre Stadtburgen und Stadtpalais. Seit 1365 war die Koblenzer Münze im Erzstift Trier führend. Die Koblenzer Stifte gehörten zu den reichsten, und die Deutschordenskommende am Deutschen Eck erlebte ihre Blütezeit.

Die Reformationszeit ging ohne Turbulenzen am ›Heiligen Koblenz‹ vorüber. Dafür trafen die Reunionskriege Ludwigs XIV. 1688 die Stadt um so härter, als sie durch ein großes Bombardement fast völlig zerstört wurde. Die Kurfürsten hatten inzwischen ihre Residenz auf das andere Rheinufer nach Ehrenbreitstein verlegt und die dortige Burg Helfenstein zur uneinnehmbaren Festung ausgebaut. Daher verteidigten sie Koblenz nicht um jeden Preis. Koblenz wurde mit barockem Gesicht wiederaufgebaut, das heute noch weitgehend das Bild der Altstadt bestimmt. Die Entscheidung des letzten Kurfürsten, Clemens Wenzeslaus (1768–1794/1804), am Koblenzer Rheinufer ein neues Schloß zu bauen, bescherte der Stadt eine letzte Blüte im Klassizismus der ausgehenden Feudalzeit.

1794 besetzten die Revolutionstruppen Frankreichs Koblenz und machten es zur eher bescheidenen Hauptstadt eines Départements. 1815 übernahmen die Preußen die Verwaltung im Rheinland und bauten Koblenz als größte Festungs- und Garnisonsstadt, zur ›Wacht am Rhein‹, aus. Gleichzeitig wurde Koblenz Sitz der Provinzialregierung des gesamten Rheinlandes und zeitweise Residenz der bei Manövern anwesenden Preußenkönige und Deutschen Kaiser. Gegen Ende des Zweiten Weltkriegs wurde Koblenz wegen seiner verkehrsstrategischen Bedeutung zu 85 % zerstört. Der Kaiser am Deutschen Eck fiel kurz vor Einmarsch der Amerikaner vom Sockel.

Dank der Initiative des Koblenzers Peter Altmeier wurde die Stadt zur ›Wiege der Bundesrepublik‹. Auf der ›Rittersturz-Konferenz‹ der demokratisch gewählten Ministerpräsidenten vom 8.–10. 7. 1948 wurde die Schaffung eines Grundgesetzes beschlossen. Die Stadt war zu diesem Zeitpunkt, und noch bis 1950, Hauptstadt des neu gegründeten Landes Rheinland-Pfalz. Nach 1955 gewann Koblenz wieder die alte Bedeutung als Garnisonsstadt, ist heute Universitätsstadt und hat sich rheinabwärts zu einem größeren Industriestandort entwickelt.

Spaziergang durch die Altstadt

Alt-Koblenz kann man bei einem halbtägigen Spaziergang kennenlernen, sofern man es eilig hat. Am besten beginnt man den Rundgang am Parkplatz Deutsches Eck, wo man meist einen bewachten Parkplatz findet. Hier konzentrieren sich Kulturdenkmäler, die mit der Geschichte ganz Deutschlands in engem Zusammenhang stehen, auf eindrucksvolle Weise.

Koblenzer Attraktion ist das umstrittene **Kaiser-Wilhelm-Denkmal (1)** auf einer vor 100 Jahren angelegten Aufschüttungsfläche anstelle des Winterhafens am Mündungsdreieck von Mosel und Rhein, die seitdem den viel älteren Namen ›Deutsches Eck‹ übernommen hat. Eingeweiht wurde das pompöse

Denkmal 1897 zu Ehren Wilhelms »des Großen«, dem »Einer Deutschlands«, wie es die Inschrift sagt. Das aus Spenden der Bevölkerung für 1,8 Mio. Goldmark von dem Architekten Bruno Schmitz und dem Bildhauer Emil Hundrieser in einer Stilmischung aus imperialem Historismus und Jugendstil geschaffene Denkmal wird von manchen als »bestes Reiterdenkmal des Historismus« gefeiert, von anderen wie z. B. Tucholsky als »Faustschlag aus gefrorenem Mist« beschimpft.

Eindrucksvoll ist der Blick vom hohen Sockel auf Rhein und Mosel, besonders aber auf die Festung Ehrenbreitstein. Ihr Anblick im wechselnden Tageslicht faszinierte den bedeutenden englischen Land-

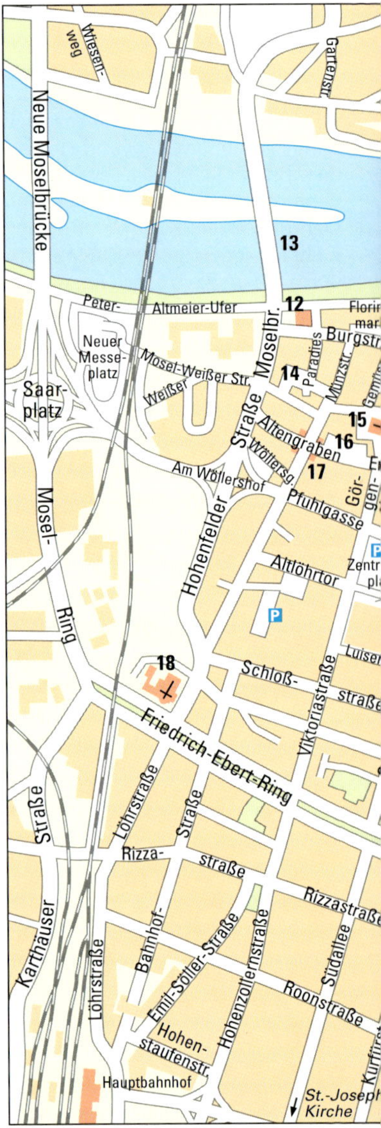

Stadtplan von Koblenz
1 Kaiser-Wilhelm-Denkmal 2 Deutschherrenkommende 3 St.-Kastor-Kirche 4 Palais von der Leyen 5 Görres-Haus 6 Deutscher Kaiser 7 Mehlwaage 8 Eltz-Rübenacher Hof 9 Pfarrhof Liebfrauen 10 Florinskirche 11 Mittelrhein-Museum 12 Alte Burg 13 Balduinbrücke 14 Münzplatz 15 Liebfrauen 16 Am Plan 17 Vier Türme 18 Herz-Jesu-Kirche 19 Neues Schloß 20 Weindorf 21 Regierungsgebäude 22 Clemensplatz 23 Stadttheater 24 Jesuitenkolleg 25 Josef Görres-Platz 26 Rheinkran 27 Rhein-Museum 28 Kurfürstliche Residenz 29 Wohnhaus der Familie Beethoven 30 Rotunde auf dem Asterstein 31 Festung Ehrenbreitstein

Schartwiesenweg
Mosel
Rhein
1
P
Danziger
2
Rheinzollstr.
Freiheit
6
4
7
3
Am Alten Hospital
gasse
Kastorpfaffenstraße
Kastorhof
Mäd-
chenschule
27
Görresstr.
5
Nagel-
Firmungstraße
Kastorstr.
Ufer
Rheinstraße
24
P
25
Adenauer-
26
Schanzenpforte
Gerichtsstr.
Karmeliterstr.
Clemensstr.
21
Konrad-
Deinhard-
platz
22
Reichens-
pergerpl.
23
Stresemannstraße
P
19
Görres
Denkmal
Rhein-Mosel-
Halle
20
Pfaffendorfer Brücke
Julius-Wegeler-Str.
Kaiserin-Augusta-Anlage
Kaiserin-Augusta-
Denkmal
31
28
Charlottenstr.
Obertal
Hofstraße
Am
Markt
29
Wambachstr.
Fr.-Wilh.-Str.
Kapuziner-
platz
Brückner-
platz
Kolonnenw.
EHREN-
BREITSTEIN
Am Pfaffendorfer Tor
30
Kolonnenweg
Emser Straße
Brückenstr.
N
0
200 m

schaftsmaler des 19. Jh., William Turner, wie kein anderes Motiv. Deutsches Eck heißt die Landspitze am Hochufer schon seit dem Mittelalter. Der Name wird von der **Deutschherrenkommende (2)** abgeleitet. Von diesem seit 1216 bestehenden ältesten rheinischen Bezirk des Ritterordens aus wurde auch die berühmte Marienburg an der Nogat gegründet, der die Koblenzer Deutschherrenkommende später unterstand. Im Zweiten Weltkrieg stark beschädigt, wurde

Im Garten der Deutschherren-kommende, mit Blick auf St. Kastor

sie Sitz des Landesstraßenamtes und beherbergt auf ausdrücklichen Wunsch des Mäzenaten-Ehepaares seit 1992 das Museum Ludwig für moderne französische Kunst. Der Fundus und die Wechselausstellungen sind sehenswert.

Neben den wenigen erhaltenen Bauresten des im 19. Jh. zerstörten und im Zweiten Weltkrieg endgültig vernichteten Dominikanerklosters, dem heutigen Blumenhof, erhebt sich die spätromanische **St.-Kastor-Kirche (3).** 836 wurde sie von Bischof Hetti auf Veranlassung König Ludwigs des Frommen, der hier seine Grablege haben wollte, gegründet. Von Karden übertrug man hierher die Gebeine des spätrömischen Missionars der Mosel, Castor. 842 fanden hier die ersten Teilungsverhandlungen über das Reich Karls des Großen statt, die in Straßburg, Verdun und Meerssen besiegelt wurden. 1150–1209 entstand die jetzige Basilika, die Ende des 15. Jh. ein spätgotisches Netzgewölbe erhielt. Die 1989 restaurierte, eindrucksvolle Kirche ist Grablege der seligen Rizza, einer Tochter Ludwigs des Frommen und der beiden Trierer Erzbischöfe und Kurfürsten Cuno von Falkenstein († 1388) und Werner von Königstein († 1418). Ihre Grabmäler gelten als Höhepunkt gotischer Bildhauerkunst am Mittelrhein. Trotz aller Restaurierungen und Reparaturen der letzten beiden Jahrhunderte hat St. Kastor seine künstlerisch bedeutsame rheinisch-spätromanische Form bewahrt.

Vor der Kirche fand ein einzigartiger Brunnen Aufstellung: errichtet als Denkmal unter dem französischen Präfekten Jules Doazan – aber gegen dessen Willen. Gestiftet beim Aufbruch der Grande Armée nach Rußland 1812, sollte es den erwarteten Sieg Napoleons in der Inschrift vorwegnehmen. Wenige Wochen nach der Aufstellung war Napoleons Niederlage in der Völkerschlacht bei Leipzig besiegelt. Am 1. Januar 1814 hatten russische Truppen Koblenz besetzt. Der russische Kommandant ließ in bestem Verwaltungsfranzösisch dazumeißeln: »Gesehen und genehmigt; der russische Kommandant von Koblenz.«

Große Teile der Koblenzer Altstadt mit ihren Adelssitzen, Klöstern und Bürgerhäusern sanken 1944/45 in Trümmer, die Flächensanierung des Wiederaufbaus tat das ihre dazu. Dennoch ist durch den Wiederaufbau der wichtigsten Denkmäler und eine gelungene Altstadtsanierung ein Teil des Kulturreichtums und der alten Atmosphäre wiedergewonnen worden. In der fast völlig zerstörten Straße Am alten Hospital ist die Kapelle des mittelalterlichen St.-Jakobs-Hospitals, das Pilgern nach Santiago di Compostella und Rom als Herberge diente, wiederhergestellt worden. Von dem anstelle des Hospitals

Peter Ludwig und das Deutsche Eck

Moderne französische Kunst und das Kaiserdenkmal

Er stifte gnadenlos und mache mit Kunst zuviel Politik, sagten die Kritiker über Peter Ludwig, den 1925 in Koblenz geborenen Sammlerfürsten.

Sein Vater, ein Koblenzer Ton- und Bimswarenfabrikant lebte ihm Liebe zur Kunst, besonders zur Malerei vor. Seine Ehe mit Irene, geb. Monheim, aus Aachen eröffnete ihm ungeahnte finanzielle Möglichkeiten. 50 000 Kunstobjekte durfte am Schluß das Ehepaar sein eigen nennen, als Peter Ludwig am 22. 7. 1996 unerwartet starb. An der Mosel, in St. Aldegund, fand er seine letzte Ruhe. Dort hatte er 1964 durch Zufall seine erste Stiftung gemacht und dafür das Recht einer Grabstätte an der Alten Kirche erhalten.

Dazwischen lag einer der bemerkenswertesten Lebensläufe: Ludwig schrieb 1950 seine Dissertation über das Menschenbild bei Picasso; damals ein höchst ungewöhnliches Thema. Es brachte ihm Picassos Freundschaft ein.

Der Kunsthistoriker erwies sich als erfolgreicher Kaufmann in der Süßwarenbranche, der Kaufmann wurde erfolgreicher Kunstsammler. Beide Seiten ergänzten sich ideal. Die Stiftungen des Ehepaars öffnete die Museen für die Moderne: Aachen, Köln, Basel, Wien, Oberhausen, Berlin (Ost), Sofia, St. Petersburg, zuletzt, noch kurz vor dem Tod vertraglich gesichert, Peking. Die Sammler durchbrachen die Mauern zwischen Ost und West noch vor manchen Politikern, und sie scheuten keine Beziehung zu Staatskünstlern, die sie für gut hielten.

Dazwischen lag auch die Stiftung für Koblenz im Deutschherrenhaus am Deutschen Eck: Museum Ludwig für zeitgenössische französische Kunst. Ein Widerspruch? Französische Kunst im Dunstkreis Wilhelm I., der durch den Sieg über Frankreich zum ›Großen‹ wurde?

Hier machte sich im Lauf der Geschichte öfter Frankreich schmerzlich breit: 1926 wurde in Koblenz nicht weit von Ludwigs Wiege rein zufällig Valéry Giscard d'Estaing, der spätere Präsident der Republik, geboren – sein Vater gehörte den Besatzungsmächten an. Hier plante Preußen den Kampf gegen den Erzfeind Frankreich.

Ludwig hatte als ›Soldat der letzten Reserve‹ die schwere Zerstörung seiner Vaterstadt erlebt; ihr Abschluß und Höhepunkt war der gezielte Schuß der amerikanischen Artillerie, der das Kaiserdenkmal am 16. 3. 1945 vom hohen Sockel holte. Was lag näher, als den Abschluß des Neuaufbaus von Koblenz mit der Wiedererrichtung des Kaiserdenkmals gewissermaßen zu krönen?

Als Peter Ludwig 1985 der Kulturpreis von Koblenz verliehen wurde, versprach er seiner Stadt ein Museum für moderne Kunst, stiftete den Preis für die Wiedererrichtung des Kaiserdenkmals und regte dann andere an, die benötigten Millionen zu spenden. Beides gelang: 1992 eröffnete das Museum im Deutschherrenhaus mit klassischer französischer Kunst der Moderne nach 1945 und Wechselausstellungen zum aktuellen französischen Kunstschaffen. Der Kaiser mußte etwas länger warten.

Die Wende von 1989 hat auch in der Denkmalfrage eine Wende gebracht. Was sollte noch ein »Mahnmal für die deutsche Einheit«, wie Theodor Heuss, der erste Präsident der Bundesrepublik, das Deutsche Eck 1953 benannt hatte? Die Politik hatte Berührungsängste. Die CDU-geführte Landesregierung zog sich mit einer Schenkung an die Stadt aus der Affaire.

Als 1991 die SPD den Ministerpräsidenten stellte, begann das Tauziehen erneut. Inzwischen hatte der Düsseldorfer Bildhauer Raimund Knittel eine Replik in Bronze gegossen. Er verarbeitete 65 Tonnen Bronze statt der vormals 25 Tonnen Kupferblech. Da sich die Sanierungsarbeiten am Sockel verzögerten, mußten Seine Majestät ganz unprotokollarisch in einer Koblenzer Werft überwintern.

Schließlich war man soweit: Ein Spezialunternehmen legte den Aufstellungstermin des Kolosses auf den 2. September 1993 fest. Aber keiner dachte daran, daß es just der Tag war, an dem sich 1870 bei Sedan der französische Kaiser schmählich in die Gefangenschaft bei eben diesem Wilhelm, dem Großen, hatte begeben müssen. Aber auch die Franzosen hatten daran nicht gedacht. Sie reagierten auf eine protokollarisch auf höchster Ebene angesiedelte Entschuldigung mit überraschender Großzügigkeit: Der Termin sei akzeptiert, und sie störe das keineswegs, denn Frankreich habe ein selbstverständliches Verhältnis zur Geschichte.

Es war also der berühmte Streit um des Kaisers Bart. Bei einem Volksfest am 25. 9. nahmen die Koblenzer mit einer riesigen Rockfete Besitz von ihrem Denkmal mit Metal statt Kanonendonner und Rave statt Marschmusik. So hat der listige Ludwig französischen Esprit und deutsches Tsching-bum kontrastiert. Und – parbleu, bei Césars Daumen im Rosengarten des Deutschherrenhauses – es ist gelungen!

Blick auf die Moselfront mit St. Florinskirche

1725 errichteten **Palais von der Leyen (4)** ist ein Teil der südlichen Gartenfront geschickt in den Neubau der Straßenverwaltung integriert, der die Maße des alten Palais übernommen hat.

In der querlaufenden Eltzerhofstraße ist noch ein Stück Alt-Koblenz des 19. Jh. erhalten. Hinter einer neueren Fassade versteckt sich das **Görres-Haus (5)** der katholischen Koblenzer Lese-Gesellschaft mit einem neugotischen Saal von 1865/66 in originalem Zustand. Er war von 1947–50 Heimstatt des neugewählten Landtags von Rheinland-Pfalz und wird heute als Veranstaltungsort von Kammerkonzerten und Vorträgen genutzt.

In der parallel verlaufenden Kornpfortstraße erreichen wir den Graben der römisch-frühmittelalterlichen Stadt. Wir folgen dieser nach rechts Richtung Moselufer und treffen auf Koblenz' ältestes Wirtshaus, den **Deutschen Kaiser**

(6), ein zu Beginn des 16. Jh. in reichen spätgotischen Formen gestalteter Wohnturm.

Die weitgehend wiederhergestellte Altstadt empfängt uns mit dem Krämerzunft-Haus und der **Mehlwaage (7)** sowie gegenüber dem Dreikönigshaus, dem alten **Eltz-Rübenacher Hof (8).** Die Reliefdarstellung, die die Anbetung Christi durch die drei Könige zeigt, gab dem Gebäude den Namen, das nach den Zerstörungen der Reunionskriege zu Beginn des 18. Jh. vom Hofbaumeister Johann Christian Sebastiani wiederaufgebaut wurde. In den Gebäuden stecken noch Teile der römischen Mauertürme.

Der Florinsmarkt lockt mit süßen Ecken

Der **Florinsmarkt** wird an der Ostseite bestimmt von der Florinskirche. Der weitläufige, italienisch wirkende Platz erhielt seine heutige Form 1817, als man eine Häuserzeile niederlegte. Er war Zentrum von Koblenz als Handels-, Gerichts- und Versammlungsplatz der Bürger. Im barocken **Pfarrhof Liebfrauen (9)** links am Florinsmarkt, erbaut 1709 von Sebastiani und Festungsbaumeister Philipp Honorius von Ravensteyn verbergen sich noch zwei römische Rundtürme, von denen einer die welsche Haube trägt. An dieser Stelle lag der merowingische Königshof, in dem die Merowinger Childebert, Sigibert und Chlodwig residierten.

Die **Florinskirche (10)** mit ihrem doppeltürmigen Westwerk, 11./12. Jh., war geistiger Mittelpunkt eines bedeutenden Stifts, dessen Propst

u. a. der berühmte Humanist Nicolaus Cusanus war. Nach der Säkularisierung verschwand die kostbare Ausstattung. Der Preußenkönig Friedrich Wilhelm III. wies 1818 die Pfeilerbasilika der neuen evangelischen Gemeinde als Gotteshaus zu und ließ sie durch seinen Staatsbaumeister Karl-Friedrich Schinkel und dessen Koblenzer Mitarbeiter Johann Claudius von Lassaulx vorbildlich restaurieren. Neben der eindrucksvollen Raumwirkung besitzt die Kirche noch Wandmalereien des 13.–15. Jh., die das Martyrium der hl. Agathe und der hl. Margarethe sowie das Leiden Christi darstellen. Einige kostbare mittelrheinische Glasbilder der Hochgotik schmücken die Taufkapelle und das Seitenschiff.

Die Moselseite des Platzes nimmt das **Mittelrhein-Museum (11)** ein (Di–Sa 11–17, So 11–18, Mi 11–20 Uhr). Es besteht aus dem von Richard von Greiffenklau 1528–30 in spätgotischen Formen erbauten Schöffen-Haus, dem Alten Kauf- und Rathaus (1419–25) und dem 1660 errichteten Bürresheimer Hof, der durch Hofbaumeister Jörg Judas barockisiert (1724) und von Stadtbaumeister Nicolaus Lauxen (1769) zur Mosel hin um einen noblen Saalbau erweitert wurde. Die Moselfront dieser Baugruppe war eines der beliebtesten Motive romantischer Maler. Nach den starken Zerstörungen 1944/45 wurde die Baugruppe in den 60er Jahren original wiederaufgebaut. Das hier eingerichtete Mittelrhein-Museum birgt vorzügliche Werke rheinischer Maler von der Gotik bis zur Moderne, darunter holländische und Koblenzer Landschaftsmaler, Kirchenmaler des 19. Jh. sowie eine höchst qualitätvolle Sammlung mittelrheinischer Plastik. Auch der große barocke Tafelmaler Januarius Zick und sein Kreis, die im Kurfürstentum Trier mit Werken des empfindsamen Klassizismus bestimmend waren, sind reich vertreten. Zu den Koblenzer Sehenswürdigkeiten gehört der Augenroller an der barocken Uhr des Alten Kaufhauses, das 1674 zum Rathaus wurde.

Vom Florinsmarkt gehen nach Süden heimelige Straßen wie Mehl-, Gemüse- und Marktgasse ab, in denen sich noch viel historische, liebevoll gepflegte Bausubstanz, kleine Plätze mit Brunnen, die von einem gewählten Brunnenmeister gehütet werden, und ›altkowelenzer Wertschafte‹ befinden. Hier herrscht noch weitgehend vom Tourismus unbeeinflußte Altstadtatmosphäre.

Zwischen Florinsmarkt und Balduinsbrücke steht die **Alte Burg (12).** Auf römischen Grundmauern von Erzbischof Heinrich von Vinstingen seit 1277 gebaut, sollte sie die landesherrliche Macht gegen die Stadt und zum bedeutenden Moselübergang sichern. In mehreren Bauphasen entstand die heute durch ihre Rundtürme mit welschen Hauben barock wirkende ehemalige Hauptresidenz der meisten Trierer Erzbischöfe und Kurfürsten. Heute dient sie als Stadtbibliothek.

Um die Burg rechts herumgehend sollte man auf die **Balduinbrücke (13)** bis zu der von Rudi Scheuermann 1964 geschaffenen Skulptur des Erbauers Erzbischof Balduin von Luxemburg hinaufgehen, um das einzigartige Panorama der Koblenzer Moselfront bis zum Deutschen Eck und die Rheinfront der Festung Ehrenbreitstein zu bewundern. 1332 erwirkte Balduin einen Ablaß zur Finanzierung »des sicheren Übergangs für die Pilger nach Rom und Santiago di Compostella«. Bereits 1363 war das damalige Wunderwerk mit wehrhaften Toranlagen und 13 steinernen Rundbögen vollendet. Leider fielen der Moselkanalisierung 1964 sechs Bögen zum Opfer und wurden durch ein technisch-phantasieloses Brückenteil ersetzt.

Zurück über die Burg- und Paradiesstraße kommt man zum **Münzplatz (14),** dem zweiten urbanen Platzensemble von Alt-Koblenz. Die westliche Seite des Platzes bestimmt das Haus Metternich, einst Stadtpalais der bedeutenden rheinischen Adelsfamilie, die Kurfürsten, Bischöfe und Minister stellte. In diesem 1674 errichteten Haus wurde 1773 der spätere Fürst Metternich-Winneburg-Beilstein, ›Architekt Europas‹ beim Wiener Kongreß 1815 und österreichischer Staatskanzler, geboren und von seinem Namensgeber, dem Kurfürsten Clemens Wenzeslaus, in der Liebfrauenkirche aus der Taufe gehoben. Heute ist das Haus Ausstellungsort der Vereinigung mittelrheinischer Künstler mit wechselnden Ausstellungen regionaler Gegenwartskunst.

An der Südseite des Platzes steht das Münzmeister-Haus von 1783. An dieser Stelle wurde seit dem 11. Jh. der größte Teil des Trierer Geldes geprägt. Unter Denkmalschutz gestellt wurde das erste Koblenzer Nachkriegskino an der Nordseite des Platzes, den ein humorvoller Brunnen Koblenzer Originale schmückt.

Durch die Liebfrauenstraße führt der Weg zur Stadtpfarrkirche **Liebfrauen (15),** 1182 erstmals erwähnt, die auf den Grundmauern der ältesten Koblenzer Kirche aus dem 5. Jh. steht. Die querschifflose Pfeilerbasilika mit Emporen war mit dem imposanten doppeltürmigen Westwerk um 1225 vollendet. 1404–30 kam es zum Bau des reich gestalteten gotischen Langchors und um 1485 zu einer neuen, spätgotischen Einwölbung des Langschiffs. Nach der Beschießung 1688 wurden die beschädigten Westtürme durch die charakteristischen und für die Region vorbildlichen Hauben erhöht. Auch spätere Zeiten haben an diesem wichtigen Koblenzer Kirchenbau weitergestaltet. Die qualitätvolle Ausstattung ist stark durch den niederländischen Barock geprägt. Von der gotischen Verglasung ist noch eine Kreuzigungsgruppe erhalten.

Nach Süden steigen wir über die schmale Schulgasse zum dritten

Platz der Altstadt, dem **Plan (16).** Der Platz am alten Stadtgraben diente einst dem Fleischhandel, Turnieren und Hinrichtungen. Von der alten barocken Umbauung ist noch ein Teil erhalten. Im Norden steht die alte Stadtkommandantur von 1719, die ›Wache‹, mit doppelläufiger Treppe, die im 19. Jh. als Rathaus diente, dann bis 1973 Feuerwache war und heute ein Gourmet-Tempel ist. Stadtschule war das angrenzende Gebäude von 1776. Im Haus Nr. 13 residierte 1792–94 der vor den Revolutionstruppen geflohene Bischof von Verdun. Nr. 12, das Haus mit dem goldenen Stiefel, war seit 1742 Zunfthaus der Schuhmacher.

Die westlichen Eckhäuser zur Löhrstraße und zum Altengraben hin bilden das einmalige Ensemble der **Vier Türme (17),** eine Schöpfung des Hofbaumeisters Sebastiani von 1689. Die um 1608 erbauten vier Häuser erhielten je einen reichgeschmückten dreistöckigen Erker mit Laternenbekrönung. Nach Kriegszerstörungen wurden sie als Denkmal 1950 originalgetreu wiedererrichtet.

In der ehemals vor der Stadt liegenden Löhrstraße wohnten früher die Gerber. Sie verläuft auf der Trasse der römischen Heerstraße. Heute zählt sie als Fußgängerzone zu den bekannteren Einkaufszentren von Koblenz. Es lohnt sich, hier entlangzuschlendern bis an die Grenze der von Clemens Wenzeslaus im späten 18. Jh. projektierten Neustadt.

Über die Clemensstadt zurück zum Deutschen Eck

Der Löhrstraße stadtauswärts folgend, gelangen wir ans Löhr-Rondell. Hier entstand an der Südwestecke der Neustadt 1900–1903 an städtebaulich hervorragender Stelle in ›wilhelminischem Geist‹ die **Herz-Jesu-Kirche (18)** als Hauptwerk des kreativen Mainzer Dombaumeisters Ludwig Becker. Es ist eine mächtige Basilika mit Querhaus und Umgangschor in verschiedenen Formen rheinisch-staufischer Spätromanik mit bewegter Silhouette. Der bilderreiche Innenraum mit seiner Weiträumigkeit verbindet malerisch Architekturauffassungen des Späthistorismus mit modernen Kirchenbautendenzen. Die heutige Ausmalung entspricht dem Originalbefund.

In das vor der Kirche liegende Löhr-Rondell mündet die Schloßstraße als Hauptachse zum **Neuen Schloß (19)** von 1777–87. Sie schließt die Einkaufszone nach Süden ab.

Kurfürst Clemens Wenzeslaus, ein Enkel des sächsischen Kurfürsten und polnischen Königs August des Starken, verlegte die kurfürstliche Residenz von Ehrenbreitstein, wo es keine Erweiterungsmöglichkeiten mehr gab, an den Südrand der Stadt. Zwei Stadtbaumeister konzipierten die zugehörige Neustadt: Christian Trosson und Peter

Das Neue Schloß

Josef Krahé, die beide in Frankreich klassizistische Architektur studiert hatten. Den Plan für das Neue Schloß, den ersten und größten klassizistischen Schloßbau im Rheinland, lieferte Pierre Michel d'Ixnard; Antoine-François Peyre realisierte ihn auf Wunsch des Kurfürsten noch klassizistischer als vorgesehen. Bei der Außen- und Innengestaltung wirkten Johann Andreas Gärtner und Januarius Zick, der die Säle und Treppenhäuser mit großartigen Deckenfresken verzierte, mit. Ein kraftvoller Mittelbau mit mächtigen ionischen Säulen, Attika und Balustrade dominiert den in klassizistischer Strenge gehaltenen Hauptbau. 39 Fensterachsen gliedern zusätzlich die 168 m lange Fassade. Die Strenge des Hauptbaus geht in den eleganten Schwung der seitlichen Zirkular-Bauten über, die sich wie liebevoll schließende Arme der Neustadt zuwenden.

Der Kurfürst hat die Fertigstellung des Innenausbaus nicht mehr erlebt, weil er 1794 vor den Revolutionstruppen nach Augsburg fliehen mußte. Nach dem französischen Präfekten, der die demolierte Ausstattung nur notdürftig ersetzte, übernahmen die Preußen das Schloß und machten es zum Sitz der Provinzialregierung. König oder Kronprinz residierten hier bei den Truppenbesuchen. 1944 ausgebrannt, wurde das Schloß nach 1950 äußerlich unverändert, an den Seitenflügeln jedoch stark vereinfacht, wiederaufgebaut. Heute ist es Sitz der Bezirksregierung.

Clemens Wenzeslaus band das Schloß in einen Landschaftspark ein, den um 1860 die spätere Kaiserin Augusta vom Gartenarchitekten Peter Joseph Lenné neugestalten ließ. Die **Augusta-Anlage** zieht sich von der Rheinfront des Schlosses bis zur Insel Oberwerth und bildet eine herrliche Uferpromenade. In der Mittelachse des Schlosses reckt die monumentale Gestalt des jungen Görres seine rechte Hand beschwörend nach Osten. Zahlreiche Kleindenkmäler schmücken die Anlagen, die am Kaiserin-Augusta-Denkmal enden.

Nahe der Rheinpromenade an der südlichen Brückenrampe wurde zur ›Jahrtausendfeier der Rheinlande‹ 1925 das **Weindorf (20)** erbaut. Neben einem kleinen Weinberg laden vier historische Winzerhäuser zur Einkehr bei heimischem Wein und bodenständiger Küche ein.

Wir verlassen die Anlagen nach Norden. Links der Stresemannstraße liegt das alte Oberpräsidium der Rheinprovinz, heute Bezirksregierung, 1907–10 in Anlehnung an Schloßbauten Balthasar Neumanns in Ehrenbreitstein und den Kurfürstlichen Palast in Trier – und damit in Anspielung auf die kurfürstliche Zeit – erbaut.

Rechts dräut das monumentale **Regierungsgebäude (21).** 1902–06 wurde es in staufisch-romanischen Formen als evokative Anknüpfung an deutsche nationale Größe nach Plänen von Paul Kieschke und Wilhelm II. errichtet. Formen barocker Schloßanlagen und mittelalterlicher Kastelle vermitteln eine durch die Bossierung der Tuffsteine noch verstärkte Wehrhaftigkeit. Die monumentalen Treppenanlagen, gewölbten Hallen und Innenhöfe sind mit vorzüglichen Steinmetzarbeiten geschmückt. Der Bau ist ein Musterbeispiel übersteigerter, repräsentativer Außenwirkung. Heute ist hier das Wehrbeschaffungsamt untergebracht.

Der Charakter einer klassizistischen Platzanlage ist trotz des starken Verkehrs am **Clemens-Platz (22)** noch erhalten. In der Mitte des Platzes stand der vom Kurfürsten »den Bürgern geschenkte« Obelisk des Clemens-Brunnens, den vier halbkreisförmige Schalen umgaben. Heute steht er vor dem von

Regierungsgebäude am Moselufer

Peter Joseph Krahé Ende des 18. Jh. im klassizistischen Stil erbauten **Stadttheater (23).** Da der Kurfürst Clemens Wenzeslaus durch den ruinösen Schloßbau nicht mehr genügend Geld für ein eigenes Schloßtheater hatte, gab er das Privileg für ein ›Bürger-Theater‹ an Hofrat Schmitz, den Sekretär seiner Schwester Kunigunde, damit es, laut Inschrift, »Musis, moribus, laetitiae publicae« diene. Die schalkhaften Koblenzer übersetzten dies mit ›Als die Musen starben, lachte das Publikum‹. Es ist ein sehr stilvolles und intimes Theater, das an François de Cuvilliés' Residenz-Theater in München erinnert.

Das Theater ist in die umliegenden Häuser des Trierer Hofes und der Firma Deinhard sowie das jenseits der Clemensstraße liegende Haus der Hofrats- und Verlegerfamilie von Lassaulx eingebunden und bildet mit ihnen ein stimmiges klassizistisches Ensemble.

Über die Clemensstraße gelangen wir zum Zentralplatz und wenden uns rechts in die Gymnasialstraße. Vor dem vom ehemaligen Jesuitengymnasium überbauten Straßendurchlaß treibt der **Schängel-Brunnen** mit unaufmerksamen Passanten sein freches Wasserspiel (s. S. 60). Die Weitläufigkeit der Anlage des seit 1588 entstandenen **Jesuitenkollegs (24),** heute Rathaus, mit Gymnasium und Kirche unterstreicht die Bedeutung dieses Reformordens für das geistige Leben und Klima der Stadt vom

Der Koblenzer Schängel

Schängel ist der Typ des urwüchsigen Koblenzer Jungen, der seine Mundart freiweg spricht und stets zu listigem und lustigem Schabernack aufgelegt ist. Ihm zu Ehren errichtete auf Initiative der Ur-Koblenzer Sänger, Karnevalisten und Literaten Johannes Dahm und Jupp Flohr die Stadt 1940 ein Brunnendenkmal am Rathausdurchgang zum Jesuitenplatz.

Schängel, das ist der kleine Schang, abgeleitet vom französischen Vornamen Jean. So hießen die meisten Jungen in der Franzosenzeit nach Ausbruch der französischen Revolution und oft waren Franzosen an ihrem Vorhandensein beteiligt. Zunächst bevölkerten ab 1789 mehr als 3000 meist adelige Emigranten feudaler Herkunft und Gesinnung die 7000-Seelen-Residenz von ›Cousin‹ Clemens Wenzeslaus. Dann kamen im Oktober 1794 die revolutionären Sansculotten und machten für 20 Jahre Koblenz zur Département-Hauptstadt. Beinahe wäre es sogar 1797 zur Hauptstadt einer eigenen, der Zisrhenanischen Republik geworden – aber das hat der kleine Korse Napoleon zu verhindern gewußt. Immerhin: genug Zeit, um in die Koblenzer- und Mosel-Mundart zahllose französische Idiome einfließen zu lassen und die Lebensart ganz nahe an die französische heranzuführen.

Aber die Wechselfälle ereigneten sich schnell in der Geschichte an Mosel und Rhein: Seit 1814 wurden die Beinahe-Franzosen zu Muß-Preußen. Nur: preußische Lebensart und Sprache ist in Koblenz lediglich auf Kasernenhöfen und in Beamtenstuben heimisch geworden. Dennoch schätzte man die Preußen, weil sie Koblenz zur festungsstarken Metropole im Rheinland machten.

So ist der Schängel eine gelungene europäische Mischung von französischer Leichtigkeit und kultivierter Lebensform, gepaart mit preußischer Strenge und Geradlinigkeit.

16.–18. Jh. Trotz der unterschiedlichen Bauphasen von 1588–1701 besitzt die Anlage eine große Einheitlichkeit. Der zum Jesuitenplatz hin gewendete Baukörper gibt in seinen rhythmischen Akzenten dem intimen Platz ein charaktervolles Gepräge. Im zugänglichen Treppenhaus kann man eine prachtvolle Stuckdecke Carlo Pozzis mit Gemälden von Lucas bewundern.

Von der 1613–17 erbauten Jesuitenkirche ist nach der Zerstörung 1944 nur die Fassade im manieristischen Renaissance-Stil erhalten geblieben. Im einschiffigen Neubau finden sich neben Resten der alten Ausstattung, einem Gnadenbild aus dem 15. Jh. und der Sakristeitür von 1615, gute neue Arbeiten der Koblenzer Bildhauerin Edith Peres-Letmathe.

Vom Jesuitenplatz, wo sich gerne die Jugend in den ältesten Koblenzer Eiscafés trifft, führt die Firmungsstraße mit Antiquitätenläden, Galerien und Ausstattungshäusern in einigen erhaltenen historistischen und Jugendstilbauten zum **Joseph-Görres-Platz (25),** der an den geistesgeschichtlich bedeutenden Koblenzer erinnert. Auf dem über einer Tiefgarage neugestalteten Platz, der in kurfürstlicher Zeit Paradeplatz war, steht der moderne Koblenzer Brunnen, der in anekdotischer Form die Geschichte der Stadt erzählt.

Über die Rheinstraße gelangen wir zum Nordflügel des wilhelminischen Regierungsgebäudes und finden am Rheinufer den historischen **Rheinkran (26),** 1611 nach Plänen des Jülicher Baumeisters Johann Pasqualini gebaut. Etwas weiter rheinaufwärts führte bereits in römischer Zeit eine Holzbrücke über den Rhein. 1630, beim Bau der Residenz in Ehrenbreitstein, wurde eine fliegende Brücke geschaffen, die 1819 von der berühmten Schiffsbrücke abgelöst wurde. Sie mußte bis 1864 den gesamten Verkehr ans rechte Rheinufer bringen, fiel 1946 einem Hochwasser zum Opfer und wurde nicht mehr erneuert, weil sie den Schiffsverkehr zu sehr störte.

Auf dem Rückweg zum Deutschen Eck kommen wir noch an drei bedeutsamen Bauten des Schinkel-Schülers Johann Claudius von Lassaulx vorbei, dessen Bauten ebenso stilbildend für unzählige kirchliche, kommunale und private Bauten des Regierungsbezirks wirkten, wie seine denkmalpflegerischen Arbeiten vorbildlich waren. An der Rheinzollstraße steht der Bau des alten **Rheinmuseums (27)** von 1830, das heute in Ehrenbreitstein untergebracht ist. Das Gebäude zeigt eine typische Flächengliederung durch Blendbögen in Basaltlava, Schmucksteine in Tuff und natürliche Wandvermauerung in Grauwacke. Um die Ecke im Kastorhof 6 und 8 finden sich mit der ehemaligen Mädchenschule (1819) und dem Pfarrhof St. Kastor (1830) zwei weitere Bauten dieses bedeutenden Regierungsbaumeisters. Von hier aus ist über

Blick von der Festung

die Kastorpfaffenstraße das Deutsche Eck schnell erreicht.

Wer darüber hinaus noch Zeit und Interesse hat, sollte auch die um 1890 planmäßig angelegte Südstadt um die von Joseph Kleesattel im Stil der Neugotik errichtete Basilika St. Joseph mit ihrer weitgehend erhaltenen Originalausstattung besuchen. Trotz erheblicher Kriegszerstörungen kann man die historischen Wohnbauten, Jugendstilhäuser, repräsentativen Villen an den Rheinanlagen und in Fachwerk-Leichtbauweise nach dem Rayon-Gesetz errichtete Häuser bewundern. Das Gesetz aus dem Jahr 1871 schrieb vor, daß die Häuser leicht abzubrechen sein mußten, um im Fall eines Krieges vor der Festung ein freies Schußfeld zu schaffen.

Die Festungs- und Garnisonsstadt Koblenz

Über die Altstadt hinaus lohnt es sich, auch die Festungs- und Garnisonsstadt kennenzulernen.

Zunächst sollte man sich in Ehrenbreitstein umsehen. Hier liegen unterhalb der Festung die Gebäude der alten **Kurfürstlichen Residenz (28).** Die Pagerie, das Haus der Kadetten, ist der letzte Rest der von Georg Ridinger und Sebastiani zwischen 1626 und 1692 errichteten Philippsburg, begonnen von Kurfürst Philipp Christoph von Soetern. Das Dikasterialgerichtsgebäude wurde 1739 nach Plänen Balthasar Neumanns begonnen; eine einflügelige Anlage von höchster künstlerischer Qualität, stark an das Würzburger Schloß erinnernd. Unmittelbar dahinter schließt sich der Krummstall an, 1744–47 ebenfalls von Balthasar Neumann geplant, südlich davon der Marstall,

ein Flügelbau des Neumann-Schülers Johannes Seiz von 1762.

Von Alt-Ehrenbreitstein rheinaufwärts sind noch zahlreiche barocke Wohnbauten erhalten, die auf Pläne der Hofbaumeister Johann Christian Sebastiani, von Ravensteyn, Jörg Judas und Johannes Seiz zurückgehen, darunter das **Wohnhaus der Familie Beethoven (29),** Wambachstraße 204, in dem neben Erinnerungen an Beethoven auch solche an Sophie La Roche, ihre Begegnungen mit Johann Wolfgang von Goethe und an Clemens Brentano und seine Schwester Bettina von Arnim wachgehalten werden. Sehenswert ist auch die ehemalige Hofapotheke in der Friedrich-Wilhelm-Straße 160/161, immer noch von derselben Familie wie vor über 200 Jahren geführt.

Für den Besuch der umfangreichen Festungsanlagen, in Weitläufigkeit und Erhaltungszustand einmalig in Deutschland, sollte man sich Zeit nehmen und an den Besucherdienst der Festung Ehrenbreitstein wenden, um an einer Führung teilzunehmen.

Blick auf die Festung Ehrenbreitstein

Die **Rotunde Fort Asterstein (30)** erreicht man in Ehrenbreitstein über die erste Einfahrt rechts an der B 49/B 42 hinter der Pfaffendorfer Brücke, dann den Kolonnenweg in Serpentinen hoch bis hinter den Friedhof. Sofern man nicht den Sessellift an der B 49 in Ehrenbreitstein-Tal benutzen will, folgt man der B 49 ca. 2 km bergauf und biegt auf der Rheinhöhe der Ausschilderung entsprechend nach links ab. Vom Parkplatz Ehrenbreitstein aus kann man dann durch die Festungswälle zur Rheinbastion gehen, um die herum alle Sehenswürdigkeiten liegen.

Die **Festung Ehrenbreitstein (31)** lohnt auf jeden Fall einen Besuch. Sie ist letztes und größtes Beispiel des klassischen Festungsbaus vor der Erfindung weittragender Artillerie und wirkungsvoller Sprenggranaten und Bomben. Erbaut wurde sie 1815–33 vorwiegend nach Plänen des Oberst von Aster unter Mitwirkung von Schinkel.

Die Anlage umfaßt die Festen Alexander und Konstantin (am Hang der Kartause), die Rotunde auf dem Asterstein und die Kasematten der Ehrenbreitstein. Von der Rheinbastion bietet sich eine prachtvolle Aussicht über Koblenz und das Rhein-Mosel-Gebiet bis weit in die Vulkaneifel hinein. Nicht zuletzt lohnt sich ein Besuch des Landesmuseums mit seinen vorzüglichen technischen Abteilungen (März–Nov. tägl. 9–12.30 und 13–17 Uhr) und des Rheinmuseums (tägl. 10–17 Uhr).

Information: Touristik- und Congressamt Stadt Koblenz, Pavillon gegenüber dem Bahnhof, ✆ 02 61/ 1 94 33 oder 3 31 34 für Gruppenführungen, sonst ✆ 1 29-38 13, Fax 1 29 38 00; Besucherdienste der Festung Ehrenbreitstein, ✆ 7 19 87.

Hotels: Scandic-Crown, Julius-Wegeler-Str. 6, ✆ 02 61/13 60: Exklusivhotel, Kat. 1. Diehls Hotel, Ehrenbreitstein, Rheinterrasse 8, ✆ 7 20 10, Fax 7 20 21: klassisch-gehobenes Hotel in schöner Lage, Kat. 1–2. Brenner, Rizzastr. 20–22, ✆ 3 20 60: gutbürgerlich; in der Neustadt, bahnhofsnah, Kat. 2. Rheinkrone, Rudolf-Breitscheid-Str., ✆ 7 33 31, Fax 7 26 87: schöner Blick auf den Rhein und Koblenz, Kat. 2. Kleiner Riesen, Kaiserin Augusta-Anlagen, ✆ 3 20 77: kleines ruhiges Hotel in den Rheinanlagen, Kat. 2. Trierer Hof, Clemensplatz 1, ✆ 3 10 60: gepflegtes und preiswertes Haus in Theaternähe, mit Restaurant, Kat. 2.

Restaurants: Altes Brauhaus, Braugasse 4, gutbürgerlich, gemütlich. Bistro Harlekin, Unterm Stern 11: erlesene Speisen, riesige Getränkeauswahl, in der Nähe des Mittelrhein-Museums. Deutscher Kaiser, Kastorstr. 3: Alt-Koblenzer Traditionsgasthaus. Blaue Biwwel, Entenpfuhl 9. Comedy Club. Stresemann, Rheinzollstr. 8: gehobene Küche. Loup de Mer, Schloßrondell 12: Gourmet, Meeresspezialitäten.

Weinlokale und Cafés: Excalibur, An der Burg 6: Rockcafé. Brasserie Faustus, Eltzhofstr. 13: gehobenes Szene-Restaurant. Historischer Weinkeller, Mehlgasse 14: Alt-Koblenzer Weinlokal. Café Hahn, Güls, Neustr. 15: Live-Music, Kabarett. Weinhaus Hubertus, Florinsmarkt 6: große Auswahl offener Weine. Café Miljöö, Gemüsegasse 8: Café-Bistro.

Museen: Mittelrhein-Museum der Stadt Koblenz, Florinsmarkt 15 (Altes Kaufhaus), ✆ 1 29-25 20 und 1 29-25 02: stadtgeschichtliche Abteilung, Malerei und Plastiken vom Mittelalter bis zur Neuzeit, Sondergalerie des kurfürstlichen Hofmalers Januarius Zick, Sammlung der Rheinromantiker, Di–Sa 11–17, So 11–18, Mi 11–20 Uhr. Haus Metternich, Münzplatz, ✆ 1 29-25 02 oder 25 20. Rheinmuseum, Ehrenbreitstein, Charlottenstr. 55 a, ✆ 70 34 50: Ausstellung zum Komplex Rhein, tgl. 10–17 Uhr.
Landesmuseum Koblenz, Staatl. Sammlung technischer Kulturdenkmäler in der Festung Ehrenbreitstein, ✆ 9 70 30: Entwicklung der Bimsstein-Herstellung, Zinngießer in Koblenz, Weinbau an Mittelrhein und Mosel (Sammlung historischer Keltern), Schnapsbrennerei, N. A. Otto und Otto-Motor, A. Horch und Fahrzeuge, tgl. 9–12.30 und 13–17 Uhr, März–Nov. Museum für Post und Kommunikation, Friedrich-Ebert-Ring 14–20, (Eingang Friedrichstraße) im Haus der Oberpostdirektion, ✆ 1 28 20 60: Mo–Do 10 bis 13 und 14–16 Uhr.

Musik und Theater: Stadttheater, Clemensplatz 1, ✆ 1 29 28 40, Oper, Operette, Musical, Ballett, Schauspiel, mit probebühne 2, experimentelles Theater. Kammerspiele, Florinsmarkt, ✆ 1 29 28 40: Boulevard-Theater. Görreshaus, Eltzerhofstr. 6a, ✆ 30 90 05-0: Kammer- und Solistenkonzerte. Kulturfabrik, Mayer-Albertistr. 11/Lützel, ✆ 80 28 13: Tanztheater, Kabarett, Performances, Ausstellungen der jungen Szene. Rhein-Mosel-Halle, Julius-Wegeler-Str. 4, ✆ 1 29 16 60: Tourneen, Galas, Tanz, Kongresse.

Feste: Open-Air-Konzerte und -Opern auf der Festung Ehrenbreitstein (Juli). Rhein in Flammen (am 2. Wochenende im Aug.). Rock am Eck (Anfang Sept.).

Von Koblenz bis Karden

Das älteste Weinfest
der Winninger Weinhex

Kobern und
die Matthiaskapelle

Burgenzauber –
Burg Eltz und Burg Pyrmont

Karden und sein Stiftsbezirk

Burg Eltz

Die untere Mosel ist noch ganz rheinisch: In das felsengesäumte Tal mit seinen an geschichtlichen Zeugnissen reichen Dörfern münden steil eingeschnittene, stille Bachtäler aus Eifel und Hunsrück, die zum Wandern einladen. Der gestaute Fluß bietet zahlreiche Wassersportmöglichkeiten. Burgen entzücken den romantischen Reisenden, die schönsten Wein- und Heimatfeste versprechen Lebensfreude von der Kirschblüte bis zum goldenen Weinherbst.

Von Koblenz bis Alken

Gleich am Stadtrand von Koblenz beginnt zwischen den Vororten Metternich und Güls auf der Eifelseite und den Vororten Moselweiss und Lay auf der Hunsrückseite die typische Mosellandschaft mit ihren Weinbergterrassen. **Güls,** dessen ›Zahnstocher‹, die spitzen Doppeltürme der von Lassaulx 1832 erbauten Pfarrkirche, aus dem Meer von Obstbäumen herausragen, ist mit Jachthafen und beliebten Lokalen Naherholungsort für die Stadt. Hier, wie im gegenüberliegenden Moselweiss und in Lay, finden Kunstliebhaber je eine für den Mittelrhein typische spätromanische Emporenbasilika vom Anfang des 13. Jh. mit originalen Dekorationssystemen. Die Kirche von **Moselweiss** besitzt eine hervorragende Steinkanzel von Hermann Sanders aus dem Jahr 1467 und ein Altarbild ›Marter des hl. Laurentius‹ aus dem Rubens-Umkreis.

Empfohlen sind Wanderungen in den Koblenzer Stadtwald bis zum Carola-Turm und zum Hexenplatz, wo 1656 die letzte ›Hexe‹, Maria Knebel aus Winningen, verbrannt wurde. Für Wassersportfreunde sei angemerkt, daß Lay auch Austragungsort von Weltcup-Motorboot-Rennen und beliebter Ankerplatz für Freizeitkapitäne ist.

Winningen ist der bekannteste und meistbesuchte Weinort an der unteren Terrassenmosel; ein Musterort in jeder Hinsicht. Dort liegen so vorbildlich gepflegte Weinberge wie Röttgen, Uhlen, Hamm und Dompropst, von international bekannten Winzerbetrieben bebaut, die beste Riesling-Weine und frische Spätburgunder erzeugen. Das Ortsbild mit Fachwerkhäusern, Weinhöfen, Weinhändlervillen und dem Weinhexenbrunnen ist vielfach preisgekrönt. Eine gepflegte Gastronomie begegnet dem Besucherandrang mit originellen Ideen wie der Weinstube Höreth-Schaaf mit angegliederter Galerie.

Das älteste Weinfest um die Winninger Weinhex

Obwohl 1557 als Sponheimische Enklave lutherisch geworden, litt Winningen besonders hart und lange unter den Hexenverfolgungen in der ersten Hälfte des 17. Jh. 21 Frauen sollen auf dem ›Hexenhügel‹ verbrannt worden sein; zuletzt Maria Knebel, wie man sagt, eine hübsche, rotblonde Frau. Wie die Akten bestätigen, ging es weniger um den Glauben als um Geld, das habgierige Denunzianten und Anwälte einstreichen konnten.

Der köstliche Weinhexen-Wein soll allerdings seinen Namen von einer Frau haben, die allzu gerne an diesem Tropfen sich ergötzte. Dafür habe ihr Mann, ein derber Winzer, ihr den Allerwertesten versohlt und sie fortan ›Weinhex‹ genannt.

Um den Weinhexenbrunnen des fachwerkumstandenen Marktes spielt sich das schon im 19. Jh. gefeierte Weinfest am letzten August- und ersten Septemberwochenende ab, das schon von Reisenden der Jahrhundertwende beschrieben wird: der Umzug der Burschen und Mädchen in alten Trachten, wobei die Mädchen ursprünglich eine ›Gieß‹ (15 l) Wein spendeten, der Tanz und das Festessen, bei dem aus altem Zinngeschirr gegessen und getrunken wurde und wird.

Heute ist dieses auf alten Nießrechten beruhende Fest ein riesiger – aber amüsanter – Rummel geworden; wie fast überall bei den Weinfesten, wo sich Tradition untrennbar mit touristischem Kommerz verbunden hat.

Zu einem Weinfest gehört die Weinprobe in der ›Schatzkammer‹ wie auch der Weinbrunnen, mancherorts ein echter Brunnen, aus dem drei Tage über eine Spezialleitung Wein fließt; außerdem die Krönung der Weinkönigin mit ihren Prinzessinnen und die Huldigung an Bacchus, bei dem Körperfülle gefragt ist. Und auch der Umzug, das Feuerwerk und der Heimatabend dürfen nicht fehlen.

Das Heimatmuseum in der Alten Schule erinnert vor allem an den berühmtesten Winninger, August Horch (1868–1943), den großen Autopionier und Gründer der Audi-Werke. Qualitätvolle Architektur sieht man bei der spätromanischen Pfarrkirche mit rheinischem Rhombendach. Das älteste Weinfest an der Mosel ist die Winninger ›Weinhex‹, das an zwei Wochenenden Ende August/Anfang September mit viel Tradition und bester Folklore gefeiert wird. Darüber hinaus bietet Winningen viele Freizeiteinrichtungen.

Reizvoll für Wanderer ist die gegenüberliegende Hunsrückseite mit Ausflügen durch das Kondertal über Waldesch nach Boppard und Rhens am Rhein.

Jenseits der Autobahnbrücke, die in 136 m Höhe das Moseltal überspannt, baut sich hinter einem Wald von Obstbäumen **Dieblich** auf. Zwei Burghäuser aus dem 15. Jh., die Heesenburg der Herrn von Arken und der Pfarrhof der Zandt von Merl, außerdem schöne Fachwerkhäuser verleihen dem Ort seinen Reiz. In der 1842 erbauten Pfarrkirche mit originaler Ausmalung findet sich eine sehr schöne mittelrheinische Madonna aus der Zeit um 1400.

Kobern

Ein Inbegriff moselländischer Kulturlandschaft begegnet uns in Kobern. Moselabwärts liegt die über dreißigstufige Terrassenlandschaft des Uhlen mit den vorzüglichen Rieslingen, moselaufwärts ein obst- und waldbestandener Hang mit Neubaugebieten. Dazwischen liegt, am Zusammenfluß steiler Bachtäler, das Dorf, reich an historischer Bausubstanz, überragt vom alten Uhrturm, der Ruine der Niederburg und ganz oben dem wiederaufgebauten Palas mit dem Turm der Oberburg; nicht zu vergessen eines der schönsten Baudenkmäler des Rheinlandes, die Matthiaskapelle.

Ein Koberner Spaziergang beginnt auf dem Markt mit dem Tatzelwurm-Brunnen, umstanden von hübschen Häusern des 17./18. Jh., deren Fachwerk meist freigelegt ist.

Nach links in der Peterstraße steht das **Burghaus** der Herren von Kobern, ein Wohnturm des 15. Jh., daneben das verputzte Steinhaus mit Staffelgiebel, das dem in Koblenz als Wegelagerer hingerichteten Lutter, dem ›Augenroller‹, gehört haben soll.

Wenige Schritte weiter in der Kirchstraße stehen zwei Lassaulxsche Gebäude, die Schule von 1835 und die neuromanische **Kirche St. Lubentius** von 1826. Lubentius gehörte mit Kastor und Potentinus im 4. Jh. zu den ersten christlichen Missionaren. Er gründete in Kobern und Koblenz Gemeinden. Seine Gebeine wurden im 8. Jh. ins Stift Dietkirchen an der Lahn übertragen.

Die Kirche ist von Joseph Settegast, einem Nazarener, reich aus-

Matthiaskapelle über Kobern

gemalt und birgt zahlreiche Kunstwerke, eine Pietà von 1420, Glasfenster mit dem hl. Nikolaus von 1400 und mit dem hl. Michael aus dem Jahr 1480.

In der Kirchstraße 1 steht der Hof des Trierer Stifts St. Marien, heute **Haus Simonis,** das auf 1321 datiert wird und damit als ältestes weitgehend originales Fachwerkhaus an der Mosel gilt. Nicht weit ist es bis zur **Dreikönigskapelle** auf dem Friedhof, der reich mit Basaltkreuzen aus dem 15.–18. Jh. geschmückt ist. Der 1420 von der Familie Boos von Waldeck gestiftete schlanke Bau hat eine Ausmalung der Bauzeit von hoher Qualität (Schlüssel beim Touristenbüro, Tonbandführung).

Gleich rechts am Anfang des Mühltals führt der Fußweg hinauf zu Niederburg und Oberburg mit der Matthiaskapelle. Die **Oberburg** oder Alte Burg ist seit 1000 Stammsitz der Herren von Kobern, die Niederburg mit dem seltenen trapezförmigen Bergfried wurde etwas später von einer Nebenlinie erbaut.

Besonders sehenswert ist die **Matthiaskapelle,** um 1225 erbaut, die zu den schönsten Baudenkmälern des Rheinlands zählt und einen Höhepunkt der rheinischen Spätromanik darstellt. Eine Kuppel mit Tambour überwölbt den sechsseitigen Zentralbau, die Apsis ist im Dreiviertelkreis eingefügt. Der Bau vereint beeindruckend alle Formen

Wallfahrten für Leib und Seele

Auf den Spuren Kaiser Maximilians

»Wer mit Andacht ißt und trinkt, – der betet; – Lasset uns also beten« Dieses leibfreudige Motto galt an der Mosel stets, obwohl die dortige Küche in preußischer Zeit eher handfest geworden war. Schließlich hatte sich bis zur Jahrhundertwende die Moselregion als Aufmarschgebiet gegen den Erzfeind Frankreich wirtschaftlich kaum entwickelt.

Dem war nicht immer so, wie das genußvolle Aufzählen kulinarischer Köstlichkeiten in der »Mosella« des Magnus Ausonius und die opulenten Speisekarten für Kaiser Maximilian bei seiner Reise zum Reichstag in Trier 1512 beweisen. Die Moselhänge lieferten köstlichen Wein, die Wälder Wild und Geflügel, der Fluß Fische und Krebse.

Daß bei allen Wohltaten für den Leib die Seele nicht vergessen wurde, dafür sorgten zahlreiche Wallfahrtsstätten links und rechts des Flusses und im ›Heiligen Trier‹, dem ›zweiten Rom‹. So blieb es seiner Majestät auch 1512 vorbehalten, neben den Köstlichkeiten der Tafel auch die Heilsbringer der Seele aufzusuchen: In Kobern verehrte er den hl. Lubentius; in Stuben bei Bremm ließ er zur *Insula Sancti Nicolai ad Stupam* zu den Augustinerinnen übersetzen, um dort die bedeutendste Kreuzreliquie des Abendlandes zu verehren. Heinrich von Ulmen hatte sie im Auftrag der byzantinischen Kaiserin und Schwester des deutschen Königs Philipp von Schwaben nach der Eroberung Konstantinopels 1204 an die Mosel gebracht und seiner Schwester, der Priorin von Stuben, zur Aufbewahrung anvertraut. Bis 1789 blieb die kostbare Staurothek, ein Meisterwerk byzantinischer Goldschmiedekunst des 10. Jh., dort in Verehrung, ehe sie, vor den Revolutionstruppen in Sicherheit gebracht, schließlich im Domschatz von Limburg an der Lahn ihren Platz fand.

der Spätromanik, wie wir sie an großen rheinischen Kirchen finden.

Erbaut wurde die Kapelle als Reliquienschrein durch Heinrich II. von Isenburg-Kobern für das von ihm vom Kreuzzug aus Ägypten mitgebrachte Haupt des Apostels Matthias. Die Reliquie kam nach 1350, als Kobern kurtrierisch wurde, zu den Gebeinen des Apostels in die Trierer Abtei St. Eucharius, die fortan St. Matthias genannt wurde. Johann Claudius von Lassaulx restaurierte den Bau erstmals um 1830 vorbildlich. Eine umfangreiche Sicherung der Bausubstanz

Eberhards-Klausen hieß die nächste Station christlicher Frömmigkeit für den Kaiser. Die prachtvolle Wallfahrtskirche war gerade von Antwerpener und heimischen Meistern fertiggestellt, das gläubige Volk der Moselregion pilgerte in Scharen zur Schmerzhaften Mutter und legte seine Sorgen in den Schoß der Mutter Maria und sein Opfergeld in die Almosen- und Ablaßkisten.

Höhepunkt der Kaiser-Wallfahrt war Trier: Hier verehrte er die Gebeine des Apostels Matthias in der Abtei, die heute seinen Namen trägt und früher St. Eucharius hieß. Zum ersten Mal wurde öffentlich der ›Heilige Rock‹, das ungenähte Kleid Christi, verehrt, das, 1196 im Hochaltar des Domes eingemauert, auf Wunsch des Kaisers lange Zeit alljährlich gezeigt wurde.

Seit dem 17. Jh. geschieht das nur an bedeutsamen Daten. Dann aber strömen die Wallfahrer zu Hunderttausenden herbei, wie jüngst 1996 oder 1933 als es gar mehr als zwei Millionen waren. Daß zu einer Mosel-Wallfahrt neben der Buße des Herzens auch die Freude des geläuterten Leibes gehörte, das war und ist alte Tradition im römisch-katholischen Trierer Land. Wallfahrten für die Seele waren stets auch Festtage für den Leib.

Nachdem die Talsohle kulinarischer Leistungen an der Mosel durchschritten war, haben die letzten 25 Jahre einen deutlichen Wandel gebracht: Man ist (ißt) nicht mehr nur gut bürgerlich, sondern hat sich zunehmend – und mit Erfolg – auf die eigenen, regionalen Möglichkeiten besonnen und orientiert sich weniger an der internationalen Küche. Mit der Steigerung der Qualität bei der Weinerzeugung stieg gleichzeitig die Qualität der guten Gastronomie.

Vinzenz Thieltges im Waldhotel Sonnova bei Dreis, wenige Autominuten vom Wallfahrtsort Eberhardsklausen entfernt, hält jedenfalls seit mehr als 15 Jahren einen Spitzenplatz unter den zwanzig besten deutschen Köchen. Und viele zwischen Eifel und Hunsrück eifern ihm nach.

rettete in den letzten Jahren das Juwel für die Nachwelt. Heute wird es für Kammerkonzerte genutzt (Schlüssel beim Touristenbüro).

Über den ampelgeregelten Fahrweg kann man über das Mühltal zum Ort zurückkehren und unterwegs in der idyllischen Höreth-Mühle oder einer anderen Weinstube zum Schoppen einkehren.

Der Ortsteil **Gondorf** scheint nur aus Burgen zu bestehen. Die Niederburg, ehemals Sitz der Barone Liebig, heute Kultur-Restaurant, wurde als historistische Wohnburg mit Grablege im 19. Jh. von Vinzenz Statz gebaut. Die Oberburg, eine der wenigen Wasserburgen an der Mosel, war Stammsitz der bedeutenden von der Leyen, die es bis zum Fürstenrang brachten. Das Fels-(Leien)-Panorama unterstreicht den Namen. Leider haben Bahn- und Straßenbau unschöne Lücken in den eindrucksvollen Burgbering geschlagen. Oberhalb von Gondorf kann man sich in der Fotovoltaik-Anlage in Traubenform über die Energiegewinnung der Zukunft informieren.

Lehmen und **Kattenes** setzen die Reihe geschichtsträchtiger Moselorte fort. Der romanische Turm der alten Kirche und die fünfeckige Burg der Herren von Lehmen bestimmen das Ortsbild. **Niederfell** und **Oberfell** mit ihren schönen Fachwerkensembles sind Ausgangspunkte für Wanderungen in die ›Niederfeller Schweiz‹ und zur ehemaligen Wallfahrtskirche Bleidenberg von 1248 mit prachtvollem Blick auf Alken und die Doppelburg Thurand.

Information: Tourist-Information Untermosel, Bahnhofstr. 44, 56330 Kobern-Gondorf, ✆ 0 26 07/ 49 24 oder 4 90, Fax 49 58.

Unterkunft: Winningen: Sporthotel Moselblick, an der B 416, ✆ 0 26 06/22 75: großes, komfortables Haus am Moselufer Nähe Jachthafen, Kat. 1–2.
Kobern: EDÖ-Moselland, Marktstr. 3, ✆ 0 26 07/10 93-95: bekanntes Club-Hotel mit viel Unterhaltung, Kat. 1–2. Zur Kupferkanne, Lutzstr. 20, ✆ 0 26 07/ 3 42: familienfreundliches, rustikales Haus in ruhiger Lage, Kat. 2–3.

Camping: Winningen: Insel Ziehfurt, Jachthafen, ✆ 0 26 06/ 3 57 und 18 00.

Restaurants/Weinstuben: Winningen: Gutsschänke Höreth-Schaaf, Fährstr. 6, ✆ 0 26 06/ 5 97: historisches, stilvolles Haus, gute Küche, Galerie. Weinhaus Marktschänke, Am Markt, ✆ 26 06/7 69: typische Weinstube mit guter Weinkarte.
Dieblich: Halferschenke, Hauptstraße 63, ✆ 0 26 07/10 09: Gourmet-Küche.
Kobern: Alte Mühle – Höreth, Mühltal, ✆ 0 26 07/64 74: romantisch, moseltypisch. Oberburg – Jean Marais, ✆ 0 26 07/86 11: kleines, aber feines Restaurant.

Von Alken bis Lütz

Alken ist ein besonders malerischer Moselort. Erhalten sind Teile der Stadtmauer des 14. Jh., die Faller-Port im Westen, der Rundturm am Ufer, Teile des Bach-Turms nahe dem wuchtigen Komplex des ›Wildberger Hofs‹ mit Bauteilen von 1585–1676, darüber die im Kern romanische Michaelskapelle mit Beinhaus. Reich ausgemalt sind der Chor, der eine Deesis mit Aposteln und St. Michael zeigt (beide 14. Jh.), und das Langhaus aus dem 15./16. Jh. Moselländisch ist die Holzempore von 1622, südtirolisch sind die jüngst gestifteten Altarschreine aus Nachschöpfungen spätgotischer Vorbilder. (Be-

Herbststimmung um die Ehrenburg

sichtigung über Tourist-Information möglich.) Alken hat eine sehr gute touristische Infrastruktur.

Die Burgen im Ehrbachtal

Auch die Hunsrückseite hat ›ihre‹ Burgen von hohem Erlebniswert. Hoch über Alken liegt die **Doppelburg Thurand.** Um die strategisch bedeutsame pfalzgräfliche Burg entspann sich beim Rückzug der Pfalzgrafschaft vom Maifeld zur Rheinpfalz 1248 ein Krieg zwischen Kurköln und Kurtrier, der im Kompromiß ›zweier Burgen in einer‹ mündete. Das der Burg nördlich gegenüberliegende Plateau mit der teils rekonstruierten Wallfahrtskirche aus der Mitte des 13. Jh. hat noch heute den Namen von den dort aufgestellten Schleudermaschinen: Bleidenberg. Die von den Franzosen 1689 zerstörte Burg wurde von privater Seite 1915/16 teilrekonstruiert, enthält eine kleine, aber sehenswerte Sammlung von Möbeln, Rüstungen und Kunstgewerbe und wird als Restaurant genutzt.

Wenige Kilometer stromauf in der wildromantischen Ehrbachklamm erhebt sich über einem Hangkegel die **Ehrenburg** an der Stelle einer römischen Höhenbefestigung, erbaut um 1160 von Erzbischof Hillin als Grenz-Landesburg von Trier. Wie kaum an einer anderen Burg kann man hier die Entwicklung der Festungstechnik studieren: die romanische Burg mit rundem Bergfried, Palas und Ringmauer, die 1331 erfolgte gotische

Erweiterung mit Doppelturm als Ergänzung des alten Bergfrieds und die frühneuzeitliche Bastion mit Rampenturm zur Feldseite, 1495 für den Kampf mit schweren Geschützen gebaut. So gilt die Ehrenburg als die beste wehrtechnische Anlage der Zeit im Rheinland.

Heute hat sich die Burg mit Restaurant-Hotel, den Freianlagen für zünftige Grillfeste, den regelmäßigen ›Ritterspielen‹ am Wochenende und den ›Rittermahlen‹ zu einer Erlebnis-Burg von hohem Freizeitwert entwickelt.

In Verbindung mit **Burg Schöneck** über dem oberen Ehrbachtal ist sie durch die wilde Ehrbachklamm für Wanderfreunde eine echte Attraktion. Die Schöneck wurde 1222 von den gleichnamigen Reichsministerialen gegründet und 1336 unter Balduin kurtrierisch. 1618 zerstört, wurde die Anlage im frühen 19. Jh. als Försterwohnung ausgebaut und war seit 1910 ›Maler-Burg‹ des Frankfurter Landschaftsmalers Wilhelm Steinhausen. Die Sammlung von Gemälden und Zeichnungen ist zu besichtigen. Heute wird Burg Schöneck gastronomisch genutzt.

Zurück am Ufer der Mosel, erreichen wir **Brodenbach,** das ganz auf Tourismus eingestellt und idealer Ausgangspunkt für Wanderungen in die wildromantischen Täler der Ehrbach- und Brodenbachklamm ist. Wassersportler und Camper finden hier wie in Alken vorzügliche Möglichkeiten.

Auch **Hatzenport** ist attraktiv für Camper und Wassersportler. Der gepflegte Ort wird überragt von der spätgotischen Kirche in den Weinbergen, die sehenswerte Glasfenster des 15. Jh. besitzt. Ein spätgotisches Kapellchen in Form eines Sakramentshauses auf dem Friedhof erinnert an gotische Totenleuchten. Von hier führt die Straße nach Münstermaifeld und zur Burg Eltz.

Münstermaifeld ist einen Abstecher wert, zumal, wenn man von Hatzenport aus die Burg Eltz besucht. Das Münster, dem der Ort seinen Namen verdankt, steht auf uraltem Kulturland mit großartigem Blick über den Mayengau. Kaiser Caligula soll in der Nähe, bei den Kalscher Höfen, im Feldlager geboren worden sein. Hier hielt im Mittelalter der Kaiser seine Heerschau ab und schlug Knappen zu Rittern. Adelige gründeten das Augustiner-Stift, das mit Karden konkurrierte.

Ebenbürtig, nicht weniger erhaben, ist das Westwerk im Stil maasländischer Hochromanik. Die spätromanische Apsis schwelgt in den Übergangsformen zur Frühgotik. Ein Meisterwerk der klaren, weiträumigen Gotik aus der Zeit Balduins sind Lang- und Querhaus und das Paradies mit der Schönen Madonna von etwa 1320. Zur reichen Ausstattung gehören die Fresken vom Ende des 13. Jh. bis ins späte 16. Jh., ein 1519 entstandener Ant-

---

Die Ehrbachklamm

Burg Pyrmont über dem Elzwasserfall

werpener Flügelaltar von Jan Genoot, aus gleicher Zeit das Chorgestühl und ein kraftvoller Johannes der Täufer, ein ›Heilig Grab‹ und Grabsteine von Stiftsherren. Von der qualitätvollen Barockausstattung sind der Prospekt der frühen Stumm-Orgel von 1721 und monumentale Figuren des ehemaligen Hochaltars von 1744 erhalten.

Auch ein Gang durch den weiträumigen Stiftsbezirk zeigt die Bedeutung des Stifts, in dem Nicolaus Cusanus wirkte: Sehenswert sind das Hospital von 1309, das spätmittelalterliche Stiftsherrenhaus vor der Westfassade, die Dechanei, die Propstei vom Ende des 18. Jh. und die Stiftsherrenhäuser Nr. 26/28, die von der letzten Blüte zeugen.

Neben dem Rathaus von 1575 mit wohlproportioniertem Schweifgiebel besitzt das Landstädtchen zahlreiche schöne Fachwerk- und Bürgerhäuser des 17./18. Jh. und Teile der Stadtmauer mit dem 21 m hohen Pulverturm.

Burgenzauber: Burg Eltz und Burg Pyrmont

Münstermaifeld in südwestlicher Richtung verlassend, erreicht man **Burg Eltz,** die als *die* Burg des deutschen Mittelalters schlechthin gilt.

Der weitgehend original erhaltene Zustand der drei um einen bezaubernden Innenhof gruppierten Geschlechterhäuser der Eltz-Rübenach, Eltz-Bürresheim und Eltz-Kempenich vermittelt der knapp halben Million Besucher jährlich zwischen März und Oktober ein nachvollziehbares Bild ritterlichen Lebens der Feudalzeit. Außer einer Feuersbrunst, die 1920 einige Dächer heimsuchte, wurde die Burg, anders als die meisten rundum, nie zerstört oder ihrer Einrichtung beraubt. Das macht ihre Anziehungskraft neben der einmaligen Lage im Tal der Elz aus.

Ob man von Moselkern den romantischen Fußweg von einer

Stunde durch das Tal der Elz macht, ob man in gut halber Zeit vom Müdener Berg hinab- und wieder zur Burg hinaufsteigt oder den bequemen Touristenweg mit möglichem Kleinbustransfer vom großen Parkplatz Richtung Münstermaifeld-Wierschen nimmt: In jedem Fall taucht plötzlich hinter einem Vorhang von Laub der umgebenden Wälder das überraschende, unwirklich scheinende Bild der Burg auf – geradezu schwebend über dem Grün der Bergwälder oder den Talnebeln von Frühlings- und Herbsttagen wie die Theaterkulisse eines Märchen- oder Opernspiels: Dächer mit hohen Schornsteinen, zierliche Erker, luftige Söller und spitze Ecktürmchen. Die ›Märchenschlösser‹ des unglücklichen ›Bayern-Kini‹ kommen einem in den Sinn. Dies hier aber ist historisch gewachsen, nicht romantisierend inszeniert.

Im 12. Jh. entstand diese Burg als Wohnburg der dreifachen Eltz-Sippe, die im gemeinsamen Rittersaal und der Kapelle den Hausfrieden wahrte. Der Einfluß der Familien war Kurfürst Balduin ein Dorn im Auge. Er erbaute am Gegenhang 1331 die Trutz- oder Baldeneltz, deren Ruinen heute im Wald versinken, zwang die Familie Eltz 1336 in die Knie und machte sie zu seinen Lehnsleuten. 1556 endlich wurde ein Eltz Kurfürst von Trier, womit der Aufstieg des Geschlechts in Europa begann. Ein Eltz-Bürresheim verhinderte 1689 als General im Dienst Ludwigs XIV. die Zerstörung der Eltz und von Schloß Bürresheim.

In der reichen Schatzkammer, um die viele Museen die Burg beneiden, zeigen kostbare Goldschmiede-, Elfenbein- und Juwelenarbeiten den Reichtum der Herren von Eltz und welchen Einfluß sie überall in Europa besaßen (Burg und Schatzkammer April–Okt. 9–18 Uhr). Neben Auge und Ohr wird in der Burg auch der Gaumen angesprochen. Schließlich sind die heutigen Grafen von Eltz Besitzer von Weingütern und Höfen sowohl in dieser Region als auch im Rheingau, ihrem Hauptwohnsitz.

Wenige Kilometer talauf beherrscht eine zweite eindrucksvolle Burg den moselnächsten Übergang durch das steile Elztal: die **Burg Pyrmont.** Das heutige Bild der Burg des bedeutsamen Hauses Pyrmont-Schoneberg erscheint als Mischung aus mittelalterlicher Wehrhaftigkeit mit hohen Mauern, Gräben und mächtigem rundem Bergfried mit einem behäbigen barocken Schloß. 1712 wurde der kubische Wohnteil des Schlosses von den Waldbott von Bassenheim anstelle der von den Franzosen 1689 zerstörten Wohnburg unter Verwendung alter Teile errichtet. Hundert Jahre später begann die Anlage zu zerfallen, ehe sie nach 1963 von dem erfolgreichen rheinischen Architektenteam Hentrich & Petschnigg grundlegend restauriert und zunächst als Ideenschmiede des Architekturbüros genutzt wurde.

Heute ist die sehr schöne Anlage ›Erlebnis-Burg‹ mit reichhaltigem kulturellem, touristischem und gastronomischem Programm während des ganzen Jahres. Ein Rundgang durch die Räume vermittelt durch geschickte Zusammenstellung einer Sammlung die Wohnkultur des 18. Jh. Besonders wertvoll ist das Archiv der Waldbott von Bassenheim und eine Sammlung historischer Kartenwerke der Moselregion.

Kurz hinter Hatzenport erblickt man am hohen Hang die **Burg Bischofstein** mit dem charakteristischen weißen Ring am runden Bergfried. Die 1270 von Kurtrier erbaute Burg ist heute Landschulheim. (Zugänglich ist nur die spätromanische Kapelle unterhalb der Burg.)

Gegenüber liegt Burgen am Ausgang des romantischen Baybachtals mit **Burg Waldeck.** Durch den Nerother Bund der Wanderbewegung wurde Burg Waldeck über dem benachbarten Baybachtal 1910 als Stammburg ausgebaut. Sie dient heute u. a. dem jährlichen Treffen deutscher Liedermacher. Seit 1142 war sie Stammburg der Boos von Waldeck. Erhalten ist noch das dreiflügelige Barock-Schlößchen von 1720, das mitten in der Burgruine steht.

Das untere Baybachtal ist als Freizeit- und Erholungsgebiet mit schönen Wanderwegen ausgebaut.

Moselkern an der Mündung der schon von Ausonius besungenen Elz *(Alisonta)* ist nicht nur der ideale Ausgangspunkt für eine Wanderung durch das Elztal zur Burg Eltz (1 Std.), sondern auch ein schöner Urlaubsort mit einem spätgotischen Fachwerk-Rathaus von 1535, schönen Fachwerkhäusern und der romanisch-frühklassizistischen Valeriuskirche, die eine reiche spätgotische Ausstattung enthält, darunter das berühmte Merowingerkreuz aus dem 6. Jh. In Moselkern entstand auf einer Hotelterrasse vor 125 Jahren das ›Mosellied‹ von Theodor Reck.

Wenig aufwärts, an der dritten Staustufe, liegt **Müden** mit der dominierenden Kirche, einem beliebten Malermotiv an der Mosel. Oberhalb des Orts wurde der größte fränkische Friedhof der Region mit über 500 Gräbern entdeckt. Aus dem durch bedeutende Fachwerkbauten bekannten Ort stammen die Familien des ›Koblenzer‹ Publizisten Joseph Görres und des Physiologen Johannes Müller. Als Halfenstation hat Müden eine alte gastronomische Tradition.

Das gegenüber endende Lützbachtal mit dem Luftkurort **Lütz** ist sehr reizvoll. Alte Schieferstollen, eine obstreiche Tallandschaft, schönes Fachwerk und eine original ausgestattete Spätbarockkirche von 1752 prägen das schöne Ortsbild in der ›Lützer Schweiz‹.

Information: Tourist-Information Treis-Karden, Hauptstr. 27 (Rathaus), Postfach 1134, 56251 Treis-Karden, ✆ 0 27 72/61 37, Fax 27 80.

Unterkunft: **Alken:** Gasthaus Schnee, Moselstr. 6, ✆ 0 26 05/33 83: hübsches historisches Haus, Kat. 2.

Brodenbach: Hotel-Restaurant Peifer, Moselstr. 43, ✆ 0 26 05/7 65: größeres Haus zwischen Wald und Mosel, Kat. 2.

Löf: Hotel Traube, Moselstr. 2, ✆ 0 26 05/6 80: sympathisch moselländisch, schöne Aussicht, Kat. 2.

Müden: Sevenig, Moselstraße, ✆ 0 26 72/13 34: moseltypisches Haus mit bodenständiger Küche, Kat. 3.

Jugendherberge: Brodenbach, Ehrenburgertal, ✆ 0 26 05/33 89.

Camping: **Hatzenport:** Insel-Camping, ✆ 0 26 05/ 21 51.

Brodenbach: Vogelsang, ✆ 0 26 05/14 37: ruhige Lage.

Burgen: Camping Burgen, ✆ 0 26 05/23 96.

Laguna, Bootshafen, ✆ 0 26 05/25 11.

Restaurants/Weinstuben:
Alken: Weinstube Brachtendorf, Moselstr. 13, ✆ 0 26 05/28 05, eigener Weinbau.

Hatzenport: Weinstube Ibald, Moselstr. 29, ✆ 0 26 05/20 43: in historischem Haus am Moselufer, schöner Wein-Garten.

Aktivitäten: Moselrundfahrten mit der MS Goldstück, Köln-Düsseldorfer, ✆ 02 61/3 10 30: Ostern und Mai–Okt. tgl.

Tip: Aal- und Fischräucherei Barden, an der Moselstaustufe Müden neben der B 49.

Die schönsten Umwege der Mosel

Ein Mekka für Erlebnistouristen – Cochem und seine Reichsburg

Beilstein – das Dornröschen der Mosel

Ediger, die Römer und die Weinmystik

Traben-Trarbach – Jugendstil vom Feinsten

Ruine Grevenburg über Traben-Trarbach

Nirgends sind die Umwege der Mosel so lang und schön, die Moselberge so hoch und die Landschaft so vielfältig. Hier findet man die meisten Naturschutzgebiete, die ruhigsten Radwege und kann die Umgebung bei Bootstouren oder geführten Wanderungen genießen. Riesling-Kuren in den Weindörfern kann man mit Thermalkuren in Bad Bertrich verbinden. Der Kultursommer hat hier das reichste Angebot.

Von Treis bis Klotten

Moselaufwärts von Treis-Karden beginnt sich das Bild der Landschaft zu ändern: Die Moselberge werden höher, der Fluß legt seinen Lauf in große Mäander mit dem charakteristischen Wechsel von steilem Prall- und sanftem Gleithang, der Weinbau prägt an den Sonnenhängen flächendeckend das Bild des Flusses.

Treis, dessen Burgen Treis und Wildburg (beide 12. Jh.) die Talausgänge von Dünn- und Flaumbach bewachen, spielte für den Moselübergang zum Ortsteil Karden in der Geschichte eine große Rolle. Trotz starker Zerstörungen im März 1945 hat Treis ein schönes Ortsbild erhalten: mit dem Chor der Katharinenkirche von 1470, schönen Fachwerkhäusern, der Zilleskapelle aus dem 17. Jh. in schönster Aussichtslage auf dem Platz uralter Heiligtümer, einer frühen neugotischen Kirche, 1824–31 von Lassaulx erbaut (darin eine Stumm-Orgel nach einem Entwurf Schinkels) und einen neugestalteten Markt mit dem Heckedotz-Brunnen.

Im Flaumbachtal liegt das 1262 von Prämonstratenserinnen gegründete **Kloster Engelport,** das 1903 von Oblaten neu besiedelt wurde. Die Besichtigung des Klosters läßt sich wunderbar als erste Etappe einer Wanderung nach Beilstein einbinden.

Karden

Interessantes durch die Jahrhunderte, vom Bereich des römischen Dorfes über den Martberg bis hin zum Jugendstilbahnhof, gibt es in Karden zu besichtigen. Aber das Bild von Karden wird beherrscht vom ›Weißen Riesen‹, dem restaurierten Kastor-Dom, der einmal bunt wie ein römischer Tempel werden sollte. Der hier seit dem Hochmittelalter residierende Chorbischof verwaltete einen der fünf Teilbereiche des Bistums Trier. Seine Stellung entsprach dem Rang eines heutigen Weihbischofs. Dessen Residenz war seit 1208 der trotz des vorgelagerten Bahnkörpers auch heute monumental wirkende ›Korbisch‹, wie der Volksmund die Propstei nennt. Sie zählt zu den schönsten romanischen Häusern des Rheinlands und ist heute noch – fast unverändert – bewohnt.

Über dem Grab des frühchristlichen Missionars Castor und seiner Gehilfen Simplicius und Potentinus entstand die Stiftskirche **St. Kastor** in drei Bauphasen. Aus der ersten Phase stammt das kompakte Westwerk im Stil maasländischer Romanik. Der spätromanische Ostbau mit Apsis und Querhäusern aus der Zeit von 1183 bis ca. 1220 ist im Stil der rheinischen Spätromanik mit ihrer feingliedrigen, sehr plastischen Außengestaltung gehalten, das basilikale Langhaus stammt von 1260/70. In der Bauphase um 1235 entstanden das spätromanische Refektorium und die heute abgerissene alte Stiftsschule über dem frühgotischen Kreuzgang. Im Kapitelsaal über dem Kreuzgang ist noch das kleine, aber feine Stiftsmuseum untergebracht, das die Geschichte des römischen Karden und des Stiftes dokumentiert (Sa/So 14–16 Uhr und nach Anmeldung, ✆ 0 26 72/ 12 44). Es soll demnächst im Refektorium eine größere, angemessene Präsentation erhalten.

Die Ausstattung der Stiftskirche ist eine der reichsten und wertvollsten an der Mosel überhaupt, mit dem original erhaltenen Südeingang aus dem 12. Jh., dem um 1440 entstandenen kostbaren Dreikönigsaltar, einem Meisterwerk mittelrheinischer Tonplastik, Kölner und niederländischer Tafelmalerei der Spätgotik, Spätrenaissance-Plastik im Kreuzgang, dem Broy-Altar von 1591, einem seltenen Beispiel moselländischer Malerei der Zeit. Groß ist die Fülle der Grabplatten von Stiftsherren des 15. bis 18. Jh., original die Wandbemalung des 13./14. Jh.

Eine Krönung ist die älteste erhaltene Großorgel der Familie Stumm, erbaut 1728, die immer wieder für großartige Orgelkonzerte genutzt wird (Führungen über das Pfarramt, ✆ 0 26 72/12 96 und den Freundeskreis Stiftsmuseum sind möglich).

Rund um diesen Mittelpunkt liegen zum Teil noch original erhalten die ehemaligen **Stiftshäuser,** die Wohnungen der adeligen Stiftsherren, so das romanische Haus, Teile gotischer Steinhäuser, das spätgotische Kanonikerhaus, ein Fachwerkhaus mit romantisch überbautem Hofzugang von 1516, hinter den mächtigen Eiben das weitläufige Haus des Scholasters, im 17./18. Jh. überformt, und die versteckt daneben liegende ehemalige Stiftsschule vom Ende des 15. Jh. Hier fand die Ausbildung des Priesternachwuchses für das Archidiakonat Karden bis zur Gründung der Trierer Universität statt, so daß man sagen kann, Karden sei im Mittelalter Sitz einer Theologischen Fakultät gewesen.

Keramiker auf der Burg Koraidelstein

Über die alte römische Dorfstraße und den sogenannten Pilgerweg (Unter den Weinbergen) führt ein Wanderweg zum **Martberg.** Jüngste Ausgrabungen haben die Annahme bestätigt, daß sich auf der ca. 20 ha großen Fläche der Hochterrasse, die keilförmig zwischen Brohlbach, Pommerbach und Moseltal vorspringt und nur über einen schmalen Grat mit der Voreifel verbunden ist, ein keltisches *oppidum* befand, eine befestigte Bergstadt der Treverer. Solche *oppida* waren kultische und administrative Zentren einer regionalen Einheit, die Caesar *pagus*, Gau, nennt. Es handelt sich hierbei um ein vorchristlches Heiligtum, das im 2. Jh. n. Chr. schöner und größer ausgebaut wurde.

Die typische, aus Schiefersteinen mit Balkendurchschuß trocken errichtete Mauer mit strategisch klug angelegtem Zugang umgab an der Bergkante zwei getrennte Stadtteile: den Kultbezirk mit Umgangstempeln, Priester- und ganzheitlich orientierten Kurhäusern, in denen wahrscheinlich die Heilschlafmethode angewandt wurde, und einen größeren Wohn- und Handelsbereich. Ein Weihestein des griechischen Kaufmanns Tychicos, eine Marsstatuette aus Bronze und andere Funde weisen auf ein Heiligtum des Lenus/Mars hin, der gemeinhin als Schützer der Äcker wie des Krieges galt und bei den Kelten besondere Verehrung als ›Heilmacher‹ genoß.

Karden am Moselübergang einer römischen Straße vom Treiser Ufer zur Mündung des Brohlbaches war Ausgangspunkt der Prozessionen hinauf zum Heiligtum. Am Bergfuß sorgten zahlreiche Töpfereien für den Nachschub an Devotionalien. Wegen der Feuergefahr lagen die Brennöfen außerhalb der Siedlung bis hin zur heutigen Bahnunterführung. Am Prozessionsweg, der heute ein Kreuzweg ist, standen kleinere gallorömische Tempel untergeordneter Gottheiten, denen man die ersten Opfer brachte. Die heutige Dorfstraße zwischen Stiftstor und alter Schule, dem Beginn des Prozessionswegs, entspricht noch exakt dieser römischen Anlage.

An der Stelle der nur noch im Turm erhaltenen alten Pfarrkirche St. Maria stand wohl der Tempel der Quellgöttin Sirona und ihres ›Bruders‹ Phal/Apollo. Das Christentum liebte es, an diesen Stellen den neuen ›Lichtgott‹ Christus und seine Mutter zu verehren. Fast überall stehen deshalb in den Moseldörfern die Kirchen oberhalb der Siedlungen, wo das erste Frühlicht hinfällt.

Pommern ist berühmt für seine rassigen Rieslingweine. *Pomaria*, Obstgärten, hieß der Ort treffend in römischer Zeit. Sehr schönes Fachwerk und behäbige Bauten der Mosel-Klassizistik drängen sich um das älteste und schönste Pfarrhaus im Bistum, einst Hofhaus der Abtei Himmerod. Die lichte, frühklassizistische Kirche mit gotischem Turm und der Wohnturm (Burg) stammen aus dem 15. Jh.

Klotten wird von der Ruine der pfalzgräflichen Fiskalburg **Koraidelstein** aus dem 10. Jh. überragt. Die Burg war im 11. Jh. Zufluchtsort der Pfalzgrafentochter und Kaiserenkelin Richeza (997–1063), der unglücklichen Königin von Polen. Mit ihren Gütern an der Mosel finanzierte sie den Bau der pfalzgräflichen Grablege Abtei Brauweiler bei Köln. Eine heutige Berühmtheit, der Keramiker Wendelin Stahl, arbeitet auf Burg Koraidelstein an seinen in der ganzen Welt gefragten Glasuren.

Als zweites ›Tüpfelchen‹ über Klotten steht die letzte gotische Moselkirche (um 1520), die 1867 eine einfühlsame Erweiterung erfuhr. Im Ort gibt es zahlreiche Weinhöfe der Kirche und des Adels aus dem 16.–18. Jh.

Für Naturfreunde ist das **Dortebachtal** ein besonderer Anziehungspunkt, das erste Naturschutzgebiet an der Mosel mit seltenen Pflanzen, z. B. Orchideen, mediterraner Gebirgsflora und mit Tieren wie dem Apollo-Falter und der Nachtigall, der Zippammer u. a. Auf der Moselhöhe Richtung Cochem liegt ein sehenswerter Wildpark (15. März bis 1. Nov. tgl. ab 8 Uhr bis zur Dunkelheit). Klotten hat eine besonders große Dichte an Gastronomie.

Information: Tourist-Information Treis-Karden, Rathaus, Postfach 1134, 56251 Treis-Karden, ✆ 0 27 72/61 37, Fax 27 80. Tourist-Information Cochem-Land, Ravenéstr. 61, Postfach 1104, 56812 Cochem, ✆ 0 26 71/60 81 43, Fax 60 81 40.

Unterkunft: Karden: Schloß-Hotel Petry, St. Castor-Str. 80, ✆ 0 26 72/80 80: komfortables Hotel mit guter Küche, Unterhaltung, Kat. 2. **Klotten:** Zur Post, Bahnhofstr. 24, ✆ 0 26 71/71 16: gute regionale Küche in gediegenem Gasthaus.

Camping: Treis: am Jachthafen, ✆ 0 26 72/23 16. **Pommern:** ✆ 0 26 72/24 61.

Restaurant/Weistuben: Karden: Alte Weinstube Burg Eltz, Burg-Eltz-Weg 2, ✆ 0 26 72/25 29: moseltypisch, gemütlich. Weinhaus Stiftstor, St. Castor-Str. 17, ✆ 13 63: gutbürgerlich, gute Weinauswahl. Restaurant-Weinhaus Brauer, Moselstr. 25, ✆ 12 11: in Aussichtslage mit speziellem Küchenangebot.

Cochem

Fast 2 Mio. Touristen wollen jährlich dieses Moselstädtchen mit seinen 6000 Einwohnern kennenlernen. Ein eigener Busbahnhof nahe beim Enderttor regelt Ankunft und Abfahrt von täglich über 100 Bussen während der Hochsaison. Für private Pkws steht in der Endertstraße ein Parkhaus zur Verfügung.

Wer internationales Publikum hautnah erleben will, ist in Cochem richtig zwischen 10 und 18 Uhr; wer Romantik liebt, muß früh aufstehen oder nach 18 Uhr kommen, dann sind die bezaubernden Gassen still.

Cochem mit den Ortsteilen Cond und Sehl liegt einzigartig schön zwischen der Reichsburg steil über der Mosel, der Ruine Winneburg im tiefen Enderttal und dem aussichtsreichen Pinnerberg, auf den eine bequeme Sesselbahn hochführt und ein Märchen- und Wildpark Kinder und diejenigen, die es im Herzen geblieben sind, erfreut. Geführt (Anmeldung beim Verkehrsamt am Endertplatz) oder allein kann man durchs Städtchen bummeln. Beginnen sollte man den Stadtbummel an der **Historien-**

Plastische Stadtgeschichte Cochems

wand an der stadtseitigen Rampe der Mosel-Brücke. Der bunte Cartoon des Cochemer Künstlers Claus F. Nicolay führt in die Geschichte der Stadt ein.

Erster Blickfang ist das **Enderttor** von ca. 1350 mit der angebauten Thorschenke von 1625, erbaut als Wirts- und Vergnügungshaus außerhalb der Stadtmauern vom damaligen Rottmeister, der sein Geld mit Hexenverbrennungen verdient hatte. Heute ißt und schläft man in dem Haus vorzüglich und stilvoll.

Hinter dem Tor links gelangt man auf den **Kapuzinerberg** mit der Klosteranlage von 1625–92, von dem aus sich schöne Blicke auf Reichsburg und Dachlandschaft bieten. Zurück am Fuß des Berges drängelt man sich durch die geschäftige Fußgängerzone der Bernstraße unter dem Kirchturmbogen hindurch zum Markt. Dann sollte man in die von Dominikus Böhm 1951 wiedererbaute **Pfarrkirche** hineinschauen. Im Chor der alten gotischen Kirche und im Neubau findet man gute Plastiken des 15.–18. Jh. und eine neue Riesenorgel.

Der Marktplatz mit Brunnen von 1767 und **Rathaus** von 1737 sowie den Fachwerkhäusern ist die gute Stube der Stadt. Werfen Sie einen Blick in die Halle des Rathauses. Das Loch in der Rathaustür dient nicht dem frischen Wind, der durch die Amtsstuben wehen soll, sondern entstand 1923 durch die

Kugel eines Separatisten. Drinnen erfährt man auf einem Tafelbild aus dem 18. Jh. die Geschichte vom Bock, der die Trauben fraß, und seiner Strafe – eines der ›Stükkelchen‹, wofür die Cochemer Schildbürger bis heute bekannt sind.

Vom Markt geht es durch die Obergasse zum **Balduinstor,** vorbei am Lohspeicher und dem ›Stüffje‹, einer original Alt-Cochemer Wirtschaft, zurück zum Markt, um über die Herrenstraße, wo früher die Stadthäuser des Landadels standen, den steilen Weg über die Schloßstraße zur **Reichsburg** zu nehmen. Sie wurde um 1000 als Pfalzgrafenburg errichtet, fiel 1151 ans Reich, 1294 an Kurtrier und wurde schließlich von den Truppen Ludwigs XIV. zerstört. 1869 kaufte der Berliner Eisenfabrikant Jakob Louis Ravené die Ruine und ließ sie 1872–77 romantisch rekonstruieren. Der hugenottische Fabrikant für Kunsteisenwaren aus Berlin hatte den Traum von *seiner* Märchenburg wie 500 km weiter südlich der ›Kini‹ von Bayern. Zuerst wollte Ravené die Grevenburg über Trarbach kaufen, aber die Trarbacher winkten ab; in Cochem klappte es. Für 6000 Taler erwarb der Kommerzienrat, durch Fontanes »L'Adultera« zur Romanfigur geronnen, das Ruinengrundstück, legte 5 Mio. Goldmark drauf und ließ sich vom preußischen Staats-

Stadtplan von Cochem

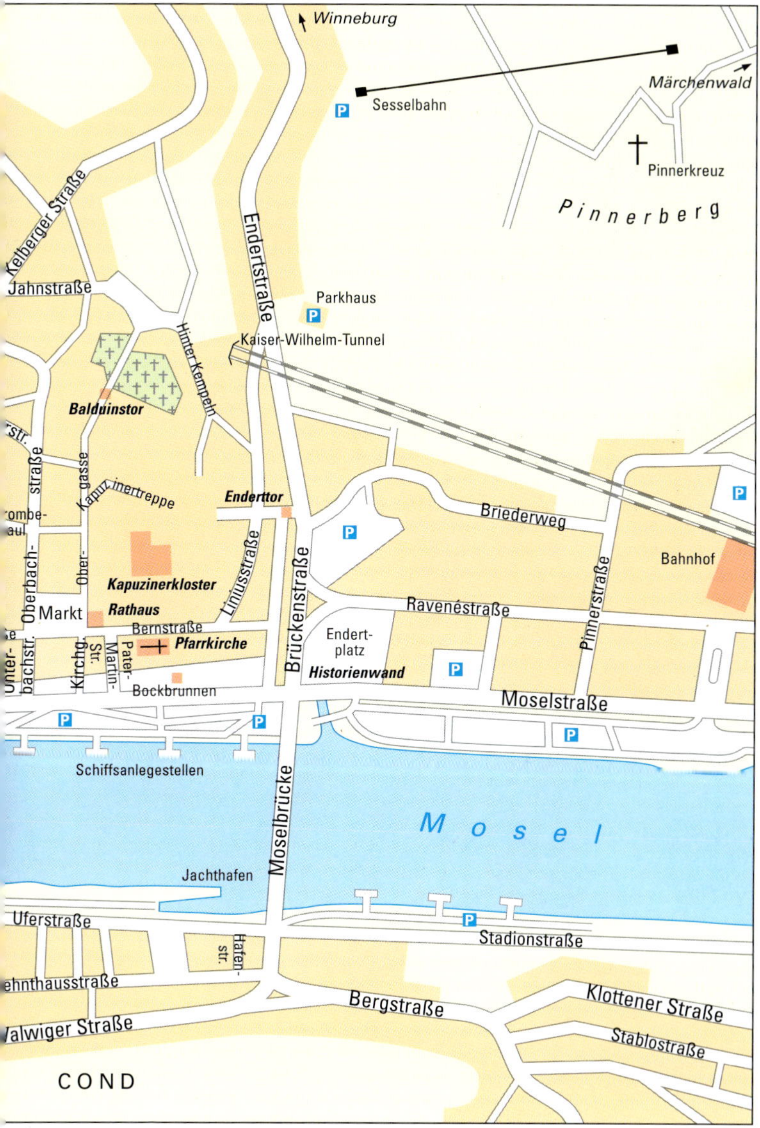
Winneburg
Sesselbahn
Märchenwald
Pinnerkreuz
Pinnerberg
Kelberger Straße
Jahnstraße
Endertstraße
Parkhaus
Kaiser-Wilhelm-Tunnel
Hinter Kempeln
Balduinstor
straße
gasse
Kapuzinertreppe
Enderttor
ombe-
aul
Oberbach-
Ober-
Kapuzinerkloster
Liniusstraße
Brückenstraße
Briederweg
Bahnhof
Pinnerstraße
Ravenéstraße
Markt
Rathaus
Bernstraße
Pfarrkirche
Unter-
bachstr.
Kirchg.
Str.
Pater-
Martin-
Endert-
platz
Historienwand
Bockbrunnen
Moselstraße
Schiffsanlegestellen
Moselbrücke
Mosel
Jachthafen
Uferstraße
Stadionstraße
Hafen-
str.
Bergstraße
Klottener Straße
Stablostraße
Valwiger Straße
COND

architekten Julius Raschdorff und seinem Schwiegersohn Hermann Ende seinen großbürgerlichen Traum erfüllen. Mit Stilelementen aus der rheinischen Spätgotik und Renaissance rekonstruiert, vollendete er den Wiederaufbau der ›Kaiserburg‹, die er dem Kaiser widmete. Er füllte sie mit einer beeindruckenden Sammlung von Kunstwerken der Renaissance in Verbindung mit vorzüglichen Kunsthandwerkerarbeiten seiner Zeit.

Ravené war kaisertreu, liebte Holz, markige Sinnsprüche und Brandmalerei. Das ist unübersehbar, wenn man sein Neuschwanstein, die Burg Cochem besichtigt, die so gut nachgemacht ist, daß sie richtig echt wirkt.

1942 fiel die Burg wieder ans ›Reich‹, 1947 an das Land Rheinland-Pfalz, um 1978 von der Stadt als ›Bürgerburg‹ erworben zu werden (Führungen vom 15. März bis 1. Nov. tgl. 9–17 Uhr).

Unterhalb der Burg führt links ein Pfad zur **Pestkapelle St. Rochus,** Peterskapelle genannt, und weiter zum **Maut-Tor** am Felshang, der Mäusjes-Porz, auch Martins-Tor genannt. Hier nahm der Burgherr den Wegezoll, die Maut, ein und zog von der Burg die Kette hoch, die den Schiffen den Weg versperrte. Durch den romantischen **Burgfried**, bis 1599 eine eigene Stadt, kommt man am Zolltor wieder zur Moselstraße, vorbei an der Galerie Stiftung Steib, zum Haus Moll von 1601 über dem **Bachgassertor** und hat am sehenswerten **Bockbrunnen** die Runde beendet.

Wer das ganze Panorama von Cochem bewundern will, fahre mit der Bootsfähre nach Cond. Ein Abstecher in die alten Gassen mit dem romanischen Kirchturm und dem nahen **Stabloer Hof** von 1604 lohnt die Mühe. Naturfreunde und Wanderlustige sollten über den Stationenweg durch die Weinberge zum Naturschutzgebiet Brauselay, der ›Loreley der Mosel‹, mit atemberaubendem Blick auf Mosel, Reichsburg und Stadt wandern, damit anschließend der Schoppen Moselriesling besonders mundet.

»Cochem sur frites«, lästern gerne Kritiker; aber Cochem bietet auch Qualität in Gastronomie und Hotellerie sowie als gutsortierte Einkaufsstadt. Mit seinem Angebot an Freizeitaktivitäten ist es nicht nur gut für einen Tag oder ein Wochenende. Von hier aus lassen sich zahllose Ausflüge zu Fuß, mit dem Schiff – z. B. Rundfahrten nach Beilstein, Zielfahrten bis Koblenz und Trier sowie Abendrundfahrten –, mit Bahn und Rad unternehmen. Eine Wanderung zu der um 1300 erbauten, 1689 zerstörten **Winneburg** rundet das Besichtigungsprogramm ab.

Information: Verkehrsamt Stadt Cochem, Endertplatz 1, 56812 Cochem, ✆ 0 26 71/39 71, Fax 84 10: Stadtführungen. Tourist-Info Cochem-

Reichsburg Cochem

Land, Ravenéstr., Postfach 1104, 56812 Cochem, ✆ 60 81 40/43

Unterkunft: Alte Thorschenke, Brückenstraße 3, ✆ 0 26 71/ 70 59: stilvolles Traditionshotel mit Restaurant/Weinstube, reich mit Antiquitäten ausgestattet, Gästehaus, Kat. 1–2. Weißmühle, im Enderttal, ✆ 88 95, Fax 82 07: Romantikhotel in ruhigster Lage, 2 km vom Zentrum, guter Service, Kat. 1. Parkhotel Landenberg, Cochem-Sehl, Sehler Anlagen 1, ✆ 71 10 und 30 43: ruhiges Hotel am Waldhang mit Park zur Moselstraße, Rôtisserie, Kat. 1–2. Burg-Hotel, Moselpromenade 23, ✆ 71 17, Fax 83 36: komfortables klassisches Hotel, an der Mosel-Front der Altstadt, Kat. 1. Lohspeicher, ✆ 39 76, Fax 17 12: historisches Ambiente am Fuß des Kapuzinerklosters, gute Küche mit Moselspezialitäten, Kat. 2. Panorama (Sehl), ✆ 30 65, Fax 84 30: stilvolles Hotel in ruhiger Aussichtslage, Kat. 2. Rosenhügel-garni, Cochem-Cond, Valwigerstraße 57, ✆ 13 96, Fax 38 11: komfortables, modernes Haus in schöner Aussichtslage, Kat. 2.

Jugendherberge, ✆ 86 33: Nähe Freizeitzentrum Cond. **Camping:** Am Freizeitzentrum Cond, Moselufer, ✆ 44 09. Walter (Hotel Winneburg), In der Endert, ✆ 9 87 30. Schausten-Reif, In der Endert, ✆ 75 28.

Restaurants: Lohspeicher (s. Unterkunft). Weinhaus Feiden, Liniusstr. 1: gutbürgerliche klassische Küche. Zum Stüffje, Oberbachgasse 14: Alt-Cochemer Lokal mit Flair. Castello, Oberbachgasse 55: italienisches Lokal in historischem Keller.

Weinstuben: Schloßbergkeller, Schloßstraße 13: gutgeführtes Weingut. Alte Gutsschänke, Schloßstr. 6: hier trifft man Cochemer. Weinstube Hieronimi, Cochem-Cond, Uferstr. 14: traditionsreiche Weinstube mit Hotel. Beim Weinbauer, Moselpromenade 11: Gutsausschank.

Panoramabahn: Stadtrundfahrt, Ostern–Nov. tgl. 10–18 Uhr.

Schiffsausflüge: Köln-Düsseldorfer Linie nach Koblenz. Kolb, ✆ 0 26 73/15 15: Linien nach Zell – Traben-Trarbach – Bernkastel – Trier, Juni–Okt. tgl. Undine, ✆ 0 26 71/74 31: Cochemer Rund- und Abendfahrten, Linie nach Karden. Jachthafen, ✆ 0 26 73/6 09 27 und 45 28.

Parkplatz: kostenfreier Parkplatz in Bahnhofsnähe, Parkhaus in der Endertstraße.

Beilstein und der Moselkrampen

Moselaufwärts von Cochem beginnt der längste Moselmäander, der ›Krampen‹, abgeschnitten durch einen Tunnel, der 100 Jahre lang der längste Tunnel Deutschlands (4,25 km) war beginnt. Dort liegt die ehemals Laacher **Propstei Ebernach**, die heute Bildungs- und Erziehungsheim ist. In der spätgotischen Kapelle wird eine frühe Pietà des 14. Jh. aus der Fraukirch bei Thür (nahe Mayen) verehrt. In der von Johannes Seiz 1752 erbauten Propstei betreibt das Kloster eine Galerie mit bemerkenswerten Arbeiten der Heimbewohner und verkauft Wein und Obstdestillate aus der eigenen Kellerei.

Valwig am rechten Ufer erzeugt in den Weinlagen Palm- und Her-

Hausdurchfahrt in Fankel

renberg fruchtige Rieslingweine. Zum Naturschutzgebiet Brauselay führt der naturkundliche Mosel-Apollo-Weg. Besonders sehenswert ist die Hallenkirche von 1823, der erste neoromanische Bau von Lassaulx im Originalzustand. Auf der Mosel-Hochterrasse im Ortsteil Valwigerberg steht die gotische Wallfahrtskirche Unsere liebe Frau mit dem Gnadenbild von ca. 1400.

Ernst ist im 19. Jh. auf königliche Anordnung hin zusammengewachsen aus Ober- und Niederernst. Die doppeltürmige Salvatorkirche, erbaut 1845–48, als reifes Alterswerk des bedeutenden Architekten Lassaulx, birgt zwei schöne Epitaphien aus der Hoffmann-Werkstatt.

Über die Peter-Altmeier-Brücke kommt man nach **Bruttig-Fankel.** Die Betonklötze in den Weinbergen sind Reste eines nach 1917 gezogenen Tunnels, der 1944 von KZ-Häftlingen zu einer Rüstungsanlage ausgebaut wurde. Ein Denkmal auf dem Friedhof erinnert daran. Beide Ortsteile sind reich an Baudenkmälern. Nirgends findet man mehr Schwebegiebel-Häuser aus dem 14. bis 16. Jh.; das Schunckschе Haus von 1659 mit Voluten-Zwerchgiebeln und reich gestaltetem Inneren gilt als schönstes Renaissance-Wohnhaus an der Mosel. Vor dem Ort steht als Schutz vor den Eisgängen der Mosel der ›Eisbrecher‹, das massive Rathaus aus dem 17. Jh. Schräg gegenüber wurde der Humanist Petrus Mosellanus (1492–1524), Rektor der Universität Leipzig und Moderator der ›Leipziger Disputation‹, geboren. An den gotischen Kirchturm ist eine spätklassizistische Kirche, um 1848 erbaut, angefügt; mit originaler Ausmalung und einem schönen Sakramentshaus.

Der Ortsteil **Fankel** besitzt mit dem Rathaus von 1558 und der Brunnenstraße ein großartiges, geschlossen spätgotisches Ensemble. Die Kirche des 14. Jh. ist farbig im Stil des frühen Rokoko ausgestattet.

Von Ellenz-Poltersdorf sagt man scherzhaft, das Schönste sei dort der Blick auf Beilstein, das man mit der Fähre erreichen kann. Aber der Weinort hat auch andere Schönheiten: In **Ellenz** befindet sich die spätgotische Einstützenkirche Im Elend von 1495 (Schlüssel beim Ortsbürgermeister), das repräsentative Rathaus von 1541, die Sebastianuskapelle am Moselufer von 1624 mit frühbarockem Altar von Burg Metternich, die neue Pfarrkirche von 1904, darin ein vor 1500 entstandenes venezianisches Tafelbild aus dem engsten Bellini-Umkreis, sowie das ehemalige Burghaus Warsberg aus dem 15. Jh. **Poltersdorf** besitzt um den originellen Kirchturm mit Durchfahrt eine Vielzahl behäbig-klassizistischer Weinhöfe.

Beilstein

Hunderttausende Touristen jährlich haben Beilstein – das ›Dornröschen‹ der Mosel – einst ein verträumtes Fleckchen mit 140 Einwohnern, längst wachgeküßt.

Seinen Charme hat der Ort am Fuße des Klosterbergs und der Ruine Metternich aber behalten – vor allem ab dem späten Nachmittag, wenn das letzte Schiff abgelegt, der letzte Touristenbus das Ufer verlassen hat. Ein Abend auf weinlaubbeschatteter Terrasse am Moselufer und auf dem klitzekleinen Marktplatz bei einem guten Riesling vom Schloß- oder Silberberg ist an Moselromantik kaum zu überbieten.

Schon um 1930 hat der Film die Residenz der Metternich-Winneburg mit der schönsten Show-Treppe entdeckt. In den 50er Jahren gab es Remakes von Streifen wie ›Der fröhliche Weinberg‹ und ›Wenn wir alle Engel wären‹, dazu ›Moselfahrt aus Liebeskummer‹. Dabei ist Beilstein mehr als bloß Filmkulisse: 1308/10 erhielt der kaiserliche Hofmarschall Johann von Braunshorn das Recht, am Fuße seiner Burg eine Stadt zu bauen und mindestens zehn jüdische Familien anzusiedeln. Beilstein blieb die einzige Gemeinde an der Mosel mit ungebrochener jüdischer Kulturtradition bis in unser Jahrhundert. Die alte Judenschule, die Synagoge, ein Bau aus dem Mittel-

Karmeliterkirche in Beilstein

alter und heute Galerie, zeugt davon ebenso wie der herrlich über der Burg gelegene, stimmungsvolle Judenfriedhof mit dem schönen Moselblick.

Schon ab Mitte des 14. Jh. wurden die Winneburger Herren von Burg und Stadt, auch sie ein Geschlecht von Diplomaten von europäischem Rang. Sie starben im Dreißigjährigen Krieg in Heidelberg aus. Danach übernahmen die Metternich in Beilstein die Macht. Ihr bedeutendster Sproß war 1815 auf dem Wiener Kongreß als Diplomat Österreichs der ›Architekt Europas‹. 1952 erinnerte sich Konrad Adenauer dieser Tatsache und handelte mit dem zögernden italienischen Ministerpräsidenten De Gasperi auf der Terrasse des Amtshauses bei Moselwein die Grundzüge des heutigen Europa aus. Der Genius loci scheint gewirkt zu haben.

Ein gut einstündiger Spaziergang erschließt die Schönheiten des Fleckens. Von der Anlegestelle geht es rechts zum schnuckeligen Marktplatz mit dem alten **Amtshaus,** der alten Dorfkirche von 1732, heute historisches Bürgerhaus, und dem riesigen Winneburger **Zehnthaus** von 1577, in dem ein Weinmuseum untergebracht ist. Zurück über die Hauptstraße des Ortes kommt man hinter dem Torbogen des Schultheißenhauses ins ehemalige Ghetto mit den schmalen Häusern und der Synagoge. Über die 112 Stufen der Klostertreppe steigt man in romantischer Kulisse der Fachwerkhäuser zur **Klosterkirche** der Karmeliter auf, einem 1688–1737 errichteten Bau in italienisch anmutendem Spätbarock und einheitlicher Originalausstattung und -ausmalung. Seit 1804 ist sie die größte Dorfkirche im Kreis. Bemerkenswert sind die südländische Schwarze Madonna aus dem 15. Jh. in der linken Seitenkapelle und die herrliche König-Orgel von 1734 auf der prächtig geschnitzten Empore.

Vom Klosterberg, links um die Kirche herum, führt der Weg an der barocken Marienkapelle vorbei zur **Burgruine Metternich,** deren Mauerwerk noch von einstiger Größe zeugt (von April–Okt. tgl.). Versäumen sollte man nicht den anschließenden Weg zur Arm-Sünder-Kapelle auf dem alten Hochgericht und zum Judenfriedhof dahinter, ehe man durch die Weinberge den Weg durchs Dorf zur Mosel zurück einschlägt.

Auskunft: Tourist-Information Cochem-Land, Ravenéstr. 61, Postfach 1104, 56812 Cochem, ✆ 0 26 71/60 81 43, Fax 60 81 40

Unterkunft: Beilstein: Lipmann, Moselstr., ✆ 0 26 73/15 74: Altes Zollhaus am Moselufer und Gästehaus in ruhiger Lage, Kat. 2.
Ellenz: Fuhrmann, Hotel-Weinhaus, Moselweinstr. 20, ✆ 0 26 73/15 62: stilvolles Hotel in moselländischer Tradition, Kat. 2.
Poltersdorf: Dehren, Kurfürstenstr. 30, ✆ 0 26 73/13 25: ruhige Lage im Weinort, Kat. 2.

Camping: Bruttig, ✆ 0 27 71/45 17. Poltersdorf/Beilstein, ✆ 0 26 73/12 72.

Restaurants/Weinstuben: Valwig: Alte Weinstube Steuer, Bachstr. 28, ✆ 0 26 71/73 30: historisches Fachwerkhaus, gute Weinkarte, preiswert. **Beilstein:** Restaurant-Weinstube Amtshaus (Lipmann), Am Markt 3, ✆ 0 26 73/15 73: historisches Ambiente, sehr schöne Terrasse.

Von Beilstein nach Bullay

Mesenich hat durch die Restaurierung seiner reichen alten Bausubstanz in der Kirchstraße und vor allem dem Brauweiler Hof aus dem 18. Jh. hohe Auszeichnungen bekommen.

Senheim-Senhals war ein historisch bedeutsamer Brückenort, den sich drei Herren teilten: Kurköln, Kurtrier und Sponheim. Der Dorfbrand von 1839 hat außer der frühklassizistischen Kirche aus dem Jahr 1765 nur den Wohnturm von 1235, die Vogtei, überleben lassen. Hier findet man die Galerie des Bildhauers und Grafikers Christoph Anders, wenige Schritte weiter die Galerie des Malers Manfred Pasieka und das Weinmuseum Stiftung Schlagkamp, die größte Sammlung über die Weinkultur an der Mosel (Weinproben tgl. 9–18 Uhr, Eintritt).

In den Weinbergen oberhalb von **Nehren,** auf dem archäologischen Wanderweg an der Römerstraße über den Mühlstein, wurden 1974 die Grabtempel über dem in Deutschland einzigen erhaltenen vollständig ausgemalten Raum der Römerzeit aus dem 3. Jh. rekonstruiert. Sie gehörten zu einer großen *villa rustica* oberhalb der Ortslage, die auch eine Kelteranlage betrieb. An der Straße nach Ediger ist der staufische Wohnturm von 1237 der Herren von Lehmen noch erhalten. Der zugehörige Ort ist untergegangen. In der Mosel gegenüber liegt das Naturschutzgebiet Taubengrün, wenig flußaufwärts das Naturschutzgebiet Laach, eine alte Flußaue. Der 421 m aufragende Hochkessel mit keltischer Fliehburg ist die höchste Erhebung unmittelbar an der Mosel.

Ediger wird wegen seiner weitgehend erhaltenen Stadtmauer mit Türmen aus dem 14. Jh., seiner zahlreichen historischen Baudenkmäler des 15. bis 18. Jh. und seiner touristischen Aktivitäten mit Rothenburg ob der Tauber verglichen. Kaum ein Moselort besitzt noch eine derartige geschlossene Substanz von Kloster- und Adelshöfen, Winzerhäusern und kirchlichen Denkmälern.

Die zweischiffige, um 1500 erbaute spätgotische Kirche mit ungewöhnlich reichem Sterngewölbe, reicher Innenausstattung von dem romanischen Taufstein bis zum barocken Altar und der Stumm-Orgel hat den schönsten gotischen Turm an der Mosel mit dem majestätischsten Geläute neben dem Trierer Dom.

Von der Pfarrkirche aus erreicht man nach 1064 Doppelschritten,

Kirche von Ediger

der Länge des Kreuzwegs Christi, über einen farbenfrohen Kreuzweg des 18. Jh. die über den Weinbergen liegende Kreuz-Kapelle. Innen entdeckt man ein Relief ›Christus in der Kelter‹, zwar von bescheidener Größe, dennoch berühmt. Es stammt von der Steinkanzel, die ein namentlich unbekannter, aber bedeutender Moselaner Mitte des 16. Jh. schuf. Das Relief verdankt seinen Ruhm der sinnbildlich erläuterten Verschmelzung von Leid und Freude, Qual und Erlösung:

die Traube muß gekeltert, zerquetscht werden, ehe aus ihr freudespendender Wein wird. Das ist im Bild des gekelterten Keltertreters Christus dargestellt, der der Welt das Heil bringt.

Hier wird spezifisch Katholisches der Mosel bildhaft: das Leid der Welt, wer kann es nicht nachvollziehen, wenn er den Winzer bei seiner schweren Arbeit bei Winterkälte und Sommerglut in den steilen Weinbergterrassen beobachtet; und die dionysische Lust der Feste um den Wein, wenn das Ergebnis schweißtreibender Arbeit des Menschen Herz erfreut.

Mystisches umgibt die 1480 vom Inquisitor Heinrich Institoris geweihte Kapelle: Glaubwürdige Personen *sahen* hier oben merkwürdige Ereignisse. Ein Musikprofessor *hörte* den Gesang aus dem Augustiner-Antiphonale vom Kloster Stuben, zwei Frauen, die für ihre Söhne im Krieg am Ostersonntagmorgen beteten, *begegnete* der verstorbene Pastor von Eller... Es ist ein Geheimnis um die Ausstrahlung des Keltertreters von Ediger.

Zurück am Moselufer, lohnt sich ein Besuch der Meinraduskapelle, eine Nachbildung der Gnadenkapelle von Maria Einsiedeln, aus dem 17. Jh.; im Innern findet man schöne barocke Plastiken.

Der Ortsteil **Eller** war schon im 5. Jh., in merowingischer Zeit, Sitz eines Klosters, das dem hl. Fridolin geweiht war. Am spätromanischen Turm steht das barocke Schiff mit guter Ausstattung, u. a. einer Stumm-Orgel. In der gegenüberliegenden St.-Arnulfus-Kapelle hängt das Wandbild ›Verspottung Christi‹ aus dem 15. Jh., entstanden nach einer Zeichnung Martin Schongauers. Die Hofhäuser von Pyrmont und Kurtrier aus dem 16. Jh., heute Stammhaus der Freiherrn von Landenberg-Trimborn, unterstreichen die alte Bedeutung von Eller.

Hinter der Eisenbahnbrücke steigt mit 65 % Hangneigung der Calmont in reiner Südlage als ›steilster Weinberg der Welt‹ bis 378 m auf. Eine Wanderung über den Berggrat gehört zu den eindrucksvollsten Erlebnissen an der Mosel.

Gegenüber, auf der ehemaligen Insula Sankt Nicolai, steht die Ruine der Klosterkirche (1685) des Augustinerinnen-Stifts **Stuben,** das 1137 gegründet wurde. Es beherbergte von 1208–1788 die berühmte Staurothek, die heute zum Domschatz Limburg gehört, mit dem größten Partikel des heiligen Kreuzes.

Bremm wird überragt von der spätgotischen Laurentiuskirche, in der ein prächtiges Steinretabel von 1621 aufgestellt ist. Am Moselufer steht das malerische Storchenhaus mit buntem, reichgeschnitztem Fachwerk. Bremm hat einen sehr schönen Walderholungsplatz mit Spielplatz. Am Frauenberg, einer sehr guten Weinlage, vorbei kommt man über die Brücke nach **Neef,** dessen Ortsbild die spätromanische Wasserburg der Sponhei-

Blick auf Bullay

mer, später Metzenhausen, bestimmt. Einzigartig ist der Friedhof auf dem Petersberg mit der Ur-Kirche und Wanderwegen mit schönen Aussichten rundum. Das sehenswerte Ofen- und Puppenmuseum hat von April bis Okt. tgl. von 10–17 Uhr geöffnet.

Über der Staustufe liegt **St. Aldegund,** dessen Christophorusstraße mit dem bekannten Christophorushaus von 1473/1710 eines der schönsten Fachwerkensembles der Mosel darstellt. In der romanischen Alten Kirche aus dem 12. Jh. mit guter Ausstattung findet sich ein Hoffmann-Epitaph von 1602; seit 1996 liegt über dem Ort der große Kunstsammler und Mäzen Peter Ludwig begraben. Einige gute Plastiken aus der Alten Kirche findet man in der neugotischen Pfarrkirche, die aus dem letzten Drittel des 19. Jh. stammt. Am Ortsausgang Richtung Alf befindet sich ein römisches Steingrab aus dem 4. Jh., das mit kostbaren Glasfunden als ältestes christliches Frauengrab an der unteren Mosel gilt.

Rund um Marienburg, Prinzenkopf und Burg Arras bei Alf-Bullay haben wir den landschaftlich reizvollsten Teil der Mosellandschaft erreicht. Hier verlassen B 49 und die Eisenbahn das Moseltal, um über die Wittlicher Senke nach Schweich zu verlaufen. Durch das stille Üßbachtal verläuft die Lindenallee nach Bad Bertrich.

Alf erstreckt sich ins Alftal hinein und war seit dem 18. Jh. Poststation mit zahlreichen Gasthöfen. In Alf-Fabrik gründete Ferdinand Remy 1828 das erste deutsche Puddelwerk für Feineisen; heute ist dort eine Fabrik für Einweggeschirr. Am Zusammenfluß von Alf und Üß wird ein Bergkegel seit dem 9. Jh. von der **Burg Arras** gekrönt. In dem1904 wiederaufgebauten Palas ist eine private Grafik- und Bildersammlung über die Mosel und eine Gedächtnissammlung für den zweiten Bundespräsidenten Heinrich Lübke untergebracht (ganzjährig tgl.; Restaurant).

Ein Wanderweg über den Leofelsen führt zum Aussichtspunkt **Prinzenkopf,** benannt nach dem preußischen Kronprinzen Friedrich Wilhelm. Ein Ehrenfriedhof erinnert an die Kämpfe vom März 1945. Über den Berggrat kommt man zu der 1145 gestifteten **Marienburg,** bis 1515 Augustinerinnenkloster, heute ›Jugendburg‹ des Bistums. In der 1954 auf gotischen und barocken Teilen wiederaufgebauten Kirche sind einige schöne Plastiken der Spätgotik und Arbeiten von Ernst Alt zu sehen.

Zur Bahnstation **Bullay** führt die Doppelbrücke für Bahn und Straße, die beim Bau 1878 als technische Meisterleistung galt.

Abstecher nach Bad Bertrich

Von Alf aus Richtung Eifel ist es ein Katzensprung ins sehenswerte Bad Bertrich. Schon der große Naturforscher Alexander von Humboldt hat aus wissenschaftlichem Interesse um 1820 Bad Bertrich besucht und diesem Badeort zwischen Mosel und Eifel den Titel ›Mildes Karlsbad‹ gegeben. Mit dieser netten Umschreibung spielte er auf die einzige naturwarme Glaubersalzquelle in Deutschland an, die in ihrer milderen Zusammensetzung und der wohligen Temperatur von 32 °C im gemäßigten Klima des Üßbeckens nahe der Mosel als kleine Schwester mit dem damals schon mondänen k. u. k.-Bad Karlsbad am Südhang des Erzgebirges ohne weiteres konkurrieren konnte.

Der Erfinder des »Struwwelpeter«, der Frankfurter Arzt Heinrich Hoffmann, fand 1848 die Kleinheit dieses ›entzückenden Naturtheaters‹ sehr belustigend, »wo man glaubte, des Morgens gegen die grünen Bergwände zu stoßen und man fürchten müsse, daß einer daherkäme, alles in eine große Schachtel packte und davontrüge«. Fast alles in Bad Bertrich ist klein, gewissermaßen biedermeierlich-behaglich. Aber es ist groß genug, um für über 30 000 Jahresgäste mit langer Kurdauer Platz zu haben. Schließlich gibt es in Bad Bertrich mehr Gästebetten als Einwohner.

Das entzückende **Bade-Schlößchen,** das 1787 Kurfürst Clemens Wenzeslaus vom sächsischen Architekten Johann Andreas Gärtner erbauen ließ, ist heute der feine Mittelpunkt des kulturellen Badelebens; das Kavaliershaus für seinen kleinen Hofstaat daneben ließ der Kurfürst 1788 huldvoll von privater Seite erbauen und bewirtschaften. Es ist noch heute trotz einiger Erweiterungen ein höchst familiäres Kurhotel. Der von Schlößchen, Kurhotel, neubarockem Kursaal mit Trinkhalle und neuklassizistischem Bäderhaus umgebene bunte **Kurgarten,** die gute Stube des Bades, wetteifert mit dem Schlößchen an Kleinheit und Feinheit. Die Flanierstraße des kleinen Bades erinnert mit ihren noch zahlreichen kleinen spätklassizistischen Häusern an eine bessere, herausgeputzte Dorfstraße. Behagliche Gemütlichkeit strahlt selbst die neue kleine Schwimm-Oper des Thermal-Hallenbades aus.

Aber nicht nur den besonderen Zauber eines Kurorts kann man in Bad Bertrich en miniature und in großer Vielfalt erleben. Um Bad Bertrich läßt sich während einer ausgedehnteren Nachmittagswanderung der **Eifelvulkanismus** kennenlernen: Spaziert man an der Cafeteria des Diana-Freibads vorbei, so führt der Weg gleich um die Ecke in einem kleinen Einschnitt durch den kleinen Kegel eines **Schichtvulkans,** des sogenannten Elfenmaars. Einer der Schlote dieses erloschenen Vulkans liegt rechts vor dem Eingang zur Kurklinik unter der Blumenwiese. Einen anderen Schlot erkennt man in einem Basaltpfropfen von nur 80 cm links vom Wanderpfad an den Stufen, die am Elbesbach vorbei zur sogenannten **Käse- oder Elfengrotte** führen. Hier ist ein Basaltstrom von über 20 m Mächtigkeit ausgeflossen und wälzte sich entlang der Üß bis zum Ausgang des Römerkessels östlich des Bads. Im Bachverlauf erkennt man noch überall die erodierten Basaltlavablöcke. Die merkwürdige Käsegrotte entstand als Gasblase im Lavastrom. Durch die langsame Abkühlung bildete sich die käselaibartige Ablagerung, die später vom Wasser freigelegt wurde und dem Naturdenkmal den Namen gab.

Geht man an der Straße leicht bergan, dann führt kurz oberhalb der Abzweigung nach Hontheim ein Weg links zur Üß nach weni-

Kuratmosphäre in Bad Bertrich

gen Schritten an das Ende eines Lavastroms, der sich vom Hüstchen, den Dachsköpfen und Dachslöchern rechts oberhalb vom Sportplatz bis hierher ergossen hat.

Im Hintergrund erhebt sich über dem nach Westen offenen Kessel des **Hardt-Maars** (als Maar bezeichnet man einen vulkanischen Explosionstrichter, der nicht in jedem Fall mit Wasser gefüllt ist) der steile Schlot der Falkenlay, die man zu den Schichtvulkanen zählt. In der Lava und den Schlacken des Schlotes haben sich durch den Gasdruck Höhlen gebildet, die, wie archäologische Funde belegen, den Steinzeitmenschen als Rastplatz dienten.

Auf der gegenüberliegenden Seite des Hardt-Maars liegt der Schlackenvulkan der **Facher-Höhe.** Den Lavalith hat man um 1960 weitestgehend abgebaut. Einzelne Wände des Abbaus zeigen noch die Schichtung der rhythmischen Ausbrüche. Der Schlackenschlot ist durch den Abbau herauspräpariert. Für Naturfreunde gibt es hier auf engstem Raum sehr viel zu sehen; eine fachlich geführte Vulkanwanderung erschließt alle Formen

Mosel-Hochwasser

Die unbändige Tochter des Rheins

Zwischen Nikolaus und Rosenmontag gehören Hochwasser gleichsam zum Alltag der Moselaner – wie Lawinen zum Alltag in den Alpen. Ein Moselaner weiß, daß ›das Luder‹ immer wieder einmal unbändig sein Bett verläßt, und er ist vorbereitet. Trotz Hochwasser würde kein Moselaner den Platz in der ersten Reihe mit Blick auf Tal und Fluß leichtfertig aufgeben und erträgt gelassen einige Tage nasse Füße.

Jeder Moselaner weiß aus Erfahrung, was »Pegel Trier 8,40 m, steigt stündlich 10 cm; voraussichtlicher Höchststand 9,85 m« für sein Haus bedeutet. Dann hat er noch einen guten halben Tag – oder eine halbe Nacht – Zeit, sich einzurichten – also gelassene Konzentration. Nur der unerfahrene, der Zugezogene gerät in Panik und macht dann alles falsch.

dieses quartären Vulkanismus, der vor rund 10 000 Jahren seinen letzten Höhepunkt hatte. Geblieben sind die stummen Zeugen und das munter sprudelnde Thermalwasser, das schon Kelten, Römern und Franken zur Gesundheit und zur Freude diente.

Auskunft: Tourist-Information Zeller-Land, Balduinstr. 2, 56856 Zell (Rathaus), ✆ 0 65 42/7 01 22 und 40 31, Fax 56 00; Kurverwaltung Bad Bertrich, Postfach 1220, ✆ 0 26 74/ 93 22 22, Fax 93 20: Vermittlung von geführten Wandertouren durch die Vulkaneifel.

Unterkunft: Ediger: Weinhaus Feiden, Moselweinstr. 22, ✆ 0 26 75/2 59: gutbürgerlich, schöne Terrasse, Jagdgelegenheit, Kat. 2–3. **Bremm:** Gasthaus Hutter, Moselstr. 35, ✆ 0 26 75/2 12: preiswertes, gutbürger-

»Pegel Trier 8,40 m«, das bedeutet: Bei den Durchgangsstraßen beginnt Land unter. In Zell wird die Brühe die jüngst errichtete Hochwassermauer zu überströmen beginnen, und in kurzer Zeit wird die Stadt unter Wasser stehen. In nicht weniger als 65 Jahren war das seit 1817 der Fall, manchmal sogar mehrmals im Jahr. Seit 1900 trat die Mosel in 35 Jahren über die Ufer: also kein Grund zur Panik. Es gab auch schon längere gnädige Zeiten: 1897 bis 1911, eine ›weingoldene Zeit für die Mosel‹ und 1970 bis 1976, auch eine Reihe vorzüglicher Weinjahre.

Nüchtern betrachtet: In der Geschichte gehören Hochwasser zur Mosel. Kaum ein Dorf, wo man nicht historische Hochwassermarken an alten Gebäuden findet. Gleich ein Dutzend aus dem 15. bis 18. Jh. findet man an den Sandsteinwänden der ehemaligen Minoritenkirche am Merler Moselufer. Und sie waren alle so hoch wie die viel beschriebenen ›Jahrhundert-Hochwasser‹ der letzten 15 Jahre. An der Mosel nichts Neues, was die Medien immer wieder aus einer Horrorperspektive in deutsche Wohnstuben vermitteln und besorgte Moselurlauber im April anrufen läßt, ob man denn seinen Sommerurlaub an der Mosel überhaupt antreten könnte. Da kommt dem Moselaner ein bitteres Lachen hoch. Während nämlich in den Medien immer noch Schreckensmeldungen verbreitet werden, hat der Moselaner längst begonnen, klar Schiff zu machen: Mit dem fallenden Wasser wird geschrubbt und geschwenkt, gelüftet und getrocknet. Wer zwei Tage später zur Mosel kommt, wird nur noch am angeschwemmten Unrat einer Wegwerfgesellschaft in den Weidenbüschen am Ufer sehen können, daß es ein Hochwasser gegeben hat.

Der Moselaner weiß, daß er mit seiner unbändigen Tochter so umgehen muß, wie das kluge Eltern tun: Sie lassen sie sich austoben – weil unvermeidbar –, räumen nachher auf und lieben sie weiterhin.

liches Haus mit gediegener Küche, Kat. 2–3.

Alf: Mosel-Hotel Bellevue, Am Moselufer 2, ✆ 0 65 42/25 81: gemütliches Hotel mit Restaurant in Aussichtslage.

Bad Bertrich: Fürstenhof am Kurgarten, ✆ 0 26 74/93 40: elegantes Haus mit Thermalbad, Kat. 2. Kurhotel am Kurpark, ✆ 8 34: klassisches Hotel im historischen Kurzentrum, Kat. 1. Alte Mühle, Am Römerkessel, ✆ 18 80: gediegenes Haus in ruhiger Lage, Kat. 2–3.

Camping: Mesenich, ✆ 0 26 73/45 56. Senheim ✆ 0 26 73/46 60: am Jachthafen. Ediger ✆ 0 26 75/701. Bullay, ✆ 0 65 42/2 29 21.

Restaurants/Weinstuben:
Ediger: Restaurant-Romantikhotel Löwen, Moselweinstr. 23, ✆ 0 26 75/208.
Zum Christoffel, Hochstr. 4, ✆ 255: Erlebnis-Gasthaus, vielfältiges touristisches Angebot, u.a. Festtafeln wie zu Römerzeiten.

Von Zell nach Traben-Trarbach

Zell

Zell ist als Stadt der »Schwarzen Katz« bekannt. Den schönsten Blick auf das am schmalen Ufersaum langgestreckte Städtchen (5600 Einwohner) hat man von der B 53 am linken Moselufer über der Kaimter Kirche. Um Zell genauer kennenzulernen, bedarf es eines längeren Weges am Moselufer entlang oder durch die Weinberge.

Beginnen sollte man, von Bullay kommend, am Ortseingang von Zell-Merl. Durch den Ortsteil Spay führt die Dorfstraße vorbei an spätmittelalterlichen Hofhäusern zum alten Kirchturm des 11. Jh., dem schönsten romanischen Turm an der Mosel. Unter dem Turm drängen sich alte ritterliche Landsitze der von der Leyen und Stetzgis von Treis, der Familien Zandt von Merl und der von Metzenhausen.

Das **Haupthaus der Zandt,** heute die Sektkellerei Treis, ist ein im 18. Jh. umgebauter Wohnturm des Spätmittelalters, genauso wie das Turmhaus mit Staffelgiebeln der Mohr vom Wald weiter die Dorfstraße hinauf. Neben dem barocken Springiersbacher Hof findet man einen weiteren Rittersitz, dessen Bohlenstube, die wärmende Stube, – einzigartig an der Mosel – noch erhalten ist.

Verschwunden ist das Herrenhaus der Sponheimer, die 1294 das **Minoritenkloster** mit Lateinschule gründeten. Vom alten Quadrum ist der Ostflügel noch weitgehend original mit Schiffsbodendach über dem Dormitorium erhalten. Die als Pfarrkirche dienende Klosterkirche besitzt mit der Sakristei den ältesten Einstützenraum an der Mosel und einen prächtigen Antwerpener Flügelaltar von ca. 1520 aus dem Umkreis Jan Genoots; hier findet sich auch das Original des Kreuzfensters, umrahmt von Evangelistensymbolen vom alten Kirchturm, die älteste erhaltene romanische Plastik der mitteren Mosel.

In Zell ist der Vorort Corray durch Bauten des hier heimischen Architekten Otto Finé (1880–1963) geprägt und beherbergt heute vorwiegend Behörden. Bis zum Siegeszug der Zigarette in den 30er

Jahren gab es hier zahlreiche Zigarrenfabriken, die heute als Wohn- und Geschäftshäuser dienen.

Am Rand der mittelalterlichen Stadt erbaute 1542 Kurfürst Johann von Hagen das **Amtsschloß** im Übergang zum Renaissancestil, das auch innen weitgehend erhalten ist.

Das mittelalterliche Zell ist 1848 fast vollständig abgebrannt. Einige frühklassizistische Häuser mit Tempelgiebeln blieben am Moselufer erhalten, ebenso das 1532 erbaute **Haus Caspary** in der Balduinstraße, das Stadthaus der von Metzenhausen und der Stadtschultheißen Schienen–Senheim, eines der bedeutendsten Wohnhäuser an der Mosel.

Zwei Türme der seit 1222 erbauten Stadtmauer sind noch zu sehen: der viereckige Balduinsturm im Bachtal an der alten Poststaße und der runde **Pulverturm** in den Weinbergen mit welscher Haube, das Wahrzeichen der Stadt.

Ein bemerkenswerter Bau der Frühklassizistik ist die 1787–93 erbaute **Pfarrkirche** neben dem Schloß und ihre originale Ausstattung im Zopfstil. Innen finden sich ein spätgotischer Taufbrunnen von 1461 und die Madonna Tilman von der Burchs.

1935 errichtete man auf dem Markt beim mächtigen historistischen Rathaus den **Katzbrunnen** mit dem weltberühmten Zeller ›Wappentier‹. Auf dem Brunnentrog steht der Lobspruch »He steiht ferm wie en Zeller us dem Hamm« (Er steht fest wie ein Zeller aus dem Hamm) des Kurfürsten Richard von Greiffenklau auf die Zeller Verteidiger Triers gegen Franz von Sickingen. Im Rathaus sind heute die Heimatstuben und das Zigarrenmuseum untergebracht (Mo–Fr 10–16 Uhr).

Von der einstmals großen Pracht der Fachwerkhäuser sieht man am Kaimter Ufer nur noch das **Hofhaus der Boos von Waldeck** aus dem 16. Jh. mit seinen schönen barocken Pavillons.

In der neuen **Kaimter Kirche** mit spätgotischem Turm ist die Inschriftentafel mit der ältesten moselländischen Winzerdarstellung von 1220 erhalten.

Information: Touristeninformation Zeller Land, Balduinstr. 2, 56856 Zell, ✆ 0 65 42/7 0122, Fax 56 00.

Unterkunft: Zell: Grüner Kranz, Balduinstr. 12, ✆ 0 65 42/9 86 10: gediegenes Haus mit guter Küche, Kat. 2. Weinhaus Mayer, Balduinstr. 5 und 15, ✆ 45 30: modernes Gästehaus, Weinstube mit großer Karte, Kat. 2. Zur Post, Schloßstr. 21, ✆ 42 17: gutbürgerlich, am Schloß, Kat. 2–3.

Camping: Zell-Kaimt, ✆ 0 65 42/4 12 41. Pünderich, Marienburg, ✆ 0 65 42/2 87. Moselland, ✆ 26 81.

Aktivität: Erlebnisbad Zell-Kaimt, ✆ 7 01 22 und 40 31: mit Tennisplätzen.

Von Zell bis Trarbach liegen südlich der Marienburg die alten Weinorte Briedel und Pünderich.

Briedel gehört zu den Schmuckstücken an der Mosel. Hier hatten

Altes Fährhaus in Pünderich

die Luxemburger ihre Güter und große Abteien wie Himmerod ihre Höfe. Eine Mauer mit (erhaltenem) Wachtturm umgab die schönen Fachwerkhäuser des Fleckens. Von südlicher Heiterkeit ist die von Franz Freund in farbenfrohem Rokoko ausgemalte Pfarrkirche von 1774 mit ihrer frühklassizistischen Ausstattung. Durch das ›Briedeler Herzchen‹ genießt Briedel als Weinort einen guten Ruf.

Pünderich wetteifert mit Briedel in der Dorfgestaltung und im Weinbau. Viele Preise auf Landesebene ehren den Ort als einen der schönsten an der Mosel, und seine Straßenweinfeste in den romantischen Fachwerkhöfen zählen zu den beliebtesten. Besonders reich ist das Fachwerk des Alten Fährhauses von 1621, eindrucksvoll das Rat- und Gerichtshaus der Gesetzeskrämer, wie man die Pündericher nennt.

Reil liegt bereits im Kreis Bernkastel-Wittlich und gehörte seit karolingischer Zeit zum Kröver Reich, einem kleinen, direkt dem Reich unterstellten Territorium. Angeblich wurde Gerhart von Ryle, der Baumeister des Kölner Doms, hier geboren. Als eine der größten Weinbaugemeinden hat es stets hochangesehenen Weinhandel betrieben. Noch belebter als zur Zeit der Gruppenreisen ist Reil am zweiten Augustwochenende, wenn das Motocross-Cup-Rennen am Heißen Stein stattfindet.

2 km über dem Reiler Hals liegt am Kondelwald das ehemalige Augustinerstift **Springiersbach,** ein 1097 eingerichtetes Reformkloster mit vielen Tochtergründungen. In der spätromanischen Anlage arbeitete der Laacher Samson-Meister. Die heutige Saalkirche mit wertvoller Ausstattung wurde 1768–72 von Paul Stehling erbaut und von Franz Freund ausgemalt. Im wiederaufgebauten romanischen Kapitelsal finden regelmäßig Konzerte statt (Auskunft ✆ 0 65 32/27 31).

Enkirch gehörte als evangelischer Ort zur Grafschaft Sponheim. Wegen des keltoromanischen Ortsnamens *Ancyriacum* wird es gerne ›Ankerplatz für Weinkenner‹ genannt, was für die Qualität von Steffensberg, Batterieberg und Monteneubel spricht.

Das malerische Ortsbild gilt als Musterbeispiel moselländischer Fachwerkkunst. Ein Gang durch die Weingasse, Priestergasse, Sponheimerstraße zur evangelischen Pfarrkirche ist ein besonderes Vergnügen. Sehr malerisch und sehenswert sind das Kriegersche Haus mit seiner Umgebung, der ›Drilles am Spilles‹, der ehemalige Pranger am Spiel- und Rathaus und die Enkircher Heimatstuben in der Ratsweinschenke (Fr/Sa 18–19, So 11–12 Uhr). Auch die Im Talgrund stehende gotische Franziskanerkirche sollte nicht übersehen werden.

Information: Tourist-Information Traben-Trarbach, Bahnstr. 22, 56841 Traben-Trarbach, ✆ 0 65 41/8 39 80, Fax 83 98 39.

Unterkunft: Enkirch: Dampfmühle, Bachtal, ✆ 0 65 41/68 67: kinderfreundliches Romantikhotel, Weinstube, Kat. 2. Sponheimer Hof, Sponheimer-Str. 19–23, ✆ 66 28 und 42 04: Naturkost, Eco-Weinbau, Weinseminare, Kat. 2.

Restaurants/Weinstuben:
Burg: Zur Post, Moselstr. 18, ✆ 0 65 41/92 14: gute regionale Küche, weinkulinarische Wochenenden. **Starkenburg:** Weinhaus Schöne Aussicht, Schloßstr. 14, ✆ 0 65 41/16 98: solides Angebot, herrliche Aussicht.

Tip: Besichtigung der Emporenmalereien in den Kirchen der nahen Hunsrückdörfer Raversbeuren, Lötzbeuren, Starkenburg.

Straßenweinfeste in Pünderich am So nach Himmelfahrt und am 3. So im September.

Traben-Trarbach, Jugendstil vom Feinsten

Seitdem sich 1557 die Reformation endgültig in der mit Pfalz-Zweibrücken verbundenen Hinteren Grafschaft Sponheim durchgesetzt hatte, herrschte in Trarbach stets ein ausgeprägt kulturbewußter und geschäftstüchtiger Geist. Trarbach erhielt bereits 1571/73 die neben dem Trierer Jesuitengymnasium älteste Lateinschule an der Mosel, es pflegte den freien Weinhandel, nutzte den natürlichen Reichtum – Acker, Wald und Erze – des Hunsrücks und baute entsprechend repräsentativ, ganz in calvinistischem Geist. Spätestens seit Mitte des 18. Jh., nach der Überwindung der Kriegsschäden, entwickelte sich der Handel derart, daß Trarbach für 200 Jahre zum reichsten Ort an der Mosel wurde.

Am Trabener Ufer entstand das Rumpelsche Haus, genannt **Haus des Kommandanten.** Der Unternehmer Böcking ließ sich durch den Zweibrücker Hofarchitekten Christian Ludwig Hauth 1760 ein prachtvolles spätbarockes Wohn- und Handelshaus in französischem Stil am Trarbacher Moselufer bauen, das mit allem Luxus der Zeit eingerichtet ist. Goethe verbrachte am 2. 11. 1792 auf seiner Rückreise von der unseligen »Campagne in Frankreich« nach »stürmischer Gewitterfahrt auf der dunklen Mosel« hier zwar eine kurze, aber für ihn offensichtlich auch kurzweilige, angenehme Nacht, an die er gerne zurückdachte. Heute birgt es das **Mittelmoselmuseum**, in dem

Aussichtspunkt hoch über Trarbach

Dr. Spies kenntnisreich und liebevoll eine reiche Kultursammlung zusammengetragen hat (April–Nov. 9.30–12 Uhr).

Gleich um die Ecke wollte Böckings Konkurrent Cornelis Moog (in der Moselstraße) nicht zurückstehen und ließ sich von dem katholischen (!) Hofarchitekten des Kurfürsten, Johannes Seiz, 1761 auf schmalem Grundstück ein großzügiges und reichgestalte-

tes Haus, **Haus Kayser,** im süddeutschen Stil des Rokoko errichten. Die Tradition repräsentativen Bauens setzte sich im 19. Jh. mit dem Saalbau der Casino-Gesellschaft (1833) am südlichen Stadtturm, dem Rathaus von Ferdinand Nebel aus dem gleichen Jahr und dem vom Schinkel-Schüler Johann Heinrich Strack aus Berlin zehn Jahre später gebauten Graffschen Haus fort. Der nach einem geschäftlichen Mißerfolg nach Mexiko ausgewanderte jüngere Graff kehrte, durch die Heirat mit der Tochter eines Silberminenbesitzers reich geworden, 1887 in die Heimat zurück und ließ sich über Trarbach in einem großen Landschaftsgarten ein von besten Kölner und Berliner Adressen eingerichtetes Haus, die **Villa Sonora,** im Stil eines frühbarocken italienischen Palazzo errichten. Señora Graff war es aber im total verregneten Jahr 1888 an der Mosel zu feuchtkalt; sie flüchtete in ihre sonnige Heimat zurück, und Graff zog hinterher.

1889, nur ein Jahr nach Berlin, hatte Traben in der Bahnstraße ein eigenes Elektrizitätswerk und als zweite Stadt im Reich elektrische Straßenbeleuchtung. 1898 schrieb man, in Vorbereitung der Vereinigung der beiden Stadtteile, den Bau einer Moselbrücke aus. Die Honoratioren der Stadt waren besonders von der gerade entstehenden Bonner Rheinbrücke beeindruckt und gaben dem dort verantwortlichen Architekten Bruno Möhring aus Berlin (1863–1929) den Auftrag.

Sein **Brückentor** – die Brücke wurde im Zweiten Weltkrieg zerstört – ist eine gelungene Mischung aus wilhelminischem Historismus und dem neuen, dekorativen Jugendstil. Das Ergebnis reizte die reichen, mit Berlin eng verbundenen Weinhändler, sich jetzt endlich eine angemessene, moderne und großstädtische Bleibe bauen zu lassen. Dieser Konkurrenz der Repräsentation verdanken wir ein wunderschönes Jugendstil-Ensemble Möhrings, der inzwischen durch seine Arbeiten in Paris, Turin und St. Louis zum Star-Architekten aufgestiegen war.

Neben dem Brückentor errichtete Möhring fünf höchst unterschiedlich gestaltete bedeutende Jugendstilbauten in Traben-Trarbach: Das **Hotel Clauss-Feist Zum Schwanen** am Moselufer in Traben, das heutige Bellevue (1901/03). Hier verwendete Möhring vorwiegend Elemente des Spätrenaissance-Fachwerks der Mosel, die er in Jugendstilformen umdeutete. Besonders eindrucksvoll ist die weitgehend erhaltene Innenausstattung, an der Joseph Maria Olbrich mitgearbeitet hat. Allein die herrlichen Farbfenster und die pompöse Kaminwand lohnen einen Besuch in diesem Hause.

Die 1904 entstandene **Villa Huesgen** zwischen Trabener Bahnhof und Moselanlagen, in einem Landschaftsgarten zur Mosel hin gelegen, erinnert an einen indischen Tempelbau und dokumentiert die Vorliebe der Jugendstil-

Brückentor in Traben-Trarbach

künstler für exotische, asiatische Elemente. Bei aller dekorativen Detailfreudigkeit wirkt die Villa als Gesamtkunstwerk doch unglaublich geschlossen. Im Dachgeschoß besitzt sie sogar ein eigenes Theater. 1 Mio. Mark hat der Prachtbau gekostet, damals eine ungeheure Summe.

Eine gekonnte Mischung japanischer Elemente mit klaren kubischen Formen der Moderne stellt die ein Jahr darauf entstandene **Villa-Dr.-Breucker** am Trabener Moselufer dar. Bänder von rot und grün irisierenden Ziegeln geben diesem Haus sein besonderes Gepräge. Am gegenüberliegenden Trarbacher Ufer liegt die 1906/07 erbaute ehemalige **Weinkellerei Kayser,** heute Mosel-Castell. Über einem breitgelagerten zweistöckigen Kellerbereich erheben sich zwei bastionenförmige Eckpavillons und ein zentraler Wohnturm, umgeben von einer großzügigen Terrasse. Bei dem wuchtigen Gebäude ließ sich Möhring wahr-

Lauretta und Balduin

Frauenpower, nicht ohne Folgen

In der ersten Hälfte des 14. Jh. nutzte der Erzbischof Balduin seine Macht, um das Kurfürstentum Trier auf die doppelte Fläche auszudehnen. So wollte er auch zielstrebig eine geschlossene Landesherrschaft entlang der Mosel verwirklichen, doch dabei war ihm die Grafschaft Sponheim im Weg, die in Starkenburg ihre Stammburg hatte.

Zunächst begann er – mit einigem Erfolg – sich entlang der Römerstraße auf dem Hunsrück mit Hilfe von Zwingburgen gegen Sponheim durchzusetzen. Die Gelegenheit zum entscheidenden Schlag schien ihm günstig, als 1324 Johann von Sponheim-Starkenburg starb und seine Frau Lauretta mit unmündigen Kindern hinterließ. Lauretta setzte notgedrungen auf *appeasement* und schloß mit Balduin einen Waffenstillstand unter Anerkennung seiner bisherigen Erfolge.

Balduin war zwar ein frommer Kirchenmann, aber dennoch zuerst Landesherr, der einen ungestörten Moselweg forderte. Provokativ wollte er im Mai 1327 mit dem Schiff an der Starkenburg vorbeifahren. Doch Lauretta kidnappte den Rechtsbrecher und ließ ihn von Verwandten auf eine Burg im Elsaß verbringen.

Freigabe nur gegen Entschädigung und Anerkennung der Sponheimer Rechte! lautete die Forderung Laurettas. Fast zwei Monate knirschte Balduin mit den Zähnen, bis er nachgab. Die Geschichte hat diesen Rückzug Balduins zu einer Liebesgeschichte des Kirchenfürsten mit der jungen Witwe umgedichtet. Es gab sie nicht; denn Balduins oberster Dienstherr, Papst Johannes XXII., belegte Lauretta mit dem Kirchenbann. Erst durch eine gefahrvolle Reise zum Papst nach Avignon konnte sich Lauretta aus dem Bann lösen, und Sponheim mit seinen Exklaven in Veldenz und Winningen blieb fortan unangetastet. Mit der Entschädigungssumme von 40 000 Pfund Heller bauten Laurettas Söhne um 1350 die Grevenburg auf, während die Starkenburg verfiel. In den Reunionskriegen Ludwigs XIV. wurde sie schließlich gesprengt.

scheinlich von den Monumentaldenkmälern am Deutschen Eck, an der Porta Westfalica und am Kyffhäuser inspirieren.

Den strengeren, villenartigen neoklassizistischen Stil des Peter Behrens greift das 1905/07 erbaute **Kurhaus Wildstein** im Kautenbachtal auf. Es ergänzt das 1901 errichtete Fachwerk-Badehaus. Gerade dieses Gebäude hat heimische Baumeister beim Bau von Wohnhäusern städtischen Gepräges im weiten Umfeld beeinflußt. Dem Mitarbeiter Möhrings, Langöhrig, verdanken wir noch weitere gute Jugendstilbauten: Ein Geschäftshaus in der Brückenstraße, das Haus der ›Trarbacher Felsenquelle‹ in der Wildbachstraße und die Einrichtung eines früheren Fischgeschäfts in der Brückenstraße. Zuletzt sei noch auf den von den Bahnarchitekten Josef Hüther und Franz Schunck 1904 erbauten **Trabener Bahnhof** im moselländischen Fachwerkstil verwiesen.

Nahebei, in herrlicher Aussichtslage, sitzt die **Starkenburg** auf dem Fels steil über der Mosel. Vom Stammsitz der Sponheimer (s. S. 116) sind kaum noch Grundmauern auf dem Burgfelsen vorhanden, doch der Ausflug lohnt wegen der weiten Sicht rundum und der kleinen, bäuerlich-bunt ausgemalten Kirche mit Stumm-Orgel (Schlüssel über Weinhaus Schöne Aussicht).

Information: Tourist-Information Traben-Trarbach, Bahnstr. 22, 56841 Traben-Trarbach, ✆ 0 65 41/ 8 39 80, Fax 83 98 39.
Jugendstilführungen, Informationen unter ✆ 8 39 80.

Unterkunft: Kurhotel Parkschlößchen Wildburg, Wildbachstr. 201, ✆ 0 65 41/70 50, Fax 70 51 20: Jugendstil-Kurhotel mit ganzheitlicher Therapie, Park, Kat. 1 (Luxus). Oase Moselschlößchen, Neue Rathausstr. 12–16, ✆ 70 10, Fax 7 01 55: mit Suiten und Ferienwohnungen im Park an der Mosel, Jugendstil, Kat. 1. Rema-Bellevue, An der Mosel 12, ✆ 70 30, Fax 70 34 00: hervorragend restauriert, ausgezeichnete Küche, beste Weine, komfortabel; mit angeschlossener Beautyfarm, Kat. 1. Moseltor, Moselstr. 1, ✆ 65 51, Fax 49 22: spätklassizistisches Haus am Ufer beim Mittelmoselmuseum, gepflegte Küche mit regionalen Spezialitäten, Kat. 2. Gonzlay, Am Goldbach 1, ✆ 69 21, Fax 69 31: zwischen Moselufer und Wald, Richtung Wolf, Kat. 2. Bad Wildstein, ✆ 10 01, Fax 46 19: altes Kurhaus, Kat. 3.

Jugendherberge: Hirtenpfad 1, ✆ 92 78. **Camping:** Camping Rißbach, Rißbachstr./Ecke Spieß-Allee.

Restaurants: Zur Goldenen Traube, Am Markt 8, Trarbach: regionale Spezialitäten, gute Weinkarte. Alte Ratsschänke, Kirchstr. 19, Traben: stilvoll, in historischem Fachwerkhaus. Zehntscheune, Alte Rathausstr.: moseltypisch, rustikal-antik.

Weinstuben/Cafés: Galerie Brückenschenke, Brückentor: Jugendstilambiente. Weinstube Aachener Hof, An der Mosel 10. Storcke Stütz, Brückenstr. 4: historische Kellerschenke im Gewölbekeller.

Aktivitäten: Jachthafen. Flugplatz Montroyal, ✆ 10 25. Tennis Wildbad, ✆ 92 06. Therme, Wildsteiner Weg, ✆ 8 30 30.

Museen: Mittelmoselmuseum, Villa Böcking, April–Nov. Mo–Fr 9.30–12 und 12.30–17 Uhr, Sa/So 10–13 Uhr. Spielzeugmuseum, Grabenstr. 34, Di–Fr 14–18, Sa/So 12–16 Uhr. Ikonen-Zentrum, Kautenbach, Alte Schule, Mi, Sa, So 14.30–17.30 Uhr.

servatius
LOTTO
Mode · für Sie
kleine Markthalle

Die Mosel von Trarbach bis Schweich

Weltberühmte Weinlagen

Bernkastel-Kues und das Cusanusstift

Die Römische Weinstraße

Das Ruwertal

Marktplatz von Bernkastel

Die Mittelmosel windet sich in engen Kehren vorbei an sanft geschwungenen Talhängen und malerischen Fachwerkbauten. In Traben-Trarbach fordern prachtvolle Jugendstilvillen die Aufmerksamkeit für's Detail, und bevor die bekannten Weinhöfe an der Ruwer erreicht sind, wird die Römerzeit durch rekonstruierte Funde erlebbar. Ein Meer von Reben verspricht höchste Weinkultur.

Von Rißbach bis Bernkastel-Kues

Sanfter und weiter wird das Moseltal, Rebfluren und Weinberge überall. Wo sich bis vor 40 Jahren Obstwiesen und Felder dehnten, wachsen heute meist Reben mit einem breitgefächerten Sortenangebot. Doch an den klassischen Steillagen gedeiht der unbestritten beste Riesling der Welt.

Rißbach besteht nur aus wenigen Hofhäusern aus dem 16./17. Jh., aber was für welchen! Der Stadtteil Wolf, versteckt hinter alten Nußbäumen, zählt viele schöne Fachwerkbauten um die 1557 evangelisch gewordene Kirche, in deren Keller der Pastor Wein pflegt. Vom **Wolfer Kloster,** das im 12./13. Jh. als Frauenkonvent errichtet wurde und nach 1473 als Fraterherren-Schule diente, sind nur Ruinen geblieben. Die Aussicht über Kautenbachtal und Kröv ist prächtig.

Kröv mit seinem berühmten Weinanbaugebiet, wegen seines deftigen Geschmacks ›Nacktarsch‹ genannt (keltisch *nackars,* ›felsige Höhe‹), war einst Mittelpunkt des dem Kaiser unterstehenden ›Cröver Reichs‹ mit sieben Dörfern rundum, was das Scrafitto am Rathaus dokumentiert. Der weltliche und geistliche Adel besaß in den guten Lagen große Güter. Echternach baute 1764 durch Paul Mungenast sogar ein schloßartiges Hofhaus; andere errichteten eindrucksvolle Höfe: Steinfeld 1725 in der Hauptstraße 88, Springiersbach 1593 den Pfarrhof und Stablo 1658 das berühmte Dreigiebelhaus mit seinem schönen Garten davor am Moselufer. Echternach gab bei Hofbaumeister Jörg Judas 1725 die eindrucksvolle, gut ausgestattete Pfarrkirche in Auftrag (Schlüssel im Pfarrhaus). Die Grafen Kesselstatt errichteten 1662 in Jesuiten-Gotik ihre Grablege hoch oben in ihren Weinbergen. Wenn Sie Anfang Juni Kröv besuchen, sollten Sie das Internationale Trachtenfest, eines der größten überhaupt, nicht versäumen.

Der Mönchshof bei Ürzig

Kinheim darf mit der Figur des Sucellus, dem Küfer- und Weingott der Kelten aus dem 3. Jh., den ältesten Küfer der Mosel sein eigen nennen. Man fand ihn bei Ausgrabungen in einer Villa bei Kindel. Eine römische Kelteranlage wurde etwas moselaufwärts entdeckt. Das ehemalige Burghaus aus dem 13. Jh. ist seit 1656 in den Flügelbau des Echternacher Hofes eingebunden, der einen Innenhof umschließt.

Nahebei liegt am rechten Ufer **Lösnich,** wo die Grafen von Kesselstatt das Sagen hatten. Der spätgotische Chor der alten Kirche dient heute als Friedhofskapelle, das Kesselstattsche Landschloß aus dem 17. Jh. als Pfarrhof.

Weiter geht es nach **Erden,** das Gott gleich nach dem Himmel geschaffen haben soll. Sein ›Treppchen‹ am gegenüberliegenden Hang zählt zu den Spitzenlagen an der Mosel. Zahlreiche Fachwerkhäuser des 17./18. Jh. mit reich geschnitzten fränkischen Erkern prägen das schöne Weindorf.

›Moselbrück‹ nennt sich **Ürzig** gerne nach der beliebten Fernsehserie, die in und um den Mönchhof, ein ›Winzer-Schloß‹ des Neubarock, gedreht wurde. Berühmter noch ist die Lage ›Würzgarten‹, die zum Spitzenquartett an der Mosel zählt. Zahlreiche Fachwerkhäuser, darunter das mächtige Rathaus (1588) um Rathausplatz, Brunnen- und Würzgartenstraße bezeugen Reichtum und Selbstbewußtsein der ›Ürziger Rotschwänzchen‹, wie man die Bewohner scherzhaft nennt.

Restaurants/Weinstuben:
Kröv: Springiersbacher Hof, Robert-Schumann-Str. 44: gediegenes Restaurant in barockem Abteihof. Ratskeller, Robert-Schumann-Str. 44, ✆ 0 65 41/99 97: erlesene Weine, Moselspezialitäten.
Ürzig: Hotel-Restaurant Mosel-Schild, Moselstr. 12–14, ✆ 0 65 32/30 01: Komforthotel mit ausgezeichneter Küche.

Ausflug in die Säubrenner-Stadt Wittlich

Von Ürzig aus lohnt es, Richtung Eifel in das ca. 10 km entfernte Wittlich zu fahren – und das nicht nur am vorletzten Augustsonntag, wenn die 17 000 Einwohner Wittlichs ihr Stadtfest feiern. Das Säubrenner-Fest hat Matthias Joseph Mehs (1893–1977), ›der gebildetste Gastwirt im Rheinland‹, der nach dem Tod des Vaters und einem Studium der Geschichte und Kunstgeschichte die väterliche Gastwirtschaft weiterführte, nach dem Zweiten Weltkrieg ins Leben gerufen.

›Das große Fressen‹ mit allem, was zu einem Volksfest dazugehört, soll auf eine Legende zurückgehen. Als Feinde einst die Stadt angriffen, war der Riegel des Stadttors abhanden gekommen. Flugs ersetzte man ihn durch eine dicke Rummel, eine Runkelrübe. Diese fraß nächtens ein Schwein, so daß der Feind die Stadt kampflos einnahmen konnte. Sei es aus Rache oder aus Dankbarkeit: Als der Feind abzog, mußte die Sau dran glauben und brutzelte am Spieß. Heute werden jährlich, mitten auf dem schönen Marktplatz, mehr als hundert Schweine beim Fest gebraten.

Für Wittlich war Mehs, der nach 1945 ehrenamtlicher Bürgermeister seiner stark zerstörten Heimatstadt wurde, ein – nicht immer gewürdigter – Glücksfall. Als junger Zentrumsabgeordneter lernte er den Kölner Künstler Georg Meistermann kennen, dessen Werk im Rheinland außerhalb Kölns nirgends so präsent ist wie in Wittlich. Die **Markuskirche** lag Mehs beim Wiederaufbau besonders am Herzen. Bereits 1707 zerstört, war die mittelalterliche Pfarrkirche ein Jahr

Säubrennerkirmes in Wittlich

darauf nach Plänen von Philipp Honorius von Ravensteyn und dem Tiroler Johann Dekatusch als gewölbte Pfeilerbasilika neu erbaut und reich mit einem barocken Hochaltar, Chorgestühl und Orgel ausgestattet worden. Als krönender Abschluß nach der Reparatur der Kriegsschäden wurden 1951, und das war für eine Landstadt sensationell, moderne Glasfenster von Georg Meistermann eingebaut. Sie wurden in den Seitenschiffen durch farbenfrohe Fenster, eine Stiftung der französischen Garnison, ergänzt.

Die schönsten Bauten aus dem 17. Jh. liegen ganz in der Nähe des Marktplatzes. Im **Rathaus** mit reichgegliederter Fassade, um 1700 von der begabten Wittlicher Steinmetzfamilie Wolff gebaut, wurden 1952 moderne, von Meistermann geschaffene Treppenhausfenster mit dem Thema Apokalypse eingefügt. Heute befindet sich im Alten Rathaus das Georg-Meistermann-Museum (Öffnungszeiten Mo–Fr 10–17 Uhr). Nahebei stehen das **Hotel Well,** ehemals Wohnhaus der Familie Wolff, sowie die alte Posthalterei mit der dominierenden

Freitreppe und dem Treppenturm von 1753.

In Wittlich herrscht der Steinbau mit Wittlicher Stein, Rotliegendes und Buntsandstein, vor. Das warme Rot und Rotgelb schafft heimelige Straßenbilder in der Karrstraße, der Oberen Kordel, der Burgstraße und der Trierer Straße. Reizend ist auch das Tortürmchen an der Landseite zur Koblenzer Straße.

Die größte Landsynagoge im Rheinland, 1910 vom Wittlicher Kreisbaumeister Johannes Vienken in Jugendstilformen erbaut, ist heute Kulturzentrum, das für Ausstellungen, Kammerkonzerte und Vorträge genutzt wird. Im dazugehörigen Dokumentationszentrum wird die Erinnerung an das frühere, die Stadt mitprägende jüdische Leben wachgehalten.

Zurück an der Mosel erreichen wir **Zeltingen-Rachtig,** das seit Kunibert von Köln, der hier im 7. Jh. geboren sein soll und an den die sommerliche Rosenburgtafel im Juli erinnert, zum Erzbistum Köln gehörte. Die Kunibertsburg-Ruine liegt im Weinberg ›Himmelreich‹. Das Kurkölner Amtshaus von 1712 dient heute als Pfarrhof. In Rachtig hatten die Deutschherren eine Komturei. Die vierflügelige Anlage, heute ein Hotel, ist eines der besten Beispiele der profanen Spätgotik an der Mosel, wurde aber 1737 barock überformt.

Die reich ausgestattete St.-Stephanus-Kirche aus dem 16. Jh. mit einem Hoffmann-Epitaph fordert mit ihren acht S-förmigen Ankern die Weinfreunde dazu auf, »St. Stephan sagt: Sie sollen sich satt saufen« nachzusprechen. Faßküfern kann man vor Ort noch bei der Arbeit zuschauen. Auf dem fachwerkumsäumten Marktplatz spielen die Zeltinger alle zwei Jahre ihre Operette ›Zeltinger Himmelreich‹.

Direkt am Moselufer liegen behäbig die Adelshöfe des 18. Jh. Am Ufer gegenüber ist **Kloster Machern,** ein 1804 aufgehobenes Zisterzienserinnen-Stift, seit 25 Jahren aus dem Dornröschenschlaf erwacht und zu einem Kultur- und Weinzentrum geworden. Die 1688 erbaute Saalkirche mit reichem Stuck ist heute ein Konzertsaal, in dem regionale und internationale Künstler auftreten (s. S. 214f.). Bei festlichen Anlässen ist der Saal zum Chor mit seinem prächtigen Hochaltar und dem Gnadenbild des frühen 14. Jh. geöffnet. In den Klostergebäuden entstand ein Weinmuseum mit Restaurant (ganzjährig tgl.).

Die Zeltinger ›Sonnenuhr‹ konkurriert mit der von **Wehlen,** nur schöne Stunden anzuzeigen. Letztere hat dem Weinort mit seinen gefeierten, edlen Kreszenzen Weltruhm verschafft. Reich ist der Ort an historischen Weinhöfen des 16.–18. Jh. in Fachwerk und Stein sowie an historistischen Villen der bedeutenden Weingüter. Das durch den Weinanbau wohlhabende Dorf konnte sich bereits 1947 eine Hängebrücke zur Edellage hin leisten.

Küfer in Zeltingen

Über diese Brücke kommt man nach **Graach,** dem Ort der ›frommen‹ Weinlagen. Gleich grüßt der Josephshof der Abtei St. Martin, mit einer Kapelle von 1672. Seit dem 19. Jh. gehörte der Josephshof den von Kesselstatt und wartet, jüngst restauriert, auf eine angemessene Nutzung. Im 1723 erbauten Mattheiserhof lohnt es, sich die ortsgeschichtliche Sammlung anzusehen. Die spätgotische Kirche erfuhr 1905 eine angemessene Erweiterung mit interessanter Ausstattung.

Bei einer Wanderung über die Graacher Schäferei gelangt man Richtung Trarbach zu den ›Graacher Schanzen‹, der als ›Mont National‹ für 100 000 Soldaten angelegten Wallfestung der Revolutionstruppen von 1794/95.

Information: Tourist-Information, Städtisches Verkehrsbüro, Gestade 5, Postfach 1426, 54464 Bernkastel-Kues, ✆ 0 65 31/40 23 und 40 24, Fax 79 53. Moselland-Touristik, Schanzstr. 35, 54470 Bernkastel-Kues, ✆ 0 65 31/20 91, Fax 20 93.

Unterkunft: Zeltingen-Rachtig: Hotel-Restaurant Zur Post, Uferallee 7, ✆ 0 65 32/20 91: sehr gut geführtes Familienunternehmen mit feiner regionaler Küche, Kat. 1–2. Deutschherrenhof, Rachtig, ✆ 0 65 32/23 64: historischer Barockhof mit großem Angebot, Kat. 2.

Restaurants/Weinstuben: Wehlen: Abtei Kloster Machern, An der Zeltinger Brücke, ✆ 0 65 32/20 44: internationaler Standard in eindrucksvoller Klosterarchitektur, Weinmuseum.

Die Festung Montroyal

»Baut man an der Mosel mit Steinen oder mit Ecus?« So schrie der Sonnenkönig, Ludwig XIV., seinen Festungsbaumeister Vauban an, als dieser erneut eine riesige Geldsumme für den Weiterbau der zwischen 1687–97 errichteten Festung über der Mosel forderte.

Von Montroyal aus wollte Frankreich die Rheingrenze sichern, die laut Kardinal Richelieu die natürliche Grenze Frankreichs sei. Dafür baute man diese 5 km lange Festung mit einer Kampfbesatzung 8500 Mann kämpfende Truppe, zusätzlich Troß, Arbeiter, Marketender usw. In Kriegszeiten sollten bis zu 40 000 Mann in der Gesamtanlage, die auch die als Festung ausgebaute Grevenburg und Schanzen bei Starkenburg und Enkirch unfaßte, Platz finden. Zur Bewaffnung gehörten 155 weittragende Geschütze, so viele besaß keine andere Festung Europas. Riesenvorräte an Pulver, Getreide, Heu und 2000 Stückfässer Wein (2,4 Mio. l) lagerten in den Kellern unter den Kasematten. Zum Vergleich hatten die Städte Trier und Koblenz zusammen mal gerade so viele Einwohner, wie die übliche Kampfbesatzung ausmachte.

Als die Festungsanlagen beendet waren und etwa die Hälfte der Festungsstadt mit den typischen zweigeteilten Fachwerkhäusern gebaut war, hatte sich der Sonnenkönig finanziell übernommen. 1697, im Frieden von Rijswijk, mußte er sich aus dem Rheinland zurückziehen.

Mit den riesigen eigenen Pulvervorräten wurde die Festung so gründlich in die Luft gesprengt, daß erst durch umfangreiche Ausgrabungen zwischen 1925 und 1935 die noch unter den Trümmern erhaltenen Kasematten und Gänge freigelegt werden konnten.

Ein aufregender Spaziergang durch das heute vom Wald eroberte Gelände mit herrlichen Ausblicken ins Moseltal vermittelt noch einen schwachen, aber imponierenden Eindruck von der Mächtigkeit dieser Festung und der Leistung, die in knapp zehn Jahren von der geschundenen Moselbevölkerung erbracht werden mußte.

Gut hundert Jahre später träumte Frankreich wieder den Traum von der Rheingrenze. Diesmal bauten Revolutionstruppen und die Truppen Napoleons auf dem gegenüberliegenden Berg zwischen Trarbach und Bernkastel den Mont National, ein Schanzwerk aus Erdwällen, in dem 100 000 Soldaten für einen gigantischen Aufmarsch Platz finden konnten. Von diesen Graacher Schanzen findet man noch ausgedehnte, flach gewordene Wälle als Zeugen unheilvoller Geschichte (Führungen durch das Mittelmoselmuseum Trarbach, ✆ 0 65 41/94 80).

Bernkastel-Kues, die ›Doctor‹-Stadt

Der kurtrierischen Amtsstadt blieb das Schicksal der anderen Moselstädtchen weitgehend erspart. Sie entging – anders als Cochem – 1689 der Zerstörung durch die Franzosen und fiel nicht im 19. Jh. wie Zell und Traben-Trarbach verheerenden Feuersbrünsten zum Opfer.

So kann Bernkastel nicht nur mit seinem berühmten ›Doctor-Wein‹, der über den Schieferdächern der Stadt wächst, und seinem großen Sohn Nicolaus Cusanus und dessen Stiftung glänzen, sondern auch mit einem bestens erhaltenen und gepflegten Stadtbild, wie es vom 15. bis ins 20. Jh. gewachsen ist.

Den Stadtrundgang beginnt man am großen Moselufer-Parkplatz oberhalb der Brücke. Am Ufer steht der historistische Bau des alten Landrats- und Zollamtes, am 26.2.1926 Ziel der Demonstration von 6000 verzweifelten Moselwinzern, die das Haus stürmten, im Inneren verwüsteten, Akten und Schreibtische auf die Straße warfen und anzündeten. Rechts über der Moselstraße lädt der **alte Posthof (1)** als vorzügliches Hotel und Restaurant zum Verweilen ein. Entlang der Moselstraße stehen die schloßartigen Weinhöfe, darunter das vor der Zerstörung des Moselflügels 1945 hochaufragende **kurfürstliche Kellnerei- und Amtsgebäude (2),** in dem schon Kaiser Maximilian am 8. 3. 1512 auf seinem Weg nach Trier beim Kellner Schwane Quartier genommen hatte. Der jetzige Bau wurde 1656 bis 61 von Kurfürst Karl Kaspar von der Leyen erbaut. In der Umgebung liegen die Bernkasteler Traditionshotels des 19. Jh.

Durch die Brückenstraße gelangt man zum Juwel von Bernkastel, dem **Markt (3)** mit seinen vorwiegend zwischen 1585 und 1608 errichteten, prachtvollen Fachwerkhäusern, dem Michaels- oder Justitiabrunnen von 1606, aus dem Umkreis des Hans Ruprecht Hoffmann, sowie dem **Rathaus (4),** einem Steinbau in vornehmen Renaissanceformen. Die vormals offene Laube des Erdgeschosses ist heute Ratsweinstube, wo man behaglich die köstlichen Bernkasteler Weine probieren kann. Es sollte nicht zuviel sein, sonst kommt man ins Halseisen, entsprechend der Inschrift am Pranger: »Hochgericht. Straff und bürgerliche Züchtigung«.

In der rechts aufsteigenden Karlsstraße steht vorwitzig das **Spitzhäuschen (5)**, jetzt ebenfalls eine Weinstube, mit seinem Schwebegiebel vom Anfang des 15. Jh. Man überquert den Markt und schlüpft zwischen den prächtigen Fachwerkbauten von 1583 (links) und 1588 in die Alte Römerstraße. Ein schönes Schild erinnert daran, daß von hier aus mit der Hanse und später dem Norddeutschen Lloyd Weinhandel betrieben wurde.

Unweit der Alten Römerstraße steht die **Stadtkirche St. Michael**

(6), um 1360 als Pseudobasilika mit einschiffiger Choranlage auf engstem Raum erbaut. Im 17. Jh. wurde sie um den alten Glockenturm herum, der zugleich größter Stadtturm war, erweitert. Durch den nördlichen Seiteneingang betritt man den reich ausgestatteten Kirchenbau. Über dem Hochaltar hängt eine Triumphkreuz-Gruppe von ca. 1440. An der Nordwand steht ein Heilig Grab, das Heinrich Hoffmann, der begabteste Sohn Hans Ruprechts, schuf. In der Kneipschen Kapelle befindet sich der Alabasteraltar des hl. Sebastian mit einem Pestrelief von Hans-Ruprecht Hoffmann d. J. von 1631. Es gibt eine Reihe weiterer Altäre, Grabsteine und bewegt gestalteter Figuren des 18. Jh. Sehr wirkungsvoll ist der Orgelprospekt, den 1744 Nicolaus Günster in den Raum einpaßte. Nicht weniger beeindruckend sind die Gemälde des einheimischen Künstlers Franz Freund aus dem letzten Drittel des 18. Jh., dem wir viele bodenständige Arbeiten an der Mosel und im Hunsrück wie in Briedel, Springiersbach und Stipshausen

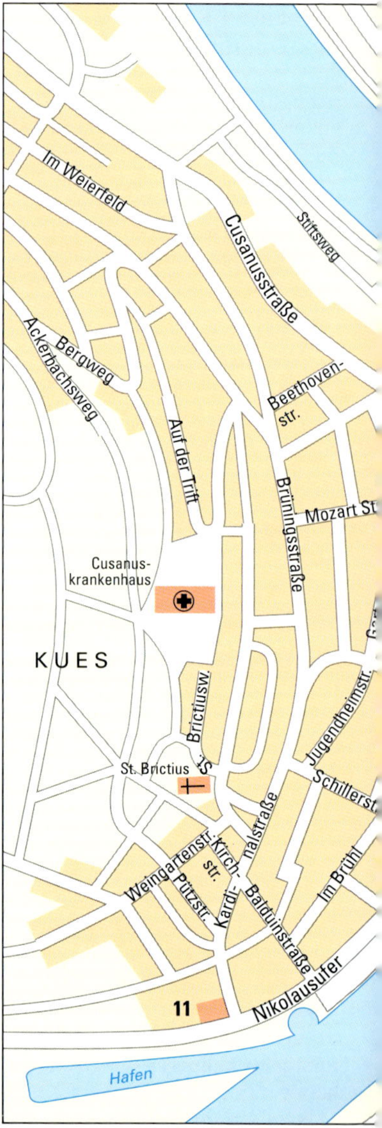

Stadtplan von Bernkastel-Kues
1 Alter Posthof 2 Kurfürstliche Kellnerei- und Amtsgebäude 3 Markt 4 Rathaus 5 Spitzhäuschen 6 Stadtkirche 7 Graacher Tor 8 Nalbachscher Hof 9 Burg Landshut 10 Nikolaushospital 11 Geburtshaus des Cusanus

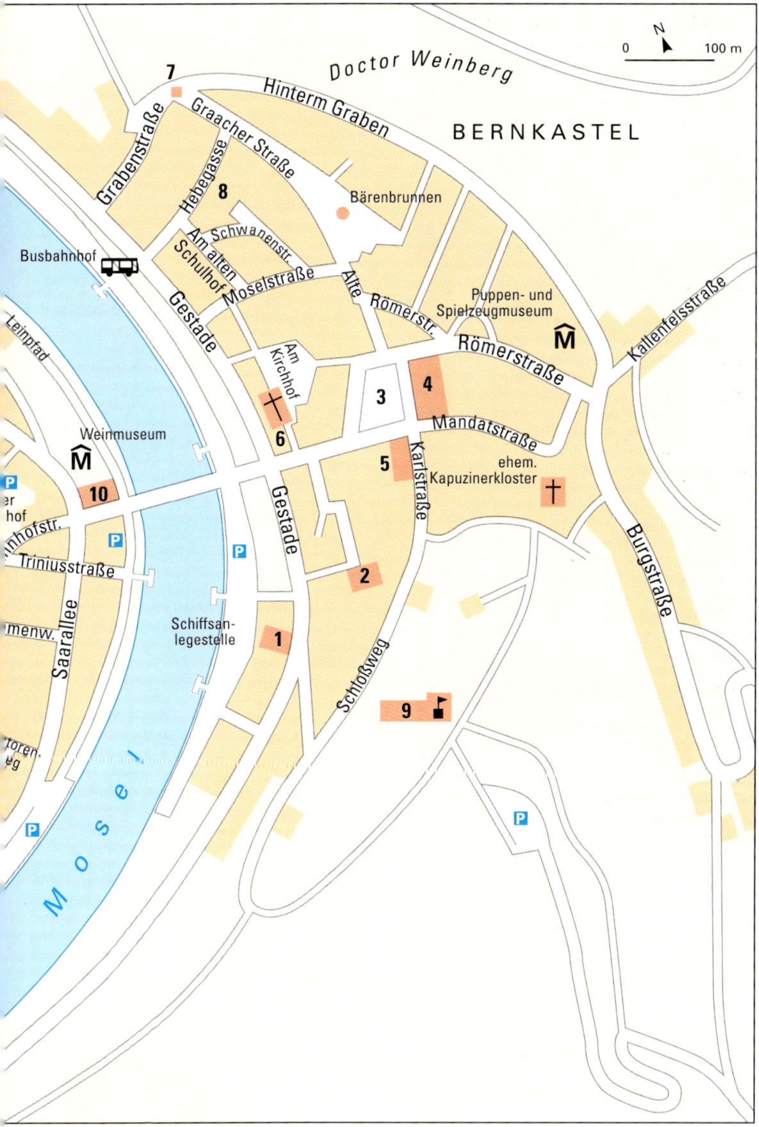
N
0
100 m
Doctor Weinberg
BERNKASTEL
7
Hinterm Graben
Graacher Straße
Grabenstraße
Hebegasse
8
Bärenbrunnen
Schwanenstr.
Am alten Schulhof
Moselstraße
Busbahnhof
Gestade
Alte Römerstr.
Puppen- und Spielzeugmuseum
Römerstraße
Kallenfelsstraße
Leinpfad
Am Kirchhof
3
4
6
Mandatstraße
5
Karlstraße
ehem. Kapuzinerkloster
Weinmuseum
10
Triniusstraße
Saarallee
Gestade
2
Schiffsanlegestelle
1
Schloßweg
9
Burgstraße
Mosel

verdanken. An Festtagen kann man auch das von Hofgoldschmied Johann Georg Martinengo aus Koblenz um 1730 geschaffene silberne Altargerät bewundern.

Nach dem Besuch der Kirche schlendert man an dem in Anspielung auf den Stadtnamen von Hans Scherl aus Wittlich geschaffenen Bärenbrunnen vorbei durch die an Fachwerk reiche Graacher Gasse zum barock überformten **Graacher Tor (7),** in dem sich das hübsche Heimatmuseum befindet (Do–So 15–17 Uhr).

Gleich dahinter beginnt der berühmte ›Doctor-Weinberg‹. In den Doctor-Weinstuben kann man den edlen Tropfen stilgerecht verkosten. Im **Nalbachschen Hof (8)** in der Hebegasse und im benachbarten Schwarzenberger Hof in der Schwanenstraße, der bis zu den Pogromen von 1350 mit der nebenliegenden Judenschule dem reichen Schutzjuden Balduin Josemann gehörte, präsentiert sich das begüterte Weinbürgertum.

Auf dem Rückweg zum Marktplatz wendet sich der, dem der Sinn noch nach mehr romantischer Historie steht, in die Römerstraße, die mit dem Markt nach Fertigstellung des Burgtunnels zur Fußgängerzone werden wird. Links und rechts stehen zahlreiche Fachwerkbauten des 17. Jh. An der Stelle, wo

Das Spitzhäuschen

Grundriß des Nikolaushospitals ▷

die Römerstraße in die Burgstraße der Vorstadt übergeht, steht links der Kallenbergturm. Man steigt zum ehemaligen Kapuzinerkloster, heute Altenheim, hoch, wo auch Martin von Cochem wirkte. Gute Wanderer können der ansteigenden Straße zur Burgruine Landshut folgen, ansonsten nehme man dorthin den Fahrweg. Die Mandatstraße führt wieder hinab zum Markt.

Die **Landshut (9),** wie die Burg seit etwa 1500 heißt, stammt in den heutigen Abmessungen aus der Zeit zwischen 1280 und 1330, als sie Trierer Landesburg wurde. Sie hatte bereits im 10. Jh. einen Vorgängerbau, der dem Haus Luxemburg angehörte. Seit balduinischer Zeit Sitz des Amtmanns, war sie u. a. 1636 Hauptquartier der Katholischen Liga unter Tilly und fiel 1688 in die Hände der Franzosen. 1692 wurde sie durch eine Feuersbrunst zerstört. Die Stadt schenkte die Ruine im Jahr 1839 anläßlich seines Besuchs dem romantischen Kronprinzen Friedrich Wilhelm von Preußen. Der erhoffte Wiederaufbau nach dem Vorbild rheinischer Burgen unterblieb aber. Seit 1920 ist die Burg wieder im Besitz der Stadt. Den herrlichen Ausblick vom 30 m hohen Bergfried mit seinen zwei Kuppelgewölben und der Treppe in der Mauerdicke sollte man nicht auslassen.

Aber nicht nur Bernkastel hat Sehenswürdigkeiten zu bieten, sondern auch Kues jenseits der Moselbrücke, das am Ufer rechts vom Nikolaushospital dominiert wird. Im ehemaligen Kelterhaus hat das Weinkultur-Zentrum, **Weinmuseum** und Festsaal, Platz gefunden. Besonders sehenswert ist jedoch das **Nikolaushospital (10),** eine Stiftung des Nicolaus

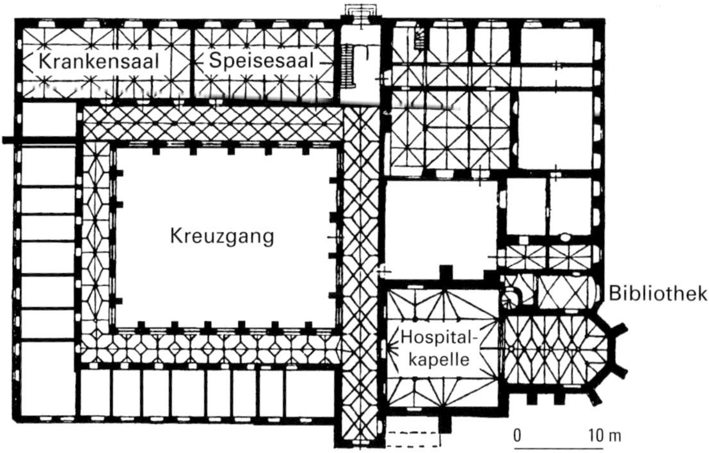

Herbst des Mittelalters und Frühling der Neuzeit

Nikolaus von Kues

Geboren wurde er 1401 in Kues als Sohn des Schiffseigners, Fischers und Händlers Hennen Chrypffs (Dialekt für Krebs), der lange Zeit als freier, wohlhabender Bürger das Schöffenamt von Bernkastel innehatte. Nicolaus besuchte als Junge die bedeutende Fraterherren-Schule von Deventer, Holland, in der Lehrer und Schüler in christlich geprägter, humanistischer Weltoffenheit eine Gemeinschaft bildeten. 1416 schrieb er sich als Nicolaus de Coeße, *clericus,* an der Universität Heidelberg für die Fächer Mathematik und Theologie ein; bereits ein Jahr später ging er nach Padua, wo er Kirchenrecht studierte und 1423 *doctor decretorum* wurde.

Im selben Jahr begann er in Köln seine philosophischen und

Cusanus an seine Heimatstadt, die 1458 fertiggestellt wurde.

Das Hospital für 33 alte, arme Männer – die Zahl entspricht den Lebensjahren Jesu – hat sich in der von Cusanus festgelegten Konzeption über 550 Jahre wirtschaftlich selbst getragen. Verbunden ist diese Stiftung mit der Übertragung der bedeutendsten privaten wissenschaftlichen Bibliothek des 15. Jh. in dieses Hospital. Auch sie hat sich als unschätzbarer Wert – dank einfallsreicher Sicherheitsbewahrung – bis heute unverändert, nur erweitert, erhalten.

Wer in das Nikolaushospital hineingeht und mit wissendem Auge

theologischen Studien bei Heymerich van den Velde (de Campo), der die Lehren des Albertus Magnus und des Raimundus Lullus vertrat. Gleichzeitig hielt er Vorlesungen in Kirchenrecht und entdeckte zufällig die Komödien des Plautus.

Vom Trierer Erzbischof Otto erhielt er 1425, obwohl noch nicht zum Priester geweiht, eine erste Pfründe mit der Kirche in Altrich bei Wittlich. Er wurde Propst der Stifte Münstermaifeld und St. Florin in Koblenz. 1432 sorgte er als Beauftragter des Trierer Erzbischofs auf dem Baseler Konzil für Aufsehen, als er von der Konzilpartei, einer von Rom unabhängigeren deutschen Kirche, zur päpstlichen Partei umschwenkte, weil er die Einheit der Kirche gefährdet sah.

Nikolaus von Kues gelang es nach zähen Verhandlungen, durch das Wiener Konkordat von 1448 die Einheit der Kirche zu retten, und er wurde von Papst Nikolaus V. zum Kurienkardinal ernannt. Eine beispiellose Karriere begann. 1450 wurde er Fürstbischof von Brixen. Seine dortigen Reformbemühungen stießen so sehr auf den Widerstand von Adel und Klöstern, daß er auf Druck des Herzogs Sigismund von Tirol und erschreckt durch die Opfer der bürgerkriegsähnlichen Zustände im Jahr 1458 resignierte und päpstlicher Generalvikar in Rom wurde. Sein Freund, Papst Pius II., schickte ihn als Reform-Legat nach Deutschland, wobei Cusanus eine unglaubliche Leistung vollbrachte. Auch Konstantinopel wollte er in seine Einheitsbemühungen einbeziehen. In diesem Zusammenhang beschäftigte er sich intensiv mit dem Koran und verfaßte darüber eine bedeutende Schrift. Nach dem Tod seines Freundes Pius II. galt er als möglicher Nachfolger. Auf einer Reise in die deutsche Heimat, wo er sich um seine Stiftung kümmern wollte, ereilte ihn in Todi (Umbrien) im Jahr 1464 der Tod. Gemäß seinem Wunsch wurde sein Körper in seiner Kardinalkirche San Pietro in Vinculis in Rom begraben, sein Herz aber fand Ruhe vor dem Altar seiner Stiftung in der Heimat Kues.

hinschaut, sieht gemäß cusanischer Philosophie die drei Sphären, in denen der Mensch lebt – die des Körpers und seiner Bedürfnisse, des Geistes und seiner Anmutungen und des Glaubens und seiner Heilsbotschaft – architektonisch umgesetzt. Die drei Bereiche haben im Hospital von Mittelsäulen getragene, kunstvoll angeordnete Gewölbe.

Rechts neben dem Eingang im Nordflügel des Kreuzgangs liegen der Speise- und der Krankensaal mit der verbindenden Küche. Hier ruht ein schlichtes Kreuzgewölbe auf achteckigen Säulen, die Zeit und Ewigkeit symbolisieren. Die

Hospitalkapelle schräg gegenüber im Südflügel, im Chorraum nach Osten über das Quadrum hinausreichend, wird wiederum von einer achteckigen Mittelsäule, aus der zwölf Rippen (zwölf Apostel) wachsen, getragen. Auffällig ist die Zweiteiligkeit des Gewölbes: die beiden Segmente über dem Eingang sind eine Kombination von Stern- und Kreuzgewölbe. Die Schlußsteine tragen das Kardinalswappen des Cusanus und eine Veronika, eine Anspielung auf seine Mutter. Die Kreuzgewölbe werden auch als Andeutung der zwei christlichen Kontinente interpretiert. Die beiden Gewölbesegmente zum Chor hin sind facettenförmig gestaltet und erinnern an eine mathematische Figur des Lehrers von Nicolaus an der Universität Köln, Heymerich van den Velde, die als ›Siegel der Ewigkeit‹ bezeichnet wird. Analog werden diese Gewölbesegmente auch als Symbol für die nichtchristlichen Kontinente gedeutet. Drei Kunstwerke sind bemerkenswert: das Fresko ›Letztes Gericht‹ gegenüber dem Eingang, die lebensechte Darstellung der Schwester von Cusanus von Peter von Wederath und der von Joseph Görres wiederentdeckte spätgotische Flügelaltar, auf dem Nicolaus und sein Bruder am Fuß des Kreuzes dargestellt sind.

Der dritte Raum ist die Bibliothek. Sie liegt zwischen Kapelle und Speisesaal im ersten Stock über der Sakristei, so daß man von dort durch ein kleines Fenster neben dem Studierpult auf den Altar sehen und am Gottesdienst teilnehmen konnte. Die Bibliothek hat also ihren Platz zwischen dem Irdischen und dem Himmlischen. Aus einer achteckigen Basis wächst eine runde Säule, ein Symbol für die Unendlichkeit und Vollkommenheit des Geistes. Nur Befugte, Würdige, hatten Zutritt zu diesem Raum, den man ausschließlich über die Wohnung des Rektors erreichen konnte.

Verbunden sind diese drei zentralen Räume und die Wohnungen der Alten durch einen allseitig verglasten Kreuzgang, dessen vier Flügel völlig verschiedene Gewölbemuster haben und dennoch eine verblüffende Einheit darstellen. Auch hier ist eine Symbolik verborgen, die man nur bei tieferem Einsteigen in die Gedankenwelt des Cusanus verstehen kann. Betritt man den Kreuzgarten, dann fällt dem Betrachter die ungleiche Achsenzahl und die starke Ungleichheit der Maßwerke nicht sofort auf: Der Ostflügel hat fünf Achsen, der Südflügel deren sieben, der Westflügel sechs, wovon eine für das Grab des Peter von Erkelenz vermauert ist, und der Nordflügel ebenfalls sechs Achsen. Hier liegt natürlich auch eine Zahlensymbolik zugrunde, die nur angedeutet werden soll: Ost- und Südachse zusammen (der Morgen) haben zwölf, West- und Nordflügel zusammen (Abend) haben ebenfalls zwölf Achsen, wobei zwölf die vollkommene Zahl ist. Die anderen

Summen ergeben jeweils mit 11 oder 13 ›unheilige‹ Zahlen. In sich aber bilden sie eine harmonische Einheit (Mo–Fr 9–12 und 14–18 Uhr, Bibliothek Di 10.30 und Fr 15 Uhr).

Der Stadtteil Kues zeichnet sich durch eine Reihe pompöser Weinhändlervillen der Jahrhundertwende aus. In Alt-Kues, am Nikolausufer, steht noch das **Geburtshaus des Cusanus (11),** das 1980 als Gedächtnisstätte in der Form des 15. Jh. restauriert wurde (April bis Okt. Di–Sa 10–12 und 14.30–17 Uhr, So 10–12 Uhr; Nov. bis März Di–Sa 14.30–17 Uhr).

Rund um die Kirche St. Brictius von 1784 sind die vielen schönen Fachwerkhäuser – in einem die Galerie Wendhut – sehenswert. Ein großer Jachthafen lockt Wassersportler.

Wappen am Cusanushaus

Information: Moselland-Touristik, Schanzstr. 35, 54470 Bernkastel-Kues, ✆ 0 65 31/20 91, Fax 20 93. Städtisches Verkehrsbüro, Gestade 5, Postfach 1426, 54464 Bernkastel, ✆ 40 23/4, Fax 79 53. Stadtführungen: Info ✆ 40 20-24.

Unterkunft: Bernkastel: Landshut, Gestade 11, ✆ 0 65 31/ 30 19, Fax 73 87: klassisches Hotel mit alter Tradition, Weinstube Kurfürstenkeller, Kat. 1–2. Zur Post, ✆ 20 22, Fax 29 27: am Rand der Altstadt mit viel Atmosphäre, exzellente Weinkarte, gute regionale und internationale Küche, Kat. 2. Römischer Kaiser, Marktstr. 29, ✆ 30 38, Fax 76 72: traditionelles Moselhotel an der Moselbrücke, Kat. 2.
Kues: Moselpark, ✆ 50 80, Fax 50 86 12: komfortable Hotelanlage im Kurbereich Kueser Plateau, Tennishalle, Beautyfarm, Kat. 1. Drei Könige, ✆ 20 35, Fax 78 15: moselländisches Traditionshaus direkt über der Mosel, Weinstube, mit Gewölbekeller, Kat. 2.
Wehlen: Mosel-Hotel, ✆ 85 27, Fax 15 46: ruhige Lage am Moselufer, Kat. 2–3.

Jugendherberge: An der Landshut, ✆ 23 95. **Camping:** Camping Schenk in Wehlen, ✆ 81 78.

Restaurants/Weinstuben: Abtei Machern, An der Zeltinger Brücke, ✆ 0 65 32/41 12: gehobene internationale Küche, sehr gute Weinkarte. Café Hansen, Am Markt, ✆ 22 15. Bernkasteler Ratskeller, Am Markt 30, ✆ 73 29: historisch. Weinstube Schmitz im Spitzhäuschen, Karlstr. 13, ✆ 74 76: gemütlich. Altes Brau-

Von der ›Trittenheimer Apotheke‹ zum Bernkasteler ›Doctor‹

Von den 12 400 ha, die an der Mosel, an Ruwer und Saar mit Reben bestockt sind, hält der Riesling einen Anteil von 60 %. In den Steillagen besetzt der ›Klassiker‹ fast 100 %; hier wachsen die Riesling-Weißweine der absoluten Spitzenklasse. Keine Weinbauregion der Welt und keine Rebsorte erhält von den ›Wein-Päpsten‹ wie Hugh Johnson, Stuart Pigott u. a. so häufig die Traumnote 100 wie Mosel und Riesling.

Erlauben wir uns daher einen Blick in den ›Gotha‹, den Adelskalender der Weinlagen‹. Wie beim wirklichen Adel sind die Unterschiede fein – aber wesentlich. Dies gilt vor allem beim Riesling, der Königin unter den Reben. Standort, Boden, Kleinklima, Selektion der Trauben, Behandlung bei der Kelterung und beim Reifen des Weins – die feine Etikette, nicht das Etikett macht letztlich den wahren Adel aus.

Was den Standort angeht, sind die kalk- und kaliumreicheren Böden des Hunsrückschiefers an Saar, Ruwer und der mittleren Mosel zwischen Schweich und Zell den silikatreicheren Tonschiefern und Grauwacken der Terrassenmosel bis Koblenz überlegen. Nur kleinere Standorte der Terrassenmosel sind hier vergleichbar. Kleinklimatisch sind die Unterschiede höchst differenziert. Früher hieß es: Wo zuerst der Schnee weggeschmolzen ist, da sind die besten Lagen. Aber so einfach ist es nicht. Herbstmilde Nebel am Morgen und trockenere Sommer bekommen den Saarweinen besonders gut . Ähnlich verhält es sich an der mittleren Mosel. Mehr heiße Sommerfeuchtigkeit läßt die Trauben der Terrassenmosel besonders gut gedeihen: Der Boden braucht im August mehr Feuchte, im Herbst mehr Trockenheit. Wenn die Bedingungen gut sind, kann die Terrassenmosel sehr wohl mit den besten Lagen der mittleren Mosel konkurrieren, mit mehr Feuer und mehr Körper.

In der Most- und Weinbearbeitung sind die auf klassische Tradition der Klöster und des Adels bauenden Weingüter zwischen Serrig und Kröv immer für Spitzenleistungen gut. Aber junge, gutausgebildete Winzer an Mittel- und Terrassenmosel haben inzwischen aufgeholt, junger Winzeradel drängt nach. Die Vielfalt des Rieslings ist groß – und manchen Einsteiger mag sie verwirren. Trotz alledem, der Hochadel der Weinlagen wird von den ›Päpsten der Degustation‹ immer noch vor allem dort gesehen, wo sich in der Feudalzeit geistlicher und weltlicher Adel in den Weinbergen breitgemacht hatten.

Kritisch in der Fachwelt aufgenommen wurde die Bewertung Hugh Johnsons 1995, der nur drei Lagen ganz oben sah: den ›Scharzhofberg‹ bei Wiltingen/Saar, die Brauneberger ›Juffer‹ und den Ürziger ›Würzgarten‹.

Bei den Spitzengütern 1. Klasse gibt es eine starke Übereinstimmung unter den bekanntesten Fachleuten: (alphabetisch) ›Bernkasteler Doctor‹, ›Eitelsbacher Karthäuserhofberg‹, ›Erdener Prälat‹ und ›Treppchen‹, ›Piesporter Goldtröpfchen‹ und ›Wehlener Sonnenuhr‹. Zur 1. Klasse zählt Johnson darüber hinaus noch die ›Ayler Kupp‹, das ›Filzener Pulchen‹, den ›Enkircher Batterieberg‹, ›Kanzemer Altenberg‹, ›Klüsserather Bruderschaft‹, ›Lieserer Niederberg‹, ›Ockfener Bockstein‹, ›Oberemmeler Hütte‹ und die ›Trittenheimer Apotheke‹. Aber auch Lagen der Terrassenmosel überschreiten bei den gestrengen Herren die 90er Punktgrenze: ›Winninger Uhlen‹, ›Pommerner Zeisel‹, ›Neefer Frauenberg‹ und sogar, dank hervorragender Selektion und Pflege eines jüngeren Brüderpaares, ein ›St. Aldegunder Palmberg-Terrassen‹.

Auswahl und Konkurrenz unter den schönen Töchtern des Weinadels sind also groß. Und man findet die Schönen nicht nur in den immer wieder genannten und bekannten Kellergewölben der Weinbarone, auch schlichte Winzerhäuser bergen manche bisher ungehobene Schätze. Sie wollen nur entdeckt werden!

haus, Gestade 4, ✆ 25 52. Alte Kanzlei, Gestade 3, ✆ 69 70: durchgehend gutes Essen. Doctor Weinstuben, Hebegasse 5, ✆ 60 81: viel Atmosphäre.

Museen: Cusanus-Geburtshaus, Nikolausufer, ✆ 28 31: Dokumentation zu Nicolaus Cusanus, April–Okt. Di–Sa 10–12 und 14.30–17, So 10–12 Uhr, Nov.–März Di–Sa nur 14.30–17 Uhr. Cusanusstift, Cusanusstr. 2, ✆ 22 60, Mo–Fr 9–12 und 14–18 Uhr. Bibliothek nur Di 10.30 und Fr 15 Uhr. Mosel-Weinmuseum, Cusanusstr. 4, ✆ 41 41, tgl. Nov.–April 14–17, April–Okt. 10–17 Uhr. Heimatmuseum Graacher Tor, Kallenfelsstr. 4, Do–So 15–17 Uhr.

Entlang der Römischen Weinstraße

Die Landschaft um Lieser-Mülheim ist durch alte Talböden der Mosel und ihre Umlaufberge geprägt, so daß an der Mündung der Lieser eine reizvolle Beckenlandschaft entstand. Wir setzen unsere Reise oberhalb von Bernkastel fort und erreichen den Ort **Lieser**, der mit der hoch in den Weinbergen gelegenen Paulskirche aus dem 8. Jh. eine der ältesten Kirchen der Region besitzt. Hierher strömten 1848 zehntausend Moselaner in der wirtschaftlich schweren Revolutionszeit. 1884–87 erbauten die Puricelli-Schorlemer, die zur Jahrhundertwende den preußischen Landwirtschaftsminister stellten, am Moselufer ein malerisches Schloß im Stil der Renaissance mit reich ausgestatteter Hauskapelle. Mehrmals war hier der Kaiser zu Gast. Heute wird für die Anlage eine angemessene Nutzung gesucht. Ein Teil des Inventars befindet sich im Heimatmuseum (April bis Nov. 17–20 Uhr). Das Liesertal aufwärts liegen wohlhabende Weindörfer wie Maring, Noviand, Siebenborn mit dem Weingut der Propstei Himmerod von 1721, Monzel und Osann, zu denen ein Ausflug lohnt.

Mülheim ist ein bedeutender Weinort der ehemaligen Grafschaft Veldenz. Das Wappen der Grafschaft, blauweiße Rauten mit Löwen, erhielten die Bayern über die Wittelsbacher. Pfalz-Zweibrücker Architekten des 18. Jh. erbauten im Ort bemerkenswerte Patrizierhäuser. In der evangelischen Kirche von 1668 findet man anmutige Historienmalereien an den Emporen aus dem ersten Drittel des 18. Jh. Schöne Weinberghäuschen des letzten Jahrhunderts machen die Gegend zu einem Wein-Arkadien. Mülheims Wein flog 1929 als Zeppelin-Wein mit um den Erdball.

Im Hintergrund, unter der 1088 erbauten Burg Veldenz, einer der größten Burganlagen an der Mosel, liegt der Ort **Veldenz-Burgen.** Eine vorbildliche Dorferneuerung hat aus Veldenz ein Schmuckstück gemacht, das viele Preise erhielt. Am Haus des Gastes kann man eine römische Badeanlage des 2. Jh. sehen. Eine Schiffsbrücke baute Napoleon bei seinem Rückzug aus Österreich ans andere Moselufer

Schloß Lieser

nach **Kesten**. Im nahen Gasthaus bot man ihm vom Sauerbrunnen des Dreisbachtals zu trinken an – neben Moselwein, versteht sich! Schöne Weinhöfe des 17./18. Jh., wie Paulins- und Himmeroder Hof mit Altarerker, bestimmen das Ortsbild.

›Dusemont‹, süßer Berg, hieß **Brauneberg** bis 1925, was wohl auf den schon in römischer Kelteranlage gepreßten Wein der ›Juffer‹ zurückzuführen ist. Das Hochstift Verdun, die Abtei Tholey, von deren Bautätigkeit noch der Klosterhof von 1719 erhalten ist, und die Grafen von Manderscheid-Blankenheim hatten hier ihre Höfe. Dem 1444 an Pfalz-Zweibrücken und 1733 an die Kurpfalz gekommenen Ort hat 1776 der dortige Hofbaumeister Franz Wilhelm Rabaliatti die Simultankirche erbaut, in der friedlich evangelische und katholische Gläubige beten. Im Ortsteil **Filzen** dient der zwischen 1712 und 1720 erbaute Franziskanerinnenkonvent als Weinkultur-Zentrum, in dem auch Weinproben auf Moselfränkisch zelebriert werden. Der sehenswerte Turm der Andreaskapelle aus dem 11. Jh., der den Westtürmen des Trierer Doms gleicht, ist Teil der Klosteranlage.

Von hohem Fels grüßt an der Moselkrümmung der ›Große Herrgott‹ von **Wintrich.** Die 8,50 m hohe Kreuzgruppe im gleichnamigen Weinberg ist eine der für die Mosel typischen Verbindungen von Wein und Religion. Ab 1997 wollen die Wintricher alle fünf Jahre ihre ›moselländische Passion‹ spielen.

Vorbei an der ›Mittelmosel-Loreley‹, der einzigen Stelle, an der kein Weg am Ufer entlang führt, erreichen wir über Minheim, das auf dem Gleithang hinter Walnußbäumen liegt, Niederemmel-Piesport. Seit 1969 umfaßt **Niederemmel-Piesport** fünf Ortsteile: Reinsport, Emmel, Müstert, Piesport und Ferres. Der Gegensatz des Piesporter Steilhangs ›Goldtröpfchen‹ zu dem großen Gleithang macht den Reiz dieser weingesegneten Gegend aus. Reich war man hier schon immer: Zwei Moselbrücken in 500 m Entfernung beweisen es ebenso wie das kostbare Diatretglas, Netzglas, das man in einer römischen kaiserlichen Villa fand. Piesport wird von der schönen Pfarrkirche St. Michael des Tirolers Paul Miller aus dem Jahr 1776 geprägt. Im Innern sind sehr schöne Deckengemälde und Bilder von Johann Peter Weber und Franz Freund erhalten, die beim Bau von St. Paulin in Trier ihr Handwerk erlernt haben. Alte Weinhöfe wie der Domhof und das Clausener Gehäus des 17. und 18. Jh. unterstreichen den Reichtum dieser Gegend. Die rekonstruierte römische Kelteranlage am Ortsrand Richtung Ferres ist eine echte Attraktion.

Information: Tourist-Information Wittlich-Land, Neustraße 6, 54516 Wittlich, ✆ 0 65 71/40 86, Fax 2 90 77.

Unterkunft: Mülheim: Landhaus Schiffmann, Veldenzerstr. 49 a, ✆ 0 65 34/9 39 40: modernes Komforthaus, Heilfasten, ruhige Lage, Kat. 1–2. Richterhof, Hauptstr. 81, ✆ 9 37 30: elegantes Hotel-Restaurant in klassizistischem Gutshof, Kat. 1.

Neumagen

Bei Neumagen-Dhron erreichte die römische *via Ausonia* von Mainz her die Mosel. Aus Dhron, von der von Venantius Fortunatus im 6. Jh.

Die Schulszene

besungenen Nicetiusburg, soll Hagen von Tronje kommen. Vorher war *Noviomagus* Sommersitz Konstantins, der hier in der heutigen Ortsmitte ein **Kastell** bauen ließ. Auf die Grundmauern dieser Befestigungsanlage des 4. Jh. stießen Tiefarbeiter, als man 1884 die Moselstraße durch Neumagen ausbaute. Bei der Freilegung wurde entdeckt, daß die großen, unregelmäßigen Steine mit Reliefs bedeckt und z. T. vollplastisch bearbeitet waren. Sie eröffneten den Trierer Archäologen die Welt der keltoromanischen Antike mit ihrem Alltag an der Mosel, die sie bisher weitgehend nur gedanklich entwerfen konnten. Heute sind diese Steine von Neumagen Kernbestand im ›Steinsaal‹ des Trierer Landesmuseums.

Die Steine, so stellte sich heraus, waren Teile von Grabmälern, die auf den großen Trierer Friedhöfen entlang der Römerstraße Trier–Andernach bzw. Trier–Neumagen–Kirchberg–Mainz, der *via Ausonia,* über den Hunsrück nördlich der Porta Nigra standen. Die Einfälle germanischer Völker über den Limes in den linksrheinischen Raum waren Ursache der hastigen Versetzung und des schnellen Baus einer vieltürmigen Befestigung um eine – vermutlich kaiserliche – Villa in Neumagen. Einmalig ist das Zeugnis dieser auf familiäre Repräsentation ausgerichteten Grabmäler; die Toten erzählen uns stolz ihre Lebensgeschichte. Die zwei Leitdenkmäler hat Neumagen als Re-

Rekonstruierte Vergangenheit: Keltern nach römischem Vorbild

Rekonstuierte Römervilla bei Mehring

Das Interesse am Kulturtourismus sowie die gute Zusammenarbeit von Regionalpolitikern mit dem archäologischen Landesamt in Trier haben der Mosel einen Teil ihrer Geschichte erlebbar gemacht.

Dazu gehört die Rekonstruktion oder sichtbare Konservierung von römischen Kelteranlagen am Fuß berühmter Weinlagen, von Guts-

pliken in der Nähe der Fundorte aufgestellt: das berühmte **Weinschiff** und gegenüber die fast noch berühmtere **Schulszene.** Wahrhaft lebendige Antike! Im Heimatmuseum am Verkehrsamt sind noch zahlreiche Exponate aus der römischen Epoche ausgestellt (März-Okt. 9–12 und 14–18 Uhr).

Bemerkenswert ist die gotische **Peterskapelle** aus dem 14. Jh. mit den Grabplatten der Vögte Hunolstein von 1485 und Isenburg aus dem Jahr 1551. Die Alte Apotheke ruht auf den Mauern der kurtrierischen Petersburg (1298), von der nur noch ein Turm erhalten ist. Die Märtyrerkapelle liegt oberhalb des Ortes. Bis zu dieser Stelle soll das Moselwasser im Jahr 268 rot vom Blut der Trierer Märtyrer gewesen sein.

Information: Tourist-Information Neumagen-Dhron, Hinterburg 8, 54347 Neumagen-Dhron, ✆ 0 65 07/ 65 55 und 21 35, Fax 65 50.

höfen, den *villae rusticae,* Landhäusern, den *villae urbanae* und ländlicher Tempelanlagen. Sie wurden ganz oder teilweise wiederaufgebaut, funktionstüchtig und begehbar gemacht. Die schönsten Kelteranlagen aus dem 3./4. Jh., die in Maring bei Lieser und Piesport, am Fuß des ›Goldtröpfchens‹, gefunden wurden, hat man so wiederhergestellt, daß dort in jedem Herbst ein ›römisches Kelterfest‹ stattfinden kann. Im *calcatorium* von Maring werden die Trauben mit bloßen Füßen getreten, im *torcularium* von Piesport dagegen keltert eine Baumkelter mit Spindelpresse die Trauben (Kelterfeste Ende Sept./Anf. Okt.).

Am hunsrückseitigen Moselhang gegenüber Mehring ist an der Grenze von Wohngebiet und Weinberg eine landestypische *villa rustica* eines keltoromanischen bzw. frühfränkischen Gutsbesitzers vollkommen freigelegt und teilrekonstruiert, so daß man sich in die großzügige Lebensweise der ländlichen Oberschicht eindenken kann.

In Longuich, gleich am Autobahndreieck in den Weinbergen zur Mosel hin, entstand von neuem das Landhaus eines reichen Trierer Kaufmanns, der sich städtisches Raffinement auch auf dem Land leisten konnte. Auch im nahen Kenn wurde mitten im Dorf eine Villenanlage mit Bad als archäologisches Denkmal in ein Kulturzentrum der Gemeinde integriert.

Schließlich wurde dort, wo Reisende aus der *Gallia* vom Metzenberg einen ersten Blick über die Saarmündung hinweg nach Trier tun konnten, der Tempelbezirk von Tawern, zur Römerzeit *Tabernae,* entdeckt und mit seinen Umgangstempeln, Priester- und Pilgerhäusern rekonstruiert. Auch hier wird die Anlage einmal im Jahr für ein ›Tempelfest‹ genutzt.

Unterkunft: Neumagen: Gutshotel Reichsgraf von Kesselstatt, Balduinstr. 1, ✆ 0 65 07/ 20 35: erstklassiges Restaurant in den Weinbergen, Kat. 1–2.

Das im ›Prümer Urbar‹ 893 erstmals urkundlich genannte **Trittenheim** ist der Geburtsort des Johannes Trithemius (1462–1516), der später Abt von Sponheim und des Würzburger Schottenklosters wurde. Er war ein humanistischer Gelehrter von europäischem Rang und wird in seinem Heimatort angemessen mit einem Denkmal gewürdigt. Die Laurentiuskapelle von 1583 auf dem Kamm der Moselschleife ist eine moselländische Landmarke. Hochfahren sollte man zum Zummethof, um den einzigartigen Blick über ein Meer von Reben zu genießen.

Am Dhron-Kraftwerk vorbei geht es nach **Leiwen,** das sich nach 1950 zu einer der größten

St. Maximiner Hof bei Kirsch

Weinbaugemeinden an der Mosel entwickelt hat. Im alten Ortskern findet man interessante Fachwerkensembles des 16.–18. Jh. rund um die mit spätgotischem Chor und einem Schiff von Johannes Seiz ausgestattete Kirche.

Am langgeschwungenen Gleithang liegen die kleinen Weindörfer Köwerich, aus dem Ludwig van Beethovens Vorfahren stammen, und Thörnich, während sich am Nordufer **Klüsserath** sprichwörtlich endlos lang an Mosel und Salm hinzieht. Im Relief der Michaelskapelle, das Original steht heute im Landesmuseum Trier, fließt Heidnisches und Christliches ineinander: Aus einem Diana-Relief hat man durch Übermalung einen hl. Hubertus gemacht. Aus der Burg von 1270 wurde im 18. Jh. ein kurfürstliches Schlößchen. Der Echternacher Hof von 1715 erinnert daran, daß schon die Merowingerkönige Willibrord von Echternach Güter in dieser Gegend schenkten. Heute lockt die jährliche Krippenausstellung viele Besucher nach Klüsserath.

Detzem hat seinen Namen vom zehnten römischen Meilenstein der Straße Trier–Mainz. In fränkischer Zeit Königshof, ging dieser Besitz im 7. Jh. auf die Reichsabtei St. Maximin über. Deren Hof, erbaut um 1715, mit dem Burgpütz der verschwundenen Burg und die

Agritiuskirche von 1490 mit einem Turm aus dem 18. Jh. prägen das Ortsbild. Wegen des bestechenden Ausblicks sollte man den Aussichtsturm Fünf-Seen-Blick oberhalb von Detzem besuchen.

Am scharfen Moselknick liegt **Pölich.** Eine *pulchra villa* mit marmorverkleideter Badeanlage und Wasserleitung gab dem Ort seinen Namen. Wie Detzem gehörte Pölich zum Königshof und dann zu St. Maximin. Heute bietet es mit Sporthafen und Wasserskischule ein reiches Freizeitangebot.

Beim Moselausbau wurde **Mehring** eine neue Moselfront angefügt. Der hübsch am Hang gelegene Ort erhielt mit der am anderen Ufer rekonstruierten Römervilla eine echte Attraktion.

Liebenswert sind die kleinen Dörfer Longen und Lörsch gegenüber von **Riol.** 70 n. Chr. unterlagen bei *Rigodulum* die Treverer endgültig den Römern. Kein Geringerer als Peter von Aspelt, im 14. Jh. Mainzer Bischof und Kanzler des Reiches, hat hier als Pastor sein Wirken begonnen. Das Ortsbild mit romanischem Turm, gotischer Kirche und schönen Barockhäusern ist vorbildlich erneuert.

Mit **Longuich-Kirsch** endet das Moseltal im Schiefergebirge und öffnet sich zur Trierer Talweitung. In der 1771 von Johannes Seiz erbauten Kirche mit romanischem Turm steht eine schöne Traubenmadonna inmitten der Barockausstattung. Originell ist der aus einem römischen Kapitell gearbeitete Taufstein. Die Attraktion ist jedoch die Alte Burg, erbaut um 1500, mit den wöchentlichen Rittermahlen, bei denen man wie zur Ritterzeit gut und deftig essen kann. Der spätgotische Maximiner Hof, Hof der Kratz von Scharfenstein, und viele schöne Trierer Häuser des 18./19. Jh. bereichern den Ort. Bequeme Spazierwege führen zur römischen Villa und ins schöne Fellerbachtal.

Information: Fremdenverkehrsamt Römische Weinstraße, Brükken-Straße 26, 54338 Schweich, ✆ 0 65 02/ 40 71 17, Fax 40 71 80.

Unterkunft: Leiwen: Hotel Weis, Römerstr. 10, ✆ 0 65 07/30 48: modernes Moselhaus mit guter Küche und erlesenen Weinen, Kat. 2–3. Aegon-Ferienpark Sonnenberg, ✆ 0 65 07/ 30 56: hoch am Südhang der Mosel gelegen.
Mehring: Pension Moselblick, Im Bungert 12, ✆ 0 65 02/50 17: angenehmer Familienbetrieb in ruhiger Lage, Kat. 2–3.

Camping: Klüsserath, ✆ 0 65 07/ 46 67. Mehring, ✆ 0 65 02/ 42 05. Pölich, ✆ 0 65 07/43 75: mit Wasserskischule.

Restaurants/Weinstuben:
Pfalzel: Klosterschenke, Klosterstr. 10, ✆ 06 51/60 89: gehobene regionale Küche.
Schweich: Altes Weinhaus, Brückenstraße 46, ✆ 0 65 02/2 06 50: römische und regionale Küche.
Longuich: Alte Burg, Maximinstr. 38, ✆ 0 65 02/55 87: Rittermahle, regionale Küche, Weinstuben-Keller.
Leiwen: Zummethof, Panoramastr. 1–3, ✆ 0 65 07/9 35 50: Café, Hotel mit Panoramablick, Kat. 2.

Im Ruwertal

Klein aber fein ist das Tal der Ruwer mit seinen weltbekannten Weingütern. Nimmt man den Trierer Stadtteil Ruwer an der Mündung des gleichnamigen Flüßchens in die Mosel aus, hat das Tal drei berühmte Weindörfer: Mertesdorf, Kasel und Waldrach. Zwei berühmte Weinhöfe müssen noch dazugezählt werden: der Karthäuserhof Eitelsbach und der einstige Maximiner Hof Rittergut Grünhaus.

Die reine Südlage der Hänge mit weichem Hunsrückschiefer und das besondere Kleinklima verleihen dem Ruwerwein den von Kennern hoch geschätzten, vom typischen Mosel-Riesling abweichenden Charakter. Nicht ohne Grund haben sich daher die Kurfürsten von Trier mit dem Hofgut Duisberg, die Reichsabtei St. Maximin von Trier, die Konzer Kartause, das St. Irminenkloster Oeren, Domkapitel, Priesterseminar sowie andere Herren und ›Weinmächtige‹ hier ihre möglichst großen Anteile gesichert. Aber es gibt auch viele kleine Familienbetriebe, die es bei sorgfältiger Selektion des Traubenguts mit den Großen aufnehmen können.

Sehenswert sind dank des Weinreichtums die Klosterhöfe aus dem 18. Jh.: In **Ruwer** liegt der ehemals kurfürstliche Hof Duisberg, heute ein bischöfliches Konvikt, seit 1653 Hofgut des Domdechanten. Die malerische Anlage um einen Rechteckhof besteht aus einem Wohnturm des 14. Jh., einem Treppenturm von 1588 in reichen Renaissanceformen, einem zweigeschossigen Wohnbau mit hofseitigem Treppenturm und einem Verteidigungsturm an der Landseite. Folgen wir der Ruwer flußaufwärts, dann erreichen wir in **Mertesdorf** das Maximiner Hofhaus Grünberg, einen im 19. Jh. schloßartig erweiterten Bau von 1638 mit einem Portal in gotisierenden Formen. In **Kasel** liegen sich die Höfe des Stifts St. Paulin und der Abtei St. Maria gegenüber.

Der **Eitelsbacher Karthäuserhof,** um 1320 von Erzbischof Balduin zusammen mit der Konzer Kartause gegründet, ist, wie alle anderen Höfe, um 1804 säkularisiert worden und in Privatbesitz gekommen. Die im Kern gotische Wasserburg wurde 1726 umgebaut und erhielt 1851/52 eine neugotische Front. Ein sehr schöner Park mit altem Baumbestand umgibt die repräsentative Anlage.

Waldrach, das gleich hinter Kasel liegt, ist vor allem ein wohlhabendes Winzerdorf, was sich in der 1905 von Peter Marx in neogotischen Formen erbauten Pfarrkirche mit malerischer Außengestaltung ausdrückt. Im Innern der mächtigen Halle ist über dem rechten Seitenaltar die Figurengruppe des Enschringen-Epitaphs, eine reife Arbeit von Hans Ruprecht Hoffmann aus dem Jahr 1575, und eine, vorwiegend aus Trierer Kirchen stammende, spätbarocke Ausstattung bemerkenswert.

Herbstbunte Weinberge

Am Ortseingang ist ein Teil der römischen Wasserleitung von der Riveris nach Trier erhalten. Immer noch bezieht Trier sein Trinkwasser über die römische Trasse. Auf den Höhen über dem Ort findet man Zeugnisse aus keltischer Zeit: den Menhir, einen Kultstein, und die Fliehburg Naumatt, Dialektform für ›neue Motte‹ (Burg). Der ›Haderstein‹ aus Quarzit in der Dorfmitte ist der letzte Teil der 1578 entstandenen ersten Papiermühle im Kurstaat Trier.

Auf der gleichen Route kehrt man zurück an die Mosel und hat schon bald Trier erreicht.

Restaurant/Weinstuben: Mertesdorf: Hotel-Weinhaus Weis, Eitelsbacherstr. 4, ✆ 06 51/51 34: ausgezeichnetes Haus mit großer Weinkarte, Kat. 2.

AUGENOPTIK

Trier – In 2000 Schritten durch 2000 Jahre

Römische Altertümer: Porta Nigra, Kaiserthermen und Amphitheater

Die Domstadt

Moselfisch und Viez

Aussichts- und Ruhepunkte

Der Trierer Marktplatz

Trier, das zweite Rom der Antike und des Christentums, sank im Zwist der Nationalstaaten ab zum ›Pfaffennest‹, wie es Goethe 1792 bei seinem Aufenthalt nannte. Der Reichtum an 2000jähriger Kulturgeschichte zieht die Besucher von heute an. Ansteckende Lebensfreude macht die Stadt voller Geschichte und Geschichten attraktiv.

Augusta Treverorum, ›Roma secunda‹, Trier

Das ›zweite Rom‹ will Trier zumindest nicht in der Dauer seiner Geschichte sein. 1300 Jahre vor Rom soll es schon gestanden haben, wie die stolze Inschrift am Roten Haus verkündet.

Hinter der mittelalterlichen Legende, ein trojanischer Fürstensohn habe 2000 v. Chr. Trebatum (Trevir) gegründet, steckt ein historischer Kern: Für das 3. Jahrtausend vor unserer Zeit sind Siedlungen in der Trierer Talaue, die Zentrum des keltischen Stammes der Treverer wurde, nachgewiesen.

Augusta Treverorum – erhabene Stadt der Treverer – nannten die Römer die Stadt, die sie laut einer Inschrift offiziell zu Ehren des Kaisers Octavianus Caesar Augustus 16 v. Chr. am Fuß eines keltischen Heiligtums gründeten und zur wichtigsten Etappenstadt jenseits des Rheins und des germanischen Limes ausbauten.

Gegen Ende des 3. Jh. machte der römische Kaiser Diokletian bei seinen Reichsreformen Trier zur Hauptstadt und Caesarenresidenz des westlichen Teilreiches, dessen erster anerkannter Herrscher Constantius Chlorus war, der Vater Kaiser Konstantins. Nach dem 3. Jh. wurde Trier ein Zentrum des Christentums unter den ersten Bischöfen Eucharius, Valerius und Maternus. Ein letzter großer Ausbau der antiken Stadt erfolgte unter Valentinian (364–75). Große Namen wie die des Rhetors und Konsuls Decimus Magnus Ausonius, der Kirchenlehrer Athanasius und Ambrosius sind mit dieser letzten Blüte Triers in spätrömischer Zeit verbunden, als 80 000 Menschen in der Stadt lebten.

Vor den germanischen Völkern, die den Limes überrannten und den Rhein überschritten, floh 395 die Reichsregierung nach Arles. Die Franken eroberten 405 die Stadt, die eine gewisse Bedeutung als Bischofssitz behielt, jedoch die Einwohnerzahl des 4. Jh. erst Mitte des 20. Jh. wieder erreichen sollte.

Die Residenz war angeblich schon von der Mutter Kaiser Konstantins, Helena, zum Dom umgestaltet worden. Später wurde aus der zugehörigen Basilika Liebfrauen, St. Laurentius; aus der Palastaula eine Bischofsburg, aus den *horrea,* den Speichern am Moselufer, die Abtei Irminen und aus den Kaiserthermen eine Eckburg der verkleinerten Stadtbefestigung. Doch das zivile römische Trier mit Thermen und Stadtpalästen zerfiel.

Mehrmals wurde Trier bis ins 9. Jh. zerstört, zuletzt durch die Wikinger (Normannen), die mit ihren Drachenbooten moselaufwärts fuhren. 870 fiel Trier an den östlichen Reichsteil, nachdem sich das Mittelreich Lotharingien als nicht überlebensfähig erwiesen hatte. 958 signalisierte die Aufstellung des Marktkreuzes auf dem Hauptmarkt den Bestand einer eigenen Bürgerstadt neben der Bischofsstadt.

Trier blieb im ganzen Mittelalter und in der frühen Neuzeit mit etwa 10 000 Einwohnern das ›Pfaffennest‹, wie es Goethe noch 1792 zu erkennen glaubte, geprägt von bischöflicher Verwaltung, großen Abteien und zahlreichen Klöstern. Schließlich mußte sich die Stadt die Aufgabe der Residenz mit Koblenz teilen: In Trier residierte gelegentlich der Erzbischof, der gleichzeitig Kurfürst war und als weltlicher Fürst die meiste Zeit in Koblenz hofhielt. So blieben – mit Ausnahme des neuen Koblenzer Schlosses von 1777–87 – alle baulichen und wirtschaftlichen Infrastrukturen mehr oder weniger halbe Sachen.

Die im 19. Jh. in Trier regierenden Preußen machten den Ort neben Koblenz zu einer großen Garnison und zu einem wichtigen Knotenpunkt der Eisenbahn. Im Zweiten Weltkrieg hatte Trier deshalb stark zu leiden: vor allem zwischen September 1944 und März 1945, als es im Schußbereich der alliierten Artillerie hinter dem Westwall lag.

Heute ist Trier eine lebendige und gemütliche Einkaufs-, Verwaltungs-, Universitäts- und Kulturstadt mit knapp 100 000 Einwohnern und einem Einzugsgebiet weit in den Saar-Lor-Lux-Raum hinein. Wegen seiner geschichtlichen Denkmäler von höchstem Rang ist es großer Anziehungspunkt des Tourismus geworden.

Von der Porta Nigra zum Hauptmarkt

Mille passus – 1000 Schritte, etwa 1,5 km, reichen aus, um von der Porta Nigra zum Amphitheater zu gelangen und sich in einem Schnelldurchgang einen Eindruck von der sichtbar gebliebenen Geschichte zu machen. Natürlich wird der Weg etwas länger werden; dafür gibt es unterwegs zuviel zu sehen.

Was die fußgängerfreundlichste Stadt Deutschlands an Sehenswürdigkeiten aus römischer Zeit bis zur Gegenwart zu bieten hat, ist in seiner Dichte und Qualität herausragend. Ein Tag reicht aus, um das Wichtigste gesehen zu haben. Wer näher hinschauen will, sollte mindestens zwei Tage einplanen: Für den ersten empfiehlt es sich, sein Auto abzustellen und die Innenstadt erkunden. Am zweiten Tag bietet es sich an, die Abteien und Aussichtsplätze um die alte Römerstadt anzusehen – auch das ist ein unbedingtes Muß.

Die Römer haben es uns leicht gemacht mit der Orientierung: Ihre Stadtanlage war schachbrettförmig, und im Mittelalter sind die meisten Straßenführungen im Prinzip erhalten geblieben. In dem Viereck, das von der Nordallee, der Ostallee,

Stadtplan von Trier
1 Porta Nigra 2 Stadtmuseum Simeonstift 3 Dreikönigenhaus 4 Ehemaliges jüdisches Ghetto 5 Frankenturm 6 Hauptmarkt 7 Steipe 8 St. Gangolph 9 Palais Walderdorff 10 Dom 11 Liebfrauenkirche 12 Diözesanmuseum 13 Palais Kesselstatt 14 Konstantinbasilika 15 Kürfüstliches Palais 16 Palastgarten 17 Rheinisches Landesmuseum 18 Kaiserthermen 19 Amphitheater 20 Stadtbibliothek 21 Viehmarkt 22 Augustinerhof 23 Barbarathermen 24 Römerbrücke 25 Karl-Marx-Haus 26 Haus Venedig 27 Spielzeug- und Puppenmuseum 28 Jesuitenkirche 29 Kornmarkt 30 Weißhaus 31 St. Martin 32 Abtei St. Irminen-Oeren 33 Mariensäule 34 Abtei St. Matthias 35 Heiligkreuzkapelle 36 St. Maximin 37 St. Paulin

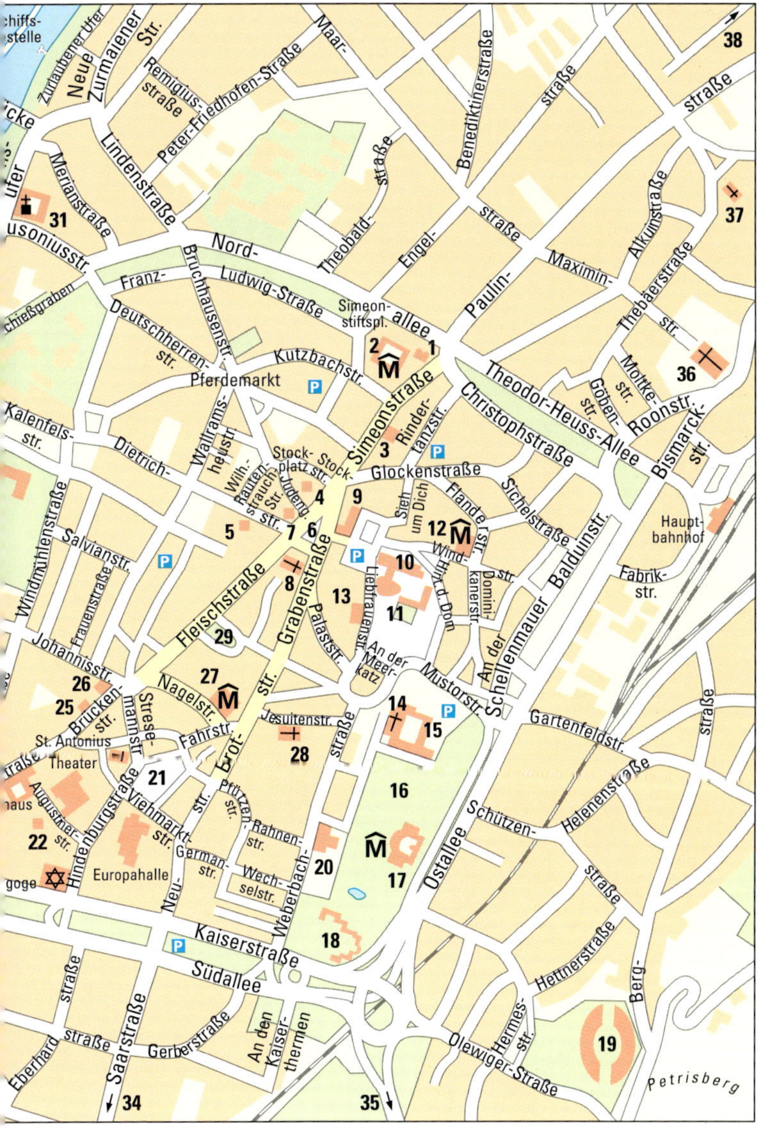
Nordallee
Franz-Ludwig-Straße
Simeonstiftspl.
Kutzbachstr.
Pferdemarkt
Simeonstraße
Rindertanzstr.
Theodor-Heuss-Allee
Christophstraße
Glockenstraße
Stockplatz
Stockstr.
Dietrichstr.
Fleischstraße
Grabenstraße
Brotstr.
Palaststr.
Liebfrauenstr.
An der Meerkatz
Mustorstr.
Schellenmauer
Balduinstr.
Paulinstraße
Maximinstr.
Engelstraße
Theobaldstraße
Benediktinerstraße
Lindenstraße
Zurmaiener Str.
Peter-Friedhofen-Straße
Remigiusstraße
Merianstraße
Ausoniusstr.
Deutschherrenstr.
Bruchhausenstr.
Wallramsneustr.
Kalenfelsstr.
Windmühlenstraße
Salvianstr.
Frauenstraße
Johannisstr.
Brückenstr.
Stresemannstr.
Nagelstr.
Fahrstr.
Jesuitenstr.
Viehmarktstr.
Hindenburgstraße
Augustinerstr.
Germanstr.
Rahnenstr.
Wechselstr.
Weberbach
Kaiserstraße
Südallee
Saarstraße
Gerberstraße
An den Kaiserthermen
Ostallee
Schützenstraße
Gartenfeldstr.
Helenenstraße
Hettnerstraße
Hermesstr.
Olewiger-Straße
Bergstraße
Petrisberg
Hauptbahnhof
Fabrikstr.
Bismarckstr.
Roonstr.
Göbenstr.
Moltkestr.
Thebäerstraße
Alkuinstraße
Sichelstraße
Flanderstr.
Sieh um Dich
Windstr.
Hinter d. Dom
Dominikanerstr.
Europahalle
Theater
St. Antonius
1
2
3
4
5
6
7
8
9
10
11
12
13
14
15
16
17
18
19
20
21
22
25
26
27
28
29
31
34
35
36
37
38

Porta Nigra

der Kaiserstraße und dem Moselufer, mit den zwei Übergängen Römerbrücke und Kaiser-Wilhelm-Brücke, begrenzt wird, lag die römische Stadt. Es umschließt die wichtigsten Sehenswürdigkeiten von der Porta Nigra am Nordende über den Markt, den Dom, den Kurfürstlichen Palast und die Kaiserthermen. Südlich der Kaiserstraße schließt sich das Wohn- und Handwerkerquartier mit den Barbarathermen, den Volksthermen, an. Die Saarstraße und ihre nördliche Verlängerung bilden die Hauptachse.

Beginnen wir den Gang durch die Geschichte vor dem imposantesten römischen Bauwerk diesseits der Alpen, der **Porta Nigra (1),** dem Schwarzen Tor. Aus mächtigen, nur mit Bleiplomben und geraubten Eisenklammern zusammengehaltenen Sandsteinblöcken gefügt, wurde es um 180 n. Chr. als Zeichen der Macht errichtet. Symbolische 12 × 12 rundbogige Öffnungen schmücken das 36 m breite, 22 m tiefe und 30 m hohe Bauwerk, dessen Doppeltürme ursprünglich gleiche Höhe hatten. Der helle Sandstein hat durch Witterungseinflüsse in den 2000 Jahren eine dunkle Patina angesetzt. Knapp 100 Jahre nach seinem Bau erhielt es mit der 6,4 km langen Stadtmauer zum Schutz vor Alanen-Einfällen echte Verteidigungsfunktion.

1028 wurde das Bauwerk zur Klause für den Eremiten Simeon, der sich in einen Raum im Ostturm einmauern ließ. Nach dem Tod des Einsiedlers (1034) baute sein Freund, der Erzbischof Poppo, die Porta Nigra in eine Doppelkirche um, die 1150 mit der Chorapsis in feinen Formen trierisch-lothringischer Romanik fertiggestellt wurde. Im Innern der Porta finden sich Reliefs mit Darstellungen Trierer Heiliger aus einer späteren, barocken Umgestaltung. Napoleon ließ ab 1803 den römischen Bau wieder freilegen und ordnete den Abriß der Oberkirche und der mächtigen stadtseitigen Freitreppe an.

Trotz der vielen Touristen ist nur schwer vorstellbar, welch buntes Treiben an Ständen und in Tavernen entlang der *Decumana maxima* in römischer Zeit herrschte. Wer Informationen benötigt, erhält sie im Touristen-Info-Zenter direkt an der Porta Nigra.

Um den Platz des Heiligen Simeon ließ der Erzbischof Poppo ein mächtiges hochromanisches Stift mit Arkaden errichten, das heute weitgehend unversehrt als **Stadtmuseum Simeonstift (2)** dient. Sein Kreuzgangbereich ist einer der schönsten Plätze Triers. (Die Porta Nigra ist von Okt.–März tgl. 9–17, von April–Sept. 9–18 Uhr, das Stadtmuseum Simeonsstift Di–Fr 9–17, Sa/So 9–15 Uhr geöffnet.)

Auf römischem Pflaster geht es weiter durch die Simeonstraße bis zu dem vom St.-Gangolph-Turm überragten Hauptmarkt. Gerade noch rechtzeitig hat man verhindert, daß diese wichtige Straße Triers ihr historisches, vornehmlich barock-klassizistisches Gesicht verloren hat.

Im spätbarocken Haus Nr. 8, gleich links, ist Karl Marx zwischen 1819 und 1835 großgeworden; geboren wurde er in der Brückenstraße 10. Etwas weiter, auch auf der linken Seite, sehen wir einen der schönsten spätromanisch-frühgotischen Wohntürme des Rheinlands, das um 1235 erbaute **Dreikönigenhaus (3)**. Im Mittelalter pflegten die höchsten Herrschaften hier abzusteigen; heute beherbergt es ein vielbesuchtes Café. Der ursprünglich im ersten Stock liegende Eingang betont den Wehrcharakter des Hauses. Schräg gegenüber, in der Simeonstraße 47, kann man in den alten Stapelkeller des 13./14. Jh. hinabsteigen: Dort befindet sich das Restaurant Historischer Keller. Von der Simeonstraße führt rechts durch den niedrigen Torbogen die Judengasse in das ehemalige jüdi-

Heilige und Unheilige aus Trier

Von Paulinus bis Marx

War es Neid auf den Heiligenkalender Roms oder schlichte Selbsterkenntnis der Moselkatholiken um das ›zweite Rom‹, was zu der Redensart »Je näher bei Rom, desto schlechter der Christ« führte? Eines ist sicher: Moselaner taugen nicht für den römischen Heiligenkalender! Eigentlich alles, was die Mosel an Heiligen aufzuweisen hat, ist Import, sieht man einmal von den ›merowingischen Staatsheiligen‹ ab, deren Heiligkeit manchmal fragwürdig erscheint. Aber damals – St. Kunibert möge verzeihen – war man nicht so pingelig mit der Heiligsprechung.

Die ersten Trierer Bischöfe, Eucharius, Valerius und Maternus, kamen aus Rom und gründeten die Trierer Kirche. Agritius, der von Helena den Kaiserpalast als ersten Dom erhielt, war auch kein Trierer und Paulinus und Maximin kamen aus Aquitanien. Nur Kirchenvater Ambrosius kam aus Trier, zufällig. Sein Vater war gerade römischer Präfekt an der Mosel, stammte aber aus Italien, wohin der Sohn zurückkehrte und heilig wurde. Simeon kam im 11. Jh. aus Sizilien und konnte in Trier nur in die Porta Nigra eingemauert heilig werden.

Alle anderen Trierer Heiligen kamen von der Saar oder aus der Eifel. An der Mosel selbst gibt es wohl zu viele heilige Querköpfe. Schlechte Karten für die Allerheiligen-Litanei! Dafür hat Trier einige

sche **Ghetto (4).** Seine hohen, mittelalterlichen Wohnbauten wurden in den letzten Jahrzehnten restauriert. Eine jüdische Gemeinde ist in Trier seit konstantinischer Zeit um 325 nachweisbar und als große Gemeinde für das 11. Jh. belegt. Nach mehreren Verfolgungswellen im Hochmittelalter bediente sich vor allem Erzbischof Balduin der Juden für die Finanzverwaltung des Kurfürstentums und gewährte ihnen dafür besonderen Schutz vor den Bürgern der Stadt. Als 1348/50 der Schwarze Tod das Land heimsuchte, bezichtigte man die Juden der Brunnenvergiftung und rottete sie in grausamen Pogromen fast aus. Kaum hatte sich die Gemeinde etwas erholt, vertrieb Erzbischof Otto 1418 die Juden vollständig aus dem Kurfürstentum. Dennoch entwickelte sich seit dem frühen 16. Jh. wieder eine große Gemeinde, deren letzter Rabbiner vor der Emanzipation der Juden durch die Französische Revolution der Großvater von Karl Marx war.

›unheilige‹ Querköpfe hervorgebracht, die dennoch in ihrer Heimatstadt hochangesehen sind.

Größter Dickkopf Triers wurde Karl Marx, dort am 5. Mai 1818 in der Brückenstraße geboren. Seine Vorfahren nannten sich Lemberger und waren führende Vertreter des Trierer Judentums, noch der Großvater war Rabbi an der Trierer Synagoge. Vater Marx war Jurist und Notar; er pflegte regen Umgang mit den preußischen Beamten. Da er als Jude kein beamteter Notar werden durfte, ließ er sich 1824 mit seiner Familie evangelisch taufen und erwarb ein Haus in der Simeonstraße.

Karl machte am ehemaligen Jesuitengymnasium sein Abitur. Er wurde von der vier Jahre älteren Jenny, Tochter des Regierungspräsidenten von Westphalen, sehr verehrt und heiratete sie am 12. Juni 1843. Es wurde eine schmerzliche Liebe fürs Leben. Vorzüglich ist der Werdegang des revolutionären Denkers in der Ausstellungs- und Forschungsstätte im Karl-Marx-Haus in der Brückenstraße dokumentiert.

Ein lustiger Querkopf war der Kaufmann und Junggeselle Peter Franz Weissebach. Er hinterließ der Stadt 1925 testamentarisch drei Fuder besten 21ers neben einem fetten Konto für den Bau eines Krematoriums – im heiligen Trier! Sollte der Stadtrat in fünf Haushaltsdebatten das Krematorium ablehnen (womit der listige Spender rechnete), dann sollte sein Geld für die Anlage eines prächtigen Stadtgartens auf dem öden Exerzierplatz zwischen Schloß und Kaiserthermen verwandt werden. Den Krematoriumswein aus Kanzem durften dann die Stadtväter vertrinken – bis auf eine Flasche, die hinter dem Relief des Stifters in der Stadtmauer an seinem Garten geborgen ist.

Am westlichen Ausgang des Ghettos wenden wir uns links über Stockplatz und Rautenstrauchstraße zur Dietrichstraße mit dem Warsbergerhof von 1720, heute Kolpinghaus, und dem Pfarrhaus St. Gangolph (1748), in dem Goethe 1792 wohnte. Schräg gegenüber steht der sogenannte **Frankenturm (5),** ein Wohnturm des späten 11. Jh.; gebaut nach dem Vorbild römischer Mauern. Seinen Namen verdankt er dem Stadtritter Franco von Senheim, der den Turm im 14. Jh. bewohnte. In Trier gab es mehrere solcher Wohntürme von Rittern, die im Dienst der Stadt standen.

Der **Hauptmarkt (6)** ist einer der schönsten Plätze Deutschlands. Von der Dietrichstraße her wird seine überraschende Einheitlichkeit trotz der verschiedenen Baustile deutlich. Die Geschichte seiner Denkmäler zeigt die versteckte und offene kirchliche und weltliche Konkurrenz innerhalb einer gemeinsamen Stadtmauer: In der Mitte ragt auf hohem Sockel das Marktkreuz empor, errichtet 958 von Erzbischof Heinrich als Hoheitszeichen und Friedensmal des hier an die Grenze der Domimmunität verlegten Marktes. Auf kreuzförmigem Sockel steht eine antike Granitsäule, abgeschlossen mit einem Palmettenkapitell und gekrönt von einem Kreuz mit dem Gotteslamm in der Mitte. Die Verbindung von Kreuz und Säule folgt den Vorbildern konstantinischer Triumphkreuze und versinnbildlicht die Verbindung von römischer Antike und Christentum, die der Bischof in seinem Amt verkörpert sah.

Schräg gegenüber, an der Grenze zur Bürgerstadt, steht der von Hans Ruprecht Hoffmann nach dem Vorbild des Nürnberger Tugendbrunnens im Jahr 1595 geschaffene Marktbrunnen. Am Brunnenstock sind allegorisch die vier Kardinaltugenden Weisheit, Tapferkeit, Gerechtigkeit und Maß dargestellt. Auch der Brunnen ist ein Zeichen des Erzbischofs Johann VII. gegen die von den Bürgern angestrebte Reichsunmittelbarkeit und enthält in seiner Symbolik zahlreiche Spitzen gegen die Stadtregierung.

Nicht weniger selbstbewußt stellten sich die Trierer Stadtbürger dar: Zuallererst in der **Steipe (7),** benannt nach den Steipen (Stützen) der ursprünglich offenen Arkadenhalle. Das spätgotische Versammlungs- und Festhaus der Patrizier von 1481/83 demonstriert mit seinem Zinnenkranz und den geharnischten Riesen auf Eckkonsolen die Verteidigungsbereitschaft der Stadt. Zwischen den Kielbögen über den Arkaden symbolisieren die Statuen der Trierer Stadtpatrone Petrus, Eucharius, Helena, Paulus und Jacobus den Anspruch der Trierer Bürger auf Gleichberechtigung mit dem Erzbischof und dem Kurfürsten. Die heutige Steipe ist eine genaue Rekonstruktion des ursprünglichen Baus, der 1944 total zerstört worden war.

Das Selbstbewußtsein der Trierer Bürger drückt sich auch in anderen stolzen Bauten aus, so dem heute mit der Steipe eine wirtschaftliche Einheit bildenden **Roten Haus** von 1683 mit der berühmten Inschrift »Ante Romam Treveris stetit annis mille trecentis«, erbaut von dem Bäcker und Domsekretär Johann Wilhelm Polch, oder dem Haus zum Hirschhorn von 1559, das den malerischen Innenhof der Anlage dominiert.

Wenden wir uns der Südseite des Platzes zu und betreten durch den 1731 erbauten zweigeschossigen Portalbau den Friedhof und die Kirche der Stadtpfarrei **St. Gangolph (8).** Der mächtige, bis in unser Jahrhundert von einem Türmer bewohnte, den Markt beherrschende Westturm vom Anfang des 14. Jh. erhielt durch die Stiftung zweier Witwen 1507 zwei zusätzliche Geschosse und einen neuen, spätgotischen Helm, der die Höhe der Domtürme überragte – zum Ärger des Erzbischofs, der gerade schlecht bei Kasse war. Erst sein Nachfolger, Erzbischof Richard von Greiffenklau, konnte nach 1511 durch die Erhöhung des Südwestturms am Dom die Rangordnung wieder herstellen.

Die Ausstattung des hochgotischen Saalbaus mit nördlichem Seitenschiff besitzt noch bedeutende Stücke Trierer Kunst: In einer rechten Seitennische steht der Altaraufsatz des Peter von Wederath, einem Schüler Nikolaus Gerhaerts von Leyden, aus dem Jahr 1467, ein Altaraufsatz Hoffmanns und das Frührenaissance-Epitaph für den bedeutenden Bürger Jakob Senheim. Eine Grablegung aus der Mitte des 15. Jh., ein frühes Beispiel dieses Genres, die reichen Stukkaturen Michael Eytels von 1746 im Seitenschiff und das 1850 von Gustav Lasinsky geschaffene Wandgemälde an der Chorwand als wichtiges Beispiel nazarenischer Monumentalmalerei sind hier zu bewundern.

An der Südostecke des Marktes liegt die Löwenapotheke (1697), die bereits im 13. Jh. urkundlich erwähnt wird und als älteste Apotheke Deutschlands gilt. Die Ecke Hauptmarkt/Sternstraße nimmt die von Seiz 1775 erbaute Hauptwache ein.

Besonders bunt ist die Westseite des Marktes: Zwei Barockhäuser von 1664 und 1667 schließen an die Steipe an. In Haus Nr. 15 wurde der Maler, Museumsdirektor und Sammler Johann Anton Ramboux 1790 geboren. Jean Leblanc erbaute 1785 in französischer Klassizistik das Haus zum Blauen Löwen.

Skulptur an der Steipe

Prächtige Fachwerkhäuser des späten 16. Jh. komplettieren dieses schöne historische Ensemble.

Über die Domstadt zum Amphitheater

Das 1776 erbaute **Palais Walderdorff (9),** heute als Volkshochschule genutzt, führt über die Länge der Sternstraße zum Domfreihof, der den Blick auf das mächtige Westwerk des **Doms (10)** freigibt. Es zählt zu den Höhepunkten sali-

Westfront des St. Peter Doms

scher Baukunst (1038–78). Die Breite der Fassade ist durch den römischen Vorgängerbau des 4. Jh. bestimmt, was man besonders gut an der Südwand erkennen kann. Zwei ehemals gleich hohe Türme flankieren die sich eindrucksvoll vorwölbende spätromanische Apsis; die Ecken betonen runde Treppentürme, *hastae*, in Form eines römischen Lagertors. Zu beiden Seiten der Apsis wölben sich zwei Rundbogennischen, in die kleine, schlichte Portale eingeschnitten sind. Zwei übereinanderliegende Galerien heben die Schwere der Wand auf, ohne daß die Masse der Türme die feine Wandgliederung beeinträchtigt. Die ursprüngliche Farbfassung muß der Fassade einst eine ungeheure Pracht verliehen haben.

Vor dem rechten Portal liegt der **Domstein,** eine zerbrochene Granitsäule aus dem Odenwald, die einmal mit fünf anderen 12 m hohen monolithischen Säulen die Decke des Quadratbaus der konstantinischen Nordbasilika trug, deren Nachbildung im Dommuseum zu sehen ist. Sie wurde unter Bischof Nicetius um 550 ersetzt. Auf dem Domstein haben sich Generationen von Trierer Kindern ihre Hosen durchgerutscht und die Knie zerschunden.

Den besten Eindruck des monumentalen Baus bekommt man vom Grab Balduins im Westchor. Der Grundriß ist durch den Wechsel quadratischer und rechteckiger Joche geprägt. Vorgegeben war dies durch den römischen Palastbau, der nach gleichem Schema im 11. Jh. nach Westen um zwei weitere Joche verlängert wurde. 1196 war die Chorerweiterung nach Osten und 1243 die Einwölbung abgeschlossen. An der Grundstruktur des eindrucksvollen Baus hat sich seitdem wenig geändert, sieht man von den schwerwiegenden Eingriffen 1719–23 durch den Hofbaumeister Jörg Judas ab, der den Dom barockisieren sollte und ihn zur kräftig belichteten Querschiffkirche umbaute. Die radikalen Veränderungen gefährdeten jedoch die Statik, so daß mehrfach im 19. Jh. bausichernde Maßnahmen notwendig wurden und die Probleme erst durch die umfassende Restaurierung von 1964–74 mit höchstem technischem Aufwand gelöst werden konnten.

Bei der Neufassung des Innenraums gelang es den Architekten Gottfried Böhm und Nikolaus Rosiny, die verschiedenen Bauepochen unter Bewahrung des historisch Gewachsenen transparent zu machen.

Das Innere des Doms ist ein einmaliges Ensemble der europäischen Kunstgeschichte von der Romanik bis zur Moderne. Am besten durchschreiten wir den Dom im Uhrzeigersinn: Der Westchor ist barock überformt mit üppigen Stukkaturen Domenico Rossis von 1668. Die Wandverkleidung mit reichen Intarsien ist vom alten Chorgestühl. Teile des prachtvollen zweiseitigen Grabaltars für Erzbischof Karl Kaspar von der Leyen (1652–76), der 1810 abgebrochen wurde, stehen teilrekonstruiert im Diözesanmuseum.

In der Mitte über der Krypta von 1121 steht die hochgotische **Grabtumba Balduins (a)** für den Erzbischof Balduin von Luxemburg (1307–54) aus schwarzem Lahnmarmor.

Die prachtvolle **Domkanzel (b)** von 1570–72 gilt als das Meisterwerk Hans Ruprecht Hoffmanns. Darüber schwebt die Schwalbenschwanzorgel nach dem Vorbild der barocken Domorgel, 1974 von Klais mit 67 Registern geschaffen. Beim Blick nach oben erkennt man an den Mittelpfeilern Teile der römischen Kapitelle, die im 10. Jh. ummantelt wurden.

Das Langschiff ist gefüllt mit Grabepitaphien Trierer Bischöfe des 16.–20. Jh., wovon das **Epitaph für Johann von Metzenhausen** (1531–40; **c**) und der von Hoffmann für Jakob von Eltz (1556–70) geschaffene **Dreifaltigkeitsaltar (d)** hinter dem Goldenen Tor als Sakramentsaltar die besten Arbeiten sind.

Wir umschreiten die **Altarinsel (e),** die 1974 von Theo Heiermann,

Grundriß des Doms und der Liebfrauenkirche
a Grabtumba Balduins von Luxemburg im Westchor **b** Kanzel und Orgel **c** Metzhausen-Epitaph **d** Sakramentskapelle mit Dreifaltigkeitsaltar und Goldenes Tor **e** Altarinsel und romanische Chorschranken **f** Marienkapelle, Abgang zur Krypta, Aufgang zum Domschatz **g** Heiltumskammer (Heiliger Rock) **h** Domschatzkammer **i** Domkreuzgang mit Savigny-Kapelle **j** Pauluskapelle **k** Ivo-Grabbogen **l** Tympanonportal und Zugang zu Liebfrauen **m** Albero-Bogen **n** Domstein

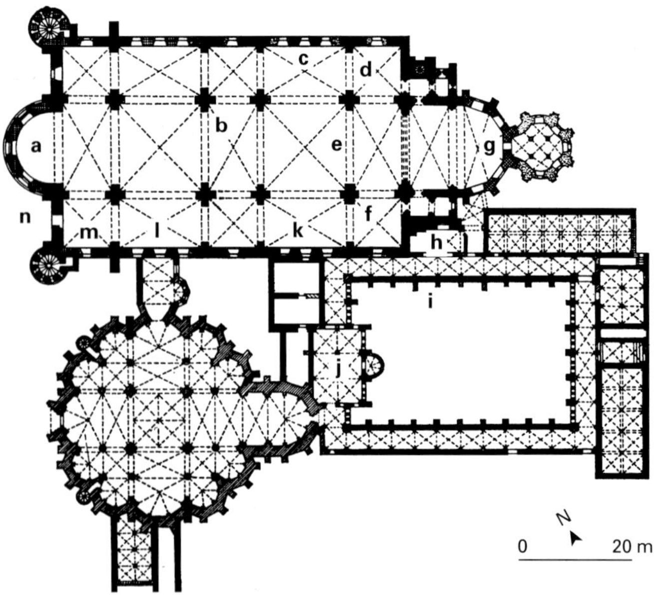

Dominnenraum

Ernst Hillebrand und Jochen Pechau in Anlehnung an die römische Stufenanlage errichtet wurde. Die romanischen, um 1180 entstandenen Chorschranken mit den Figuren Mariens und der Apostel trennen den Hochaltar vom Kapitelchor; der romanische Lettner begrenzt die Seiten zwischen Chor und Mittelschiff.

An der 1725 gestalteten **Marienkapelle (f)** mit einer Madonna aus dem 15. Jh. vorbei steigen wir zum Hochchor auf. Jenseits der Domschatzkammer gelangen wir zur **Heiltumskammer (g),** um 1700 für den Rock Christi von Johann Wolfgang Fröhlicher entworfen und 1702–08 durch von Ravensteyn erbaut. Hier ruht der Heilige Rock in einem kostbaren Glasschrank von 1974. Die von Fröhlicher 1690 in Marmor gehauenen Statuen Kaiser Konstantins und seiner Mutter Helena halten Wache vor der schwungvoll gerahmten Öffnung.

Zurück im Schiff steht rechts der von Hoffmann geschaffene **Johannesaltar (h)** als Pendant zum Dreifaltigkeitsaltar der linken Seitenkapelle. Von hier gelangt man in die Domkrypta in ihrer originalen Farbfassung aus dem 10./11. Jh.; die Mittelkrypta wurde 1899 rekonstruiert.

Nach links führt eine Tür in den **Domkreuzgang (i).** Dieser entstand unmittelbar nach 1243, und in sei-

Der Heilige Rock

Das ungenähte Kleid Christi

In der katholischen Welt haben Reliquien seit jeher eine große Bedeutung, obwohl sie theologisch nur als Symbole gelten. Deshalb ist die Frage nach der Authentizität eher zweitrangig. Der Besitz wichtiger Reliquien bedeutete für eine Stadt und den Landesherrn einen großen Statusgewinn und in besonderen Fällen auch ungeheure wirtschaftliche Vorteile durch die Pilger, die in Scharen zu den Heiltümern strömten, wie nach Köln und Santiago di Compostela. Auch Trier konnte 1996 zum 800jährigen Jubiläum der Domchorweihe wieder eine riesige Zahl von Pilgern begrüßen. Sie kamen, um den Heiligen Rock zu verehren.

St. Helena, die Mutter Kaiser Konstantins, hatte 327 in Jerusalem Reliquien des Herrn gesucht und Kreuz, Dornenkrone, Nägel und Rock Christi gefunden. Sie verteilte die Schätze auf die Hauptstädte des Reiches Konstantinopel, Rom und Trier. Seitdem soll sich die Tunica Christi und ein Kreuznagel in Trier befinden, was seit der Jahrtausendwende urkundlich belegt ist.

Nach der Fertigstellung des spätromanischen Chors am Trierer Dom wurde die Reliquie am 1. Mai 1196 in den Hochaltar eingemauert. Als

nem Geviert fanden die Domprälaten ihre letzte Ruhe. Die Verbindung zwischen Dom und Liebfrauen stellt die **Pauluskapelle (j)** als Grablege der Weihbischöfe her. Hier wurden auf dem Krummelstuhl, an der Nordwand, die Domgerichte abgehalten. Im Obergeschoß befindet sich der Saal des Domkapitels. Vom Nordflügel des Kreuzgangs gelangt man in den Badischen Bau, ein feines spätgotisches Ensemble, das im Untergeschoß die Savigny-Kapelle und darüber die **Domschatzkammer** mit einer kostbaren Sammlung birgt (Nov.–März Mo–Sa 10–12 und 14–16, April–Okt. 10–12 und 14–17, So 14–17 Uhr), .

Bemerkenswert sind die Malberg-Madonna um 1463, die Nikolaus Gerhaert zugeschrieben wird, der Antwerpener Altar, um 1490, und die Breitbach- und von-der-Leyen-Epitaphien aus der Backoffen-Schule als frühe Renaissance-Arbeiten.

Zurück im Dom sieht man in der Südwand als Sakristeiportal den **Ivo-Grabbogen (k),** der 1144 für den in Trier verstorbenen Kardinallegaten entstand; ebenso drei

Kaiser Maximilian im März 1512 auf dem letzten großen Reichstag des Spätmittelalters Trier besuchte, wurde der Altar geöffnet, um Kaiser und Volk den Heiligen Rock zur Verehrung zu zeigen. Seitdem fanden mehr oder weniger regelmäßig Zeigungen statt. Während der Kriege mit Frankreich wurde die Reliquie mehrmals auf die Festung Ehrenbreitstein in Koblenz gebracht.

1699–1701 ließ Erzbischof Johann von Orsbeck für den Rock am Scheitel des Ostchors die barocke Heiltumskapelle erbauen. In der prachtvoll umrahmten Öffnung der Kapelle zum Dom hin fand dann 1732 das größte Silberreliquiar, angefertigt vom Augsburger Goldschmied Franz Thadeus Lang, seinen Platz. Jedoch wurde es bereits 1792 wieder eingeschmolzen und ausgemünzt, um die Kosten des Krieges gegen Frankreichs Revolutionäre zu bezahlen.

Danach brachten die Wallfahrten zum Heiligen Rock Millionen auf die Beine: 1844 kamen über eine Million Pilger zu Fuß oder mit dem Schiff, 1891 1,9 Mio., 1933 gar 2,2 Mio. und 1959, in geistiger Vorbereitung des Zweiten Vaticanums, 1,8 Mio. Pilger. Von dem in einem Stück gewebten Gewand Christi ist in dem Reliquienrock nur ein mehrere Hand großes Stück erhalten, das in das Kleid von 1512 eingefügt ist. Für Christen ist es Symbol der Einheit im Glauben und Zeichen des Heils für alle Menschen; für andere bleibt es ein Kuriosum oder eine Monstrosität. Daher kamen auch 1996 beide: die Gläubigen – mehr als erwartet – und die Gaffer.

weitere romanische Bögen von 1230 für die Bischöfe Udo († 1078), Egilbert († 1101) und Bruno († 1124). Des weiteren sind in die Südwand das **Tympanonportal (l)** aus der Zeit um 1030, das zum Paradies von Liebfrauen führt, und schließlich der **Grabbogen für Erzbischof Albero (m)** eingearbeitet. Letzterer entstand zwischen 1137 und 1153.

Links vom Dom und baulich mit diesem eine Einheit bildend erhebt sich der feingliedrige Zentralbau der **Dompfarrkirche Liebfrauen (11),** 1243 vollendet und damit der früheste in rein gotischen Formen errichtete Sakralbau Deutschlands neben St. Elisabeth in Marburg. Sie steht an der Stelle der südlichen konstantinischen Doppelbasilika und war stets (als St. Laurentius oder Liebfrauen) die Pfarrkirche der Domfreiheit. Bewundern sollte man zuerst das an Reims orientierte Westportal, dessen Gestaltung mit französischen Kathedralen konkurrieren kann.

Die perfekte Zentralität trotz aller Auflösung durch die reich gestaltete Architektur dieser steingewordenen *Rosa mystica*, einer

Konstantinbasilika

durch zwölf Kapellen stilisierten Rose, kann man von einer schwarzen Steinplatte im Mittelgang aus erleben: Man sieht alle zwölf Säulen mit den Apostelfiguren auf einen Blick.

Die im Krieg stark zerstörte Kirche wurde von Dominikus Böhm wieder aufgebaut, wobei er im Altarraum die liturgische Konzeption des Vaticanum II vorwegnahm.

Wer Zeit mitbringt, sollte einen Gang durch den **Kurienbezirk** machen. Den Domfreihof verläßt man durch das Sträßchen Sieh um Dich zwischen der Philipps-Kurie Geel Box an der Nordseite mit dem klassizistischen Torhaus (1779) und der Kurie Zur Eiche rechts an der Helenenmauer mit rundem Wehrturm und der um 1200 errichteten Hauskapelle. Gegenüber, jenseits der Sichelstraße, liegt das Fetzenreich (15./16. Jh.), der Stadthof von St. Maximin, in dessen nördlichem Teil man gut im ›Faßbenders‹ in stilvoller Atmosphäre essen kann.

Südöstlich steht die Welschnonnenkirche mit der Klosterschule (heute ein Gymnasium) von 1716–18 mit einer guten Barockausstattung mit Stumm-Orgel.

Wir biegen rechts in die Windstraße und schauen in den Glasturm des **Diözesanmuseums (12)** mit einer rekonstruierten Domsäule. Hauptsehenswürdigkeit ist jedoch das Deckengemälde vom Prunksaal des konstantinischen Palasts, das aus 50 000 Bruchstücken rekonstruiert wurde. Es lohnt schon allein den Besuch. Bedeutend sind auch Fundstücke aus frühchristlichen Kirchen, Malereien des 10. Jh., Originale des Westportals von Liebfrauen und die Grabfigur Jacobs von Sierck (1462). Das neue Museum entstand um das klassizistische Stadtgefängnis von 1830 (Mo–Sa 9–13 und 14–17, So 13–17 Uhr, Eintritt).

Wir passieren nochmals den Domfreihof nach Süden. Neben Liebfrauen liegt der Bischofshof, die Georgskurie der Schönborn (1746). Gegenüber in eleganter Ecklösung das prächtige **Palais Kesselstatt (13)** von 1740, ein vornehmer Bau von Johann Valentin Thomann aus Mainz. Weiter rechts steht das klassizistische Haus des napoleonischen Stadtpräfekten. Ein Straßenbogen mit Kreuzigungsgruppe grenzt die Domstadt ab. Vom ehemaligen St.-Afra-Kloster steht nur noch die mächtige Pilasterwand.

Südlich der Domstadt begann der weltliche Machtbereich Triers. Wir überqueren die Mustorstraße und stehen vor dem im Palladio-Stil erbauten **Roten Turm** von 1647, dem Archiv- und Kanzleigebäude des dahinter sich erstreckenden Kurfürstlichen Palais, das von der gewaltigen **Konstantinbasilika (14)** überragt wird.

Die Palastaula Konstantins, 310 n. Chr. erbaut, beherrscht das Stadtbild von Trier und zählt zu den bedeutendsten Bauten der Spätantike. Als Thronsaal (Aula) diente die rechteckige Halle mit angefügter Rundapsis in schichtiger Ziegelbauweise, die ursprünglich verputzt und farbig gefaßt war. Die 67 × 27 m große und bis zur Kassettendecke 33 m hohe Halle wirkt im Inneren noch gewaltiger durch die perspektivisch unmerkliche Verkleinerung der Fenster zur Apsis hin. Einst war der Raum marmorverkleidet, in den mit Goldmosaik geschmückten Nischen standen Marmorfiguren. Beheizte Wände und Fußböden sowie Glasfenster verliehen dem Raum zusätzlichen Luxus. Riesige Säulenhallen umgaben die Halle. Der Kryptoportikus (Keller) kann besichtigt werden (Nov.–März Di–Sa 11–12 und 15–16, So 11–12 Uhr, April–Okt. tgl. 9–13 und 14–18, So 11–13 und 14–18 Uhr).

Die Basilika hat eine wechselvolle Geschichte: Nach der Römerzeit war sie Pfalz der Frankenkönige, seit dem 13. Jh. Palast des Erzbischofs. Beim Neubau des Palais um die Wende zum 17. Jh. unter Lothar von Metternich wurden die gesamte Südwand und Vorhalle abgerissen. Bereits Napoleon wollte den Bau rekonstruieren, was erst König Friedrich Wilhelm von Preußen 1844–56 gelang, der die Aula

als klassizistische evangelische Kirche ausstatten ließ. 1944 ausgebrannt, war die Rekonstruktion der Bausubstanz 1956 beendet. Das zur Zweitausendjahrfeier 1984 angelegte Forum des Architekten Oswald Matthias Ungers unterstreicht die Monumentalität und macht in den Bodenplatten die Baumaßnahmen im Lauf der Geschichte nachvollziehbar. Besondere Beachtung verdienen die Reliefplatten.

Das im Renaissance-Stil Anfang des 17. Jh. begonnene **Kurfürstliche Palais (15),** in dem heute die Bezirksregierung untergebracht ist, wurde erst unter Karl Kaspar von der Leyen um 1660 vollendet. Der Innenhof kann durch den Nordeingang, vorbei an dem Sonnenuhr-

Im Park des Kurfürstlichen Palais

Brunnen, besichtigt werden. Johann Philipp von Walderdorff wollte den gesamten Palast zum Schloß umgestalten. Fertiggestellt wurde jedoch nur der Südflügel zwischen 1756 und 1762 nach den Plänen seines Hofbaumeisters Johannes Seiz mit Beratung Balthasar Neumanns, der das Treppenhaus entwarf. Seiz und der aus Würzburg kommende Bildhauer Ferdinand Tietz haben Architektur und Dekoration zu einer großartigen Einheit werden lassen. Im Giebel des Mittelrisalits regieren Ceres, Pomona und Apoll in üppiger Blütenpracht.

Der Plan einer barocken Gartenanlage, durch das Vermächtnis des Franz Weissebach um 1930 teilweise realisiert, wurde 1981 endlich verwirklicht; seitdem stehen die Gartenfiguren von Tietz in angemessener Umgebung des **Palastgartens (16).**

Wir queren die Anlage, passieren ein Tor der mittelalterlichen Stadtmauer und besuchen das **Rheinische Landesmuseum (17),** eines der bedeutendsten Museen für römische Archäologie in Deutschland. Die vier Abteilungen besitzen eine Fülle von Sehenswürdigkeiten. Aus der Frühgeschichte werden Funde aus Fürstengräbern ausgestellt. Die gallo-römische Zeit vermittelt durch ihre Exponate der Neumagener Grabdenkmäler, wie das Schiffsrelief und die Schulszene, anschaulich Lebenssituationen der Zeit. Die Replik der Igeler Säule und darüber hinaus die Münzschätze sind kulturhistorisch bedeutsam. Aus der merowingisch-fränkischen Epoche sind Elfenbeinarbeiten, Waffen und Keramik zu sehen, das Mittelalter ist mit gotischen Plastiken und mit Keramik,

Römischer Saal im Landesmuseum

die Neuzeit mit Trierer Porzellan vertreten (Mo–Fr 9.30–17, Sa/So 10.30–17 Uhr.)

Am Südende des Palastgartens ragen die mächtigen Ruinen der **Kaiserthermen (18)** als jüngste der drei römischen Badeanlagen Triers gen Himmel. Das 250 × 145 m große, begehbare Bauwerk wurde pompös von Kaiser Konstantin begonnen und abgeschlankt unter Valentinian um 370 vollendet. Warm-, Lau- und Kaltbad dienten dann als Prunkräume eines Kaiserforums, so daß hier nie gebadet wurde. Die Anlage einer römischen Therme ist aber heute noch genau ablesbar, das Labyrinth der teilweise zweistöckigen Kellergänge kann besichtigt werden (Okt. bis März tgl. 9–17 Uhr, April bis Sept. 9–18 Uhr). Im Mittelalter fungierten die Thermen als Burg an der Stadtmauer, während sie heute für Sommertheater und die von Aufführung klassischer Dramen genutzt werden.

Knapp 500 m östlich an der Olewiger Straße liegt am Hang des Petrisbergs (schöner Aussichtspunkt mit Wein-Lehrpfad) das **Amphitheater (19),** im 1. Jh. n. Chr. für Gladiatorenspiele erbaut. Um das Oval der 70 × 49 m großen Arena konnten auf 26 Sitzrängen 20 000 Zuschauer Platz finden. In der Mitte des Platzes konnten in einen kreuzförmigen Keller große Bühnenteile versenkt werden, um (Deus ex machina) neue Bilder zu gestalten. Hier wurden auch politisch Unliebsame, Christen und aufmüpfige

Neu gegen alt in Trier

Der Streit zwischen Vergangenheit und Zukunft ist in Trier allgegenwärtig, wo gebaut wird. Jeder Quadratmeter zwischen St. Paulin und St. Matthias, zwischen Petrisberg und Mosel ist prallvoll mit Geschichte. Mehr als ein halbes Dutzend Städte liegen übereinandergeschichtet und haben das Straßenniveau um rund 5–10 m erhöht. So oft nämlich wurde Trier im Laufe seiner belegten 2000 Jahre Geschichte zerstört und eingeebnet.

Da fällt es oft schwer, zwischen Vergangenheit und ihrer Bewahrung und zwischen notwendiger zukünftiger Entwicklung zu entscheiden.

So war es auch 1953, als die Stadt auf dem Gelände der kriegszerstörten und überflüssig gewordenen Agnetenkaserne zwischen Weberbach und den Ruinen der Kaiserthermen ein neues Stadttheater errichten wollte. Kaum hatte man mit den Fundamentarbeiten begonnen, stieß man auf die bestens erhaltenen Grundmauern der Palaestra der Kaiserthermen. Der Bau wurde gestoppt, ein heftiger Streit entbrannte: Theater oder Thermen, oder ...? In diesen Streit platzte der Bundespräsident Theodor Heuss mit seiner Bemerkung, daß Trier über dem zweiten Jahrtausend das 20. nicht vergessen dürfe. Aber Heuss war kein Ur-Trierer. Die setzten sich durch, und das Theater fand einen anderen, gar nicht so üblen Standort.

In früheren Zeiten war man nicht so pingelig: Die Thermen dienten als Burg eines Stadtritters; auf den Mauern der Palaestra errichteten die frommen Grauen Schwestern das Kloster St. Agnes. Nach der Säkularisation 1803 nutzten es die Franzosen, später die Preußen als Kaserne.

Und gegenwärtig geht's ums Amphitheater: Clevere Investoren haben die stillgelegte Löwen-Brauerei erworben und im Handstreich eine zwar recht phantasielose, dafür aber sehr schön gelegene Wohnanlage geplant – und eilfertig die Genehmigung erhalten. Wieder stand Trier kopf. Gerade hatte man begonnen, das Amphitheater für ein Sommerfestival à la Verona zu nutzen. Jetzt sollte der kulturleuchtende Blick durch ästhetisch fragwürdigen Beton im Hintergrund getrübt, im Schnellverfahren Boden zubetoniert werden, der vielleicht unschätzbare historische Werte barg? Wer hat gewonnen? Vielleicht beide, das zweite und das 20. Jahrhundert; vielleicht haben auch beide verloren. Denn in Trier wird nichts so heiß gegessen, wie es gekocht wird – gelegentlich schüttet man das Ganze auch weg.

Trierer Schatzsucher

Wo im Stadtbereich von Trier ein Bagger lärmt, da sind sie dabei: die unauffällig aufmerksamen Beobachter mit dem geübten Blick und der guten Spürnase. Trierer sind geborene Schatzsucher. Denn in den viele Meter dicken Schichten historischer Trümmer verbirgt sich immer noch manch wertvoller Fund, den die von den Archäologen mehr oder weniger eingeschworenen Baggerführer und die meist präsenten Mitarbeiter der Bodendenkmalpflege übersehen. Vor allem wird der Weg der Schuttfahrzeuge genauestens registriert, die Abkippstelle lokalisiert, um dort fachmännisch auf Beutesuche zu gehen.

Meist mit Erfolg, wie die Börsen der ›Petermännchen‹ belegen. Allerdings bemüht man sich in der Regel um Korrektheit und meldet dem Landesamt Funde, die auf wissenschaftliche Bedeutung hinweisen. So verdanken die Archäologen den Schatzsuchern manch wertvolle Erkenntnis, die sie ohne Zusammenarbeit nie gewonnen hätten, – eine Symbiose also, die stets für Spannung sorgt.

Ein Höhepunkt war 1993 der größte Goldschatzfund römischer *aurei* (Goldsesterzen) der Kaiserzeit von Nero bis Septimius Severus aus dem 1./2. Jh. n. Chr., der in den römischen Westprovinzen je ans Licht kam: 2528 Goldmünzen von je 7,27 g Feingewicht; 18,5 kg fast reines Gold in bestem Zustand, darunter Münzen, die erstmals gefunden wurden. Es waren noch etliche Geldstücke mehr, von denen die Finder schon einige hatten über die Theke rollen lassen, ehe einer kalte Füße bekam und die Archäologen benachrichtigte. Sie fanden an Ort und Stelle in einem vom Bagger zerdrückten Bronzekessel den größten Teil des Schatzes, so wie er während der Bürgerkriege um 200 n. Chr. bei einem Heiligtum des Aesculapius verborgen worden war.

Nun besitzt das Trierer Landesmuseum ein Münzkabinett wie kein anderes in der Welt: eine schier endlose Galerie goldglänzender Portraits von fast 30 Kaisern, Kaiserinnen und deren Kindern. Sie lassen auch die Augen der Besucher wie Gold glänzen (Landesmuseum Trier, Di–Fr 9.30–17, Sa/So 10.30–17 Uhr).

Stammesfürsten den Bestien vorgeworfen. Die Ränge wurden im Mittelalter als Steinbruch genutzt und waren bis weit ins 19. Jh. mit Reben bepflanzt. Seit einigen Jahren veranstaltet die Stadt Trier hier ein abwechslungsreiches musikalisches Sommerfestival. (Okt. bis März tgl. 9–17 Uhr, April bis Sept. 9–18 Uhr).

Um Vieh- und Kornmarkt

Der Rückweg führt an den Kaiserthermen vorbei in die südwestliche Stadt. Hier empfiehlt sich in der Weberbachstraße der Besuch der nahen **Stadtbibliothek (20)** mit ihrer Schatzkammer, in der die kostbarsten der 4000 Handschriften ausgestellt sind. Zu den Exponaten zählen der Ada- und Egbert-Codex aus dem 10. Jh., der Liber Aureus von Prüm, eine Gutenbergbibel und viele wichtige Urkunden (Mo bis Fr 10–17 Uhr).

An der Tuchfabrik Tufa, dem Ausstellungs- und Aktionszentrum der jungen Szene, vorbei führt der Weg durch die Rahnen- und Pfützenstraße zum **Viehmarkt (21).** Dabei queren wir die Neustraße, in der noch Alt-Trierer Häuser und weniger von Touristen beherrschtes Flair zu finden sind.

Das neue Thermenmuseum von Oswald Matthias Ungers über den 1987 zufällig gefundenen Forumthermen soll in der zweiten Hälfte '98 eröffnet werden und wird dann einen Einblick in die römische Badekultur geben. An der Westseite des Platzes steht die Antoniuskirche mit groß durchfenstertem, glattem Chorabschluß. Die trotz schwerer Kriegsschäden noch reiche Ausstattung des spätgotischen Baus (1458–1514) mit dem reichen Sterngewölbe kommt vorwiegend aus der Hoffmann-Werkstatt. Aus dem 1802 aufgehobenen Dominikanerkloster stammt die prachtvoll intarsierte Kanzel von 1762.

Die Südseite des Platzes wird von dem Kongress-Zentrum Europahalle über Teilen des 140 mal 280 m großen römischen Stadtforums eingenommen. Im Hintergrund sieht man an der Ecke Hindenburgstraße und Kaiserstraße die 1956 neuerbaute Synagoge. Wir gehen rechts über den Parkplatz zum **Augustinerhof (22)** mit dem 1962–64 erbauten Stadttheater.

Das 1271 gegründete Kloster der Augustiner-Eremiten wurde 1802 aufgehoben und diente als Landarmenhaus. Heute arbeitet hier die Stadtverwaltung; der gotische Chor der Augustinerkirche dient als Rathaus- und Sitzungssaal. Am Chorbogen wurde das Tympanonrelief des 1877 abgebrochenen Neutors angebracht: Es zeigt Christus, wie er den Stadtpatron Petrus und den ersten Trierer Bischof Eucharius, der ein Modell der *Sancta Treveris* hält, segnet. Im Bereich des Augustinerhofs wurden prachtvolle römische Stadtpaläste freigelegt, darunter der des Sonderkaisers Victorinus, der 268–73 herrschte.

Die Kellner-Straße führt über Kaiserstraße und Südallee direkt zur ältesten und größten Thermenanlage Triers, den **Barbarathermen (23).** Die einst 4,2 ha große Anlage, die noch im 5. Jh. benutzt wurde, zählte zu den größten Thermen des Römischen Reiches. Obwohl nur das Kellergeschoß erhalten ist, sind die Reste von großer Bedeutung für die Technik-Geschichte. Die Barbarathermen waren das Bad der römischen Stadtbevölkerung. Das Badewasser wurde über ein Aquädukt von der Ruwer herangeführt.

Nach wenigen Schritten zum Moselufer sehen wir die sieben Pfeiler der **Römerbrücke (24),** deren ältester bereits 17 v. Chr. bezeugt ist. Die heutigen Pfeiler wurden zwischen 144 und 152 gegründet. Erzbischof Balduin ließ 1343 die hölzerne Fahrbahn durch Steinbögen ersetzen. 1717 entstanden (nach der Sprengung durch die Franzosen 1687) die heutigen Sandsteinbögen.

Von der Brücke hat man einen schönen Blick moselabwärts auf die Drehkäne von 1774 und 1413. Dahinter liegt das gut sanierte alte Schiffer- oder Kranenviertel; hier findet man gemütliche Restaurants mit Trierer Atmosphäre.

Wir wenden uns durch die diagonal verlaufende Karl-Marx-Straße wieder der Innenstadt zu. Am Rathaus (links) vorbei kommen wir in die Brückenstraße mit dem Haus Nr. 10, dem **Karl-Marx-Haus (25),** in dem Karl Marx am 5. Mai 1818 geboren wurde. 1928 kaufte die SPD das Haus, um dort ein Marx-Engels-Museum einzurichten, das dann 1947 eröffnet wurde. Seit 1968 hat die Friedrich-Ebert-Stiftung den musealen Ausbau vorgenommen und Originalmanuskripte, persönliche Andenken, Erstausgaben der Werke von Marx und anderen Sozialisten sowie eine Bibliothek von über 20 000 Bänden zusammengestellt und eine Forschungsstätte eingerichtet (Nov. bis März tgl. 10–13 und 15–18, Mo 15–18 Uhr, April–Okt. tgl. 10–18, Mo 13–18 Uhr).

Zu den originellsten Häusern Triers gehört das **Haus Venedig (26),** heute eine Apotheke. Das 1683–85 von dem Kaufmann Ambrosio Carove aus Como erbaute Haus wirkt wie ein gotisches Giebelhaus mit barocken Einzelformen. Es besitzt die prächtigste Stuckdecke Triers. Der kleine Erker mit der schönen Figur des Johannes Baptista verleiht dem Haus einen besonderen Reiz. Nahebei steht der 1977 errichtete Heuschrekkenbrunnen, Symbol der gleichnamigen, seit dem Revolutionsjahr 1848 bestehenden Karnevalsgesellschaft. Der Brunnenstock ist mit Trierer Originalen versehen, darunter der berühmte Fischer Maathes.

In der Nagelstraße lockt für alle großen und kleinen Kinder das **Spielzeug- und Puppenmuseum (27)** im Oberstock eines Geschäftshauses. Hier kann man sich an einer der größten privaten Sammlungen von Puppen, Spielzeug und Modelleisenbahnen erfreuen (Di bis So 11–17 Uhr). Am Ende der Nagelstraße steht der Handwerkerbrunnen von 1984 mit der Darstellung der 42 Innungen. Die Ecke Fahrstraße / Neustraße wird von dem Bau aus den Jahren 1912/13, einem frühen Beispiel moderner Kaufhausarchitektur, bestimmt.

Rechts führt die Jesuitenstraße zur Alten Universität mit den 1610–14 errichteten Kollegiengebäuden und der im Kern frühgotischen, nach 1240 erbauten **Jesuitenkirche (28),** auch Dreifaltigkeitskirche genannt. Vor dem heutigen Bistumsarchiv steht der 1727 aufgestellte Marienvotivaltar, dessen Original in der Kirche zu sehen ist. Im Ostflügel ist die Promotionsaula aus dem Jahr 1775 mit den Stukkaturen Michael Eytels ein Beispiel feinsten Rokokos. Das Portal der Westfassade der Kirche entstand im 15. Jh. Im Innern ist das Grabmal der 1451 gestorbenen Elisabeth von Görlitz, eine Plastik aus dem Umkreis des Nicolaus Gerhaert, von Bedeutung. Im südlichen Seitenschiff liegt die ›Trierische Nachtigall‹, Friedrich Spee (1591–1635), Dichter und Kämpfer gegen den Hexenwahn, begraben.

Der Brotstraße nach Norden folgend, biegt man links ab zum **Kornmarkt (29),** in dessen Mitte der Georgsbrunnen, der von Seiz zu Ehren des Kurfürsten Franz Georg von Schönborn 1750/51 errichtete ›weiße Riese‹ emporragt. St. Georg steht auf einem Obelisken, der von den vier Jahreszeiten gestützt wird. Das Postgebäude an der moselzugewandten Stirnseite wurde 1879–82 aus Bauteilen der Kronenburg errichtet. Die heutige Fassade erinnert an den Vorgängerbau, den Seiz 1759 für den Kaufmann Johann Jakob Vacano geschaffen hatte. An der Nordseite der Post stand das im Krieg zerstörte gotische Rat- und Kaufhaus, an das nur noch die Zeder im Vorgarten sowie ein Kapitell der alten Arkaden erinnert. Gegenüber wurde das feine klassizistische Kasinogebäude von 1824, entworfen vom Stadtbaumeister Johann Georg Wolff, wiedererrichtet.

In der oberen Fleischstraße sind noch einige klassizistische und historistische Fassaden zu sehen. Die schönste gehört zu dem beliebten Lokal Brasserie. Die Symbolik der Reliefs verweist auf den Arzt Lambert Theys, der das Haus 1826 bauen ließ. An dem 1766 erbauten Schwarzen Ochsen (links) vorbei erreichen wir wieder den Hauptmarkt und machen noch einen kurzen Weg in die Grabenstraße mit dem alten Pranger und die Palaststraße mit alten, hierher versetzten gotischen Hausfassaden. Die Straße wird durch mehrere typische Trierer Lokale und Antiquitätengeschäfte zum Anziehungspunkt.

Musselfösch on Viez

Regional Kulinarisches

Ausonius schwärmte in seiner »Mosella« vom »köstlich Getier in den klaren Fluten der Mosel«: Vielleicht übertrieb der Konsul ein wenig, weil es im umweltverseuchten Tiber nichts Gescheites mehr zu fangen gab.

Als Kaiser Maximilian während seiner Reise zum Reichstag in Cochem und Trier weilte, tischte man Fastenspeise auf, daß sich die Tische bogen: »Mandelsuppe, *heiß Grundeln:* Karpfen blau, Pasteden mit Aalen, Blau Hecht mit einer grünen Salze, Störe mit Rüben, gesotten Forellen, Karpfen mit Wegelbrühe, gebacken Grundeln in einer Gelbe, Hausen mit Essig, gebraten Forellen, *Musselfösch*: gebraten Fisch, Krebsmus, Galantin, Krebs, Tarten«.

In unserer Zeit hatten Umweltsünden viele der Köstlichkeiten vertrieben, aber das besser gewordene Wasser läßt sie zurückkehren: Der Zander wird viel gefangen, Lachs und Salm wagen sich wieder vor, und sogar Flußkrebse sollen wieder gesehen worden sein. Geblieben waren die zahlreichen Weißfischarten, die, vor der Geschlechtsreife gefangen, für die Trierer als *Musselfösch* und für die Luxemburger als *Friture de Moselle* das sind, was für Kiel die Sprotten und Antwerpen die Matjes. Man liebt sie mit Kopf und Gräten, durchgebacken auf den Teller gehäuft. Als Beigabe gehört ein frisch gezapfter *Viez,* aus speziellen Äpfeln gekelterter Apfelwein, die lokale Variante von Äppelwoi, Moscht oder Cidre. Dazu knabbert man *Kesten,* die Eßkastanien. Man bekommt diese Köstlichkeit in Alt-Trierer Lokalen wie Ön der Beiz und dem Domstein.

Dort bietet man auch echt Trierisches: *Riewelzopp, nei Grombern, döck Buhnen on Schweinskiewel:* Fleischsuppe mit geschlagenem Eiweiß, neue Kartoffeln, dicke Bohnen und geräucherte Schweinsbacke. Damit läßt sich ein nicht ganz so sonniger Sommertag verklären.

Ein Trierer Herbst- und Wintermenü: *Gromberen Zopp met Griewen:* Kartoffelsuppe mit Krüstchen; *gebacken Musselfösch; öngelächter Schwenkbroaden:* gebeiztes Schwenksteak; *Schoales:* Zwiebel-Kartoffeln mit Rauchfleischstückchen; *Viez on Äppelstrudel met gefoaztem Schmant:* Apfelstrudel mit Sahne.

Recht zahlreich sind an der Mosel die Restaurants geworden, die auf hohem Niveau Regionales anbieten (s. S. 210f.).

Ein Tag rund um die Altstadt

Rund um die römische Stadt lagen die großen Friedhöfe, auf denen auch die ersten Christen ihre letzte Ruhe fanden. Über den Gräbern der bedeutendsten entstanden Oratorien, aus denen große Abteien erwuchsen.

Am Moselufer im Stadtteil Zurlauben liegt die seit dem 7. Jh. bestehende Benediktinerabtei St. Maria ad martyres, St. Mergen. Der heutige Bau stammt aus dem 18. Jh., der als Exzellenzhaus Wohnung des Trierer Divisionskommandeurs war und heute als Jugendzentrum dient. Entweder macht man sich den Spaß, mit der Gondelbahn vom Moselufer aus auf die roten Felsen über Pallien zum **Weißhaus (30),** dem Aussichtsrestaurant, zu fahren, oder man nimmt das Auto, um zu den Universitätsgebäuden am Schneiderhof zu gelangen, und wandert durch den Weißhauswald bis zum Kockelsberg, wo man sich im Café-Restaurant stärken kann.

Zurück an der Mosel steht an der Kaiser-Wilhelm-Brücke noch der Westflügel der Benediktinerabtei **St. Martin (31),** ein 1626 errichteter Bau, daneben die 1498 gestiftete Kreuzigungsgruppe.

Am Irminenfreihof vorbei mit dem ehemaligen Katharinenkloster, Teilen der antiken Stadtmauer, dem alten Stadtgraben, der heute Schießgraben genannt wird, und der Deutschherrenkommende von 1731 (alles heute zu Schulzwecken genutzt) kommen wir zur **Abtei St. Irminen-Oeren (32).** Die Schenkung König Dagoberts I. von Austrien an Bischof Modoald wurde auf dem Gelände der teilweise noch erhaltenen *horrea*, einem römischen Speicher, von der hl. Irmina im 7. Jh. in ein Kloster umgewandelt. Napoleon ließ im Kloster ein Hospital, die Vereinigten Hospitien, einrichten. Der von Christian Kretschmar 1726–44 erbaute Moseltrakt des Klosters überstand den Weltkrieg; die von Jean Antoine 1771 erbaute Klosterkirche wurde nach schweren Kriegsschäden wiederhergestellt. Der Weinkeller aus römischer Zeit ist der älteste Triers.

Gegenüber auf dem Markusberg, oberhalb des 1929 erbauten Rudolphinums, der Katholischen Akademie, erhebt sich an der höchsten Stelle die 40 m hohe **Mariensäule (33),** 1866 von den Trierer Bürgern in Erinnerung an das zehn Jahre zuvor verkündete Mariendogma errichtet. Von dort hat man am Nachmittag den schönsten Ausblick auf Trier.

Ein gutes Stück am Moselufer entlang ist es bis zur bedeutendsten Trierer Abtei, **St. Matthias (34).** Sie entstand über dem Gräberfeld, auf dem die drei ersten Bischöfe Triers, Eucharius, Valerius und Maternus, begraben liegen. Ältestes Oratorium war die im 3. Jh. entstandene Albana-Gruft unter der Quirinuskapelle. Die Witwe Albana soll die

Blick vom Weißhaus auf Trier

drei Bischöfe in ihrer *villa suburbana,* ihrem vor der Stadt gelegenen Haus, aufgenommen haben. Für 454 ist eine Translation der Gründerbischöfe in eine Grabkapelle im Bereich des Chors von St. Matthias bezeugt.

Bischof Egbert baute um 980 die erste Basilika in der Breite der heutigen Kirche. 1127 begann Abt Eberhard den heutigen Bau, der 1160 vollendet war. Um 1500 wurden von Jodok von Wittlich neue Gewölbe eingefügt, Chor und Krypta nach Osten verlängert. Damals kamen auch die wunderschönen Chorfenster des Wilhelm von (Münster-)Eifel in die Kirche.

1719/20 entstanden die barocken Portalvorbauten; 1783 wurde der massige Westturm von Anton Neurohr erneuert und erhielt die abschließende Balustrade mit Uhr. Bei der Restaurierung sind durch farbige Abhebung die Bauepochen gekennzeichnet worden. Die Besichtigung der Albana-Gruft ist möglich (Auskunft im Pfarrhaus).

Mittelpunkt der Kirche und Ziel jahrhundertealter Wallfahrten ist das Grab des Apostels Matthias mit der um 1480 entstandenen Liegefigur des Heiligen vor den barokken Chortreppen. Die romanisch-frühgotischen Chorschranken dienen heute als Wandverkleidung. Berühmt ist die Ikone des Mattheiser Gnadenbildes, entstanden um 1700, in der Gnadenkapelle des linken Seitenschiffs. An den Wänden sind die Tafelbilder vom ehemaligen Mattheiser Hochaltar zu sehen, der, 1909 von Caspar Weis geschaffen, heute in der Pfarrkirche Trier-Euren steht. In der Krypta kann man die Bischofssarkophage besichtigen.

Etwa 500 m stadteinwärts, an der Kreuzung Matthiasstraße/Töpferstraße, wo in römischer Zeit die Porta Alba oder Media stand, führt rechts der Weg zur **Heiligkreuzkapelle (35),** einem Juwel salischer Baukunst, auf kreuzförmigem Grundriß um 1080 erbaut (Schlüssel im benachbarten Pfarrhaus).

St. Maximin (36) liegt am anderen Ende der Römerstadt auf einem der Friedhöfe. Über dem Grab des hl. Bischofs Nicetius (525 bis 66) entstand eine frühmittelalterliche Kirche als Nachfolgerin einer im 4. Jh. erbauten Coemeterialbasilika (Begräbniskirche). Die vor allem von Kaiser Otto geförderte Reichsabtei vor der Stadt wurde in der Sickingenfehde 1522 und in den Reunionskriegen 1674 zerstört und immer wieder aufgebaut. Die jetzige Kirche mit der noch vom mittelalterlichen Bau stammenden zweigeschossigen Außenkrypta war 1684 wieder aufgebaut. Seit 1815 wurde die 80 m lange Kirche teils als Kaserne, teils als Garnisonskirche und später bis 1975 als Schule genutzt. Seit den vorbildlichen Restaurierungen 1978 – 95 ist die Kirche Turnhalle und Konzertsaal.

Abtei St. Matthias, Stützendetail

St. Paulinkirche ▷

St. Paulin (37) liegt nur wenige Schritte nördlich und ist eine Kostbarkeit des heiteren Rokoko. Das Stift entstand über dem Grab des Bischofs Paulinus, der 358 in der Verbannung in Phrygien (Türkei) gestorben war. Auf dem Gelände waren auch die Märtyrer der Thebäischen Legion 268 n. Chr. begraben worden. 1674 wurde die romanische Stiftskirche von den Franzosen gesprengt. Erst 1734 begann ein Neubau nach den Plänen Christian Kretschmars, an denen im Detail seit 1744 Balthasar Neumann beteiligt war. 1775 ist mit der Aufstellung des Chorgitters der Bau vollendet worden.

So schlicht das Äußere wirkt, so überraschend ist die Buntheit und Lichtfülle im Innern, mit den Fresken des Augsburgers Christoph Thomas Scheffler und den Plastiken von Ferdinand Tietz. Die Deckenbilder zeigen Szenen aus dem Leben des hl. Paulinus und die Verherrlichung der Trierer Märtyrer. Hochaltar und Empore sind von Balthasar Neumann entworfen, das Chorgestühl schnitzte Tietz. Die Orgel aus dem Jahr 1756 stammt von dem Luxemburger Romanus Benedikt Nollet, die kostbaren Seitenaltäre hat Grauer geschaffen.

Der Besuch der Krypta mit den Sarkophagen des hl. Paulinus und der Trierer Märtyrer ist möglich. Diese prächtige Kirche ist ein Höhepunkt eines Trierbesuchs. Auf dem Friedhof sollte man die zweigeschossige Marterkapelle anschauen, deren Untergeschoß um 1088 und das Obergeschoß um 1700 errichtet wurde, ebenso das für Blandine Merten in gelungenen modernen Formen erbaute Graboratorium. Im Stiftsbering in der Balthasar-Neumann-Straße sind noch einige Kurienhäuser erhalten. Auf dem Freiplatz vor der Kirche steht das im 11. Jh. von Propst Cuno nach dem Vorbild des Marktkreuzes errichtete Immunitätskreuz.

Wer Ruhe in kunstvoll gestalteter Natur sucht, sollte am nördlichen Verteilerring den **Park Nell's Ländchen,** 1793–1801 vom Kanoniker Nell im holländisch-englischen Stil angelegt, besuchen. Erhalten sind Teile des Herrenhauses (heute ein Café-Restaurant) und der Orangerie und Gartenpavillons. Hier finden alljährlich die Trierer Blumentage statt.

Information: Tourist-Information Trier Stadt und Land, An der Porta Nigra, ✆ 06 51/9 78 08-0, Fax 4 47 59: hier erhält man den monatlichen Veranstaltungskalender kostenlos; Mo–Sa 9–18 Uhr.

Unterkunft: Kat.1: Altstadthotel, An der Porta Nigra, ✆ 4 80 41; Dorint Porta Nigra, ✆ 2 70 10; Nell's Park, ✆ 1 44 40; Scandic-Crown, Zurmaienerstr. 164, ✆ 1 43-0; Ramada, Kaiserstr. 29, ✆ 9 49 50. Kat. 2: Berghotel Kockelsberg, ✆ 8 24 80 00; Blesius Garten, Olewigerstr. 135, ✆ 3 60 60; Zum Christophel, An der Porta Nigra, ✆ 7 40 41; Eurener Hof, Eurenerstr. 171, ✆ 8 80 77. Faßbenders Central-Hotel, Sichelstr. 32, ✆ 97 87 80.

Jugendherbergen: Jugendherberge Trier, Maarstr. 156, ✆ 2 92 92.

Jugendgästehaus Kolpinghaus, Dietrichstraße 42 (Warsberger Hof), ✆ 06 51/97 52 50; Marineschiff URANUS, ✆ 06 51/8 59 92: von April–Okt.

Restaurants: Pfeffermühle, Zurlaubener Ufer 76, ✆ 2 61 33: Gourmet. Porta, im Dorint, ✆ 2 70 10. Brasserie, Fleischstr. 12, ✆ 7 52 31. Zum Domstein, Hauptmarkt, ✆ 7 44 90: römischer Weinkeller und Küferstube. Faßbenders, Sichelstr. 32, ✆ 97 87 80. Kiste, Fahrstr. 13, ✆ 7 39 14. Weingut Reichsgraf v. Kesselstatt, Liebfrauenstr. 9, ✆ 4 02 04: gehobene Küche. Quo Vadis, Neustr. 15, ✆ 4 83 83: gehobene Küche. Ratskeller zur Steipe, Hauptmarkt 14, ✆ 7 50 52.

Theater/Konzert: Stadttheater, Am Augustinerhof, Theaterkasse ✆ 7 57 77. Europahalle (Kasse, Vorverkauf) ✆ 4 44 44. Kulturzentrum Tuchfabrik, Weberbach, ✆ 4 07 17 oder 7 18 44 79. Telefonischer Informationsdienst Theater-Konzert, ✆ 11 51. Trierer Kulturtelefon, ✆ 11 56. Im Sommer finden Sonderveranstaltungen in den Kaiserthermen und im Amphitheater statt.

Clubs/Bars: Spielbank, Porta-Nigra-Platz 1, ✆ 2 60 75: tgl. 16 bis 2 Uhr. Eurocenter/Europahalle, ✆ 4 24 99.
Bars: Taylor-Club, Saarstr. 69. Hafenmelodie, Karl-Marx-Str. 57.
Discotheken: Beachcomber, Judengasse. Boccaccio, Stockplatz. Magic, Stockplatz.

Museen: Simeonstift, An der Porta Nigra, ✆ 7 18 24 49: Nov.–März Di–Fr 9–17, Sa, So 9–13 Uhr; März–Okt. tgl. 9–17 Uhr, Mo geschlossen.
Bischöfliches Dom- und Diözesanmuseum, Windstr. 6–8, ✆ 7 10 52 55: Mo–Sa 9–13 und 14–17 Uhr, So 13–17 Uhr.
Landesmuseum Trier, Ostallee, ✆ 9 77 40: Di–Fr 9.30–17, Sa/So 10.30–17 Uhr.
Domschatzkammer: Nov. bis März tgl. 10–12 und 14–17 Uhr, So 14–16 Uhr; April–Okt. tgl. 10–17, So 14–17 Uhr.
Schatzkammer der Stadtbibliothek, Weberbach 25, ✆ 7 18 24 35: Mo–Fr 10–17 Uhr.
Spielzeugmuseum, Nagelstraße 4–5, ✆ 7 58 50: April–Okt. tgl. 11–17 Uhr, Nov.–März tgl. 12–16 Uhr, Mo geschlossen.
Karl-Marx-Haus, Brückenstr. 10, ✆ 4 30 11: Nov.–März Di–So 10–13 und 15–18, Mo 15–18 Uhr; April–Okt. Di–So 10–18, Mo 13–18 Uhr.
Amphitheater, Kaiserthermen, Porta Nigra, Barbarathermen Okt.–März tgl. 9–17 Uhr, April–Sept. tgl. 9–18 Uhr, Dez. geschlossen.

Bahnverbindungen: IR-Anschluß nach Koblenz, Luxemburg, Saarbrücken, Köln (Eifelstrecke). Auskunft Hauptbahnhof, Reisezentrum, ✆ 2 00 24 33.

Flugverbindungen: Linienflüge ab dem 30 km entfernten Flughafen Luxemburg. Flugplatz Trier-Föhren für Sport- und Reiseflugzeuge bis 15 t Abfluggewicht, 15 km von Trier entfernt, Rundflüge ✆ 0 65 02/29 99.

Taxi: Die Taxizentrale erreichen Sie unter ✆ 1 20 12. Standplätze: Hauptbahnhof, Simeonstift, Dom, Südbahnhof.

Weinproben: Tourist-Info gibt ein Faltblatt mit Wochenplan der Winzerbetriebe heraus. Weininformationszentrum, Konstantinplatz 11, ✆ 7 36 90.

Fahrräder: Leihräder erhalten Sie beim Service-Dienst der Bundesbahn am Hauptbahnhof oder dem Phoenix-Radshop, Paulinstr. 156.

Ausflüge ins Dreiländereck

Römische Kaiservillen

Mosselländische Literatur

Die Täler von Saar, Sauer und Obermosel

An der Obermosel bei Grevenmacher

Römische Paläste und Villen wie Landschlösser des Barock schmücken den weiten Talgrund rund um Trier, den schon die Römer zur Naherholung nutzten. Die Flußläufe von Saar, Obermosel und Sauer bieten abwechslungsreiche Landschaftsbilder und laden zu Bootstouren und Wassersport ein.

Die Umgebung von Trier

In **Schweich,** 10 km westlich von Trier, treffen die großen Verkehrswege auf den Fluß. Früher prägte ausschließlich der Fährturm aus dem 18. Jh. den Flußübergang, heute ist es die Autobahnbrücke. Das hier gefundene Venus-Mosaik, das im Trierer Landesmuseum zu sehen ist, belegt, daß sich hier schon die Römer erholten. Die Franken folgten ihnen – Bertrada, die Mutter Karls des Großen, ist hier geboren, ebenso Prümer, Echternacher und St. Maximiner Äbte. Das Maximiner Amtshaus, das Hisgenhaus von 1758, ist heute noch zu sehen. Im Niederprümer Hof ist ein Kulturzentrum für Stefan Andres und den Pater Johannes Haw eingerichtet (Di 14–16, Do 10–12, Sa 15–17 Uhr).

Im nahen **Quint,** am fünften römischen Meilenstein, ließ sich der Eisenfabrikant Franz von Pidoll nahe der Gießhütte, die er seit 1683 betrieb, ein stattliches Schloß mit Bauschmuck von Ferdinand Tietz bauen und einen englischen Park anlegen, in dem gegenwärtig ein EU-Institut untergebracht ist. Wenige Kilometer weiter in **Föhren** baute sich das Geschlecht der Kesselstatt 1586 ihr Renaissance-Schloß, das 1713 barock erneuert wurde.

Pfalzel, zu römischer Zeit *Palatiolum,* war mit 65 × 56 m ein großer Sommerpalast der römischen Kaiser und Präfekten, in dem später die Frankenkönige eine Burg anlegten. Adela, die Schwägerin Pippins des Älteren, gründete hier vor 700 ein Stift, in dem sie mehrmals Bonifatius empfing. Die von Otto Vogel 1960 gekonnt erweiterte Stiftskirche zeigt noch alle Bauperioden aus römisch-fränkischer Zeit über das 10./11. Jh. bis hin zur spätgotischen Kapelle. In einem Teil der von Richard von Greiffenklau um 1525 erweiterten Stiftsgebäude ist ein empfehlenswertes Restaurant untergebracht.

Pfalzel mit seiner Ringmauer vom Ende des 14. Jh., den Resten der um 1140 errichteten Burg Albe-

Alter Fährturm bei Schweich

Der Knabe im Brunnen

Stefan Andres und die Moselliteratur

Das eigene Spiegelbild im Brunnen der elterlichen Mühle im Tal der Kleinen Dhron bei Leiwen verzauberte den phantasiebegabten Jungen. Er wuchs in Schweich auf, wollte in Trier Priester werden, wurde in Rom Schriftsteller, lebte lange in Positano und fand im Schatten des Petersdoms auf dem Campo Teutonico unter einem Rieslingstock seine letzte Ruhe: **Stefan Andres** (1906–70).

Seine Heimat Schweich hat ihm zu Ehren durch den Wittlicher Bildhauer Hans Scherl einen Brunnen aufgestellt, phantasievoll wie die »Moselländischen Novellen«, und ein literarisches Zentrum mit seinem Namen gegründet. Kein anderer hat seine Heimat und ihre Menschen in Romanen und Novellen so schlüssig dargestellt wie er. Aus kindlicher Erinnerung an diese Heimat wuchs ihm eine Kraft zu, die unsere oberflächliche Zeit viel zu wenig würdigt.

Wer nicht zur älteren Generation gehört, kann kaum ermessen, was die Bücher dieses Mannes für die verunsicherte und dem Totalitarismus entronnene Nachkriegsgeneration bedeuteten. Sie transportierten

ros und den Bastionen von 1539 bietet darüber hinaus ein ungemein stimmiges Ensemble von Steinhäusern des 16.–18. Jh. Aus der Glanzzeit sind noch Kurien in der Stiftsstraße, außersem die Ruine der Scholasterei, die Münze, der Zollturm, das Gerichts- (1585) und Amtshaus (1544) und die Zehntscheuer erhalten. Nach starken Zerstörungen 1674 während der Reunionskriege erhielt der Ort ein vorwiegend barockes Aussehen.

Südlich von Trier liegt **Konz** (16 000 Einw.) mit seinen Ortsteilen Könen, Filzen und Hamm an der unteren Saar und den Weindörfern im Konzer Tälchen. Zusammen bilden sie die größte Weinbaugemeinde der Mosel. Seine 1680–1707 erbaute mächtige Kartause beherbergt heute ein Kulturzentrum. Die neue Pfarrkirche St. Nikolaus steht auf den Resten einer Kaiservilla Valentinians aus dem 4. Jh., die man teilweise unter und neben der Kirche besichtigen kann (Mo–Do 14–18, Fr 14–17 Uhr). Einen Besuch wert ist das Freilicht- und Volkskundemuseum **Roscheider Hof,** eine ehemalige Domäne mit einer liebevoll gepflegten umfassenden volkskundlichen Sammlung des Trierer Landes und seiner Grenzgebiete. Ein Wein- und Moselschiffahrtsmuse-

feste Verankerung in abendländischen, humanistischen Wertvorstellungen bei größter Weltoffenheit und dem Mut zum Widerspruch. Sie machten die Identifikation mit den Wurzeln der Herkunft und emphatische Hoffnung auf eine freie Zukunft möglich.

Wir blickten wie »Der Knabe im Brunnen« auf unser Spiegelbild und waren zugleich von dem Bewußtsein »Wir sind Utopia« erfüllt. Selbstbewußt wie »El Greco« vor dem Großinquisitor sollte unsere Lebensweise über »Portiuncula« hinausgehen. Die Moselaner waren stolz, einen bedeutenden Dichter zu den Ihren zählen zu können – der zudem noch viel vom »Geist des Weines« verstand.

Dabei gab und gibt es viele Dichter und Schriftsteller, die sich Landschaft und Menschen an Saar und Mosel zum literarischen Gegenstand wählten. Einige wurden durch die Ereignisse zwischen 1933 und 1945 in die falsche Ecke gestellt. Inzwischen werden sie wiederentdeckt: **Clara Viebig** (1860–1952) z. B., die große ›deutsche Zolaïde‹, wie sie ihr Freund Gerhart Hauptmann nannte. Ihre Frauenromane aus Geschichte und Gegenwart haben zumeist ihre Schauplätze an der Mosel und in der von ihr besonders geliebten Eifel. Bad Bertrich war ihre ›Urlaubsheimat‹, wo sie ihre Hauptfiguren, meist einfache, zuweilen bedeutende Menschen fand. Eine Literarische Gesellschaft ist eifrig bemüht, von Bad Bertrich aus Viebigs Nachruhm zu fördern.

um, Wechselausstellungen und ein aus wiedererrichteten Häusern gebildeter Hunsrückweiler, in dem altes Handwerk gepflegt wird, sind zu sehen (Di–Fr 9–17, Sa und So 10–18 Uhr, Restaurant).

Am nördlichen Moselufer kurz vor Zewen links der B 49 liegt das **Lustschloß Monaise,** erbaut 1779 von François Mangin für den Dompropst Nikolaus von Walderdorff in Anlehnung an Villen Andrea Palladios. Das restaurierte Juwel wird von Instituten genutzt. Reich ist hier das Wassersportangebot.

Weltbekannt ist **Igel** durch seine Säule, das 23 m hohe Grabmal der Secundinier, einer keltoromanischen Tuchhändlerfamilie. Das Monument aus dem 3. Jh. bildet mit der oberhalb liegenden Kapelle ein wunderschönes Ensemble. Es zeigt in Reliefs das Alltagsleben der Familie und Symbolik der Unsterblichkeit.

Auskunft: Tourist-Information Trier-Land, Gartenfeldstr. 12, 54295 Trier, ✆ 06 51/9 79 82 04, Fax 9 79 82 42.

Unterkunft: Igel: Igeler Säule, Trierer Straße 41, ✆ 0 65 01/ 9 26 10: schönes Haus in historischem Ensemble, Kat. 2.

Camping: Schweich, ✆ 0 65 02/ 9 13 00: am Bootshafen.

Grabmal in Igel

Restaurants/Weinstuben:
Pfalzel: Klosterschenke, Klosterstr. 10, ✆ 06 51/60 89: gehobene regionale Küche.
Schweich: Altes Weinhaus, Brückenstraße 46, ✆ 0 65 02/2 06 50: römische und regionale Küche.

Entlang der Saar

Herrliche Weindörfer liegen wie Perlen an einer Schnur entlang der Saar und deren ›Hamm‹, jetzt abgeschnitten durch den Schiffahrtskanal und zu einer bezaubernden Aulandschaft geworden. Prächtige Weinhöfe kennzeichnen die Ortsteile von Konz: Könen, Filzen und Hamm.

Kanzem war mit seinen feinen Rieslingweinen Lieferant der Fürsten von der Leyen, und von hier stammte auch der Krematoriumswein des schalkhaften Franz Weissebach von 1921. Das Domkapitel pflegte seinen Wein in **Wawern** in einem Weinhof von 1722. Wiltingen, mit seinem berühmten Scharzhof, darüber im Tal Oberemmel, war lange Zeit Streitpunkt zwischen den Abteien St. Martin und Mettlach sowie dem Geschlecht der Warsberger. Vom *Spilles,* dem alten Gerichtsplatz aus, lohnt sich eine Wanderung über den Weinlehrpfad zum Aussichtspunkt Galgenberg.

Die Reihe berühmter Weinorte setzt **Ockfen** fort, das durch eine neugotische repräsentative Kirche und barocke Weinhöfe geprägt ist. Von Schoden aus bieten Wanderungen zum Bismarckturm auf dem 482 m hohen Geisberg eine schöne Abwechslung, bei der man Drachenflieger beobachten kann.

Ayl, dessen berühmte Kupp durch den Kanal zum Inselberg wurde, nennt einen barocken Bi-

Der Leukbach in Saarburg

schofshof sein eigen. Von hier ist es nicht weit zur Tempelanlage Metzenberg über Tawern.

Hauptort der Saar ist **Saarburg** mit seiner pittoresken Lage zwischen Burgberg, Leukbach und Saar. Über der Stadt bauten die Grafen von Luxemburg 964 eine Burg, die im 11. Jh. an Kurtrier fiel. Bereits 1291 erhielt der Ort wegen seiner günstigen Verkehrslage das Stadtrecht. Burg und Ort wurden in den Reunionskriegen zerstört. Die Stadt wurde mit Schloß Warsberg barock wiederaufgebaut.

Serriger Klause über Kasel

20 m tief stürzt die mühlentreibende Leuk (am Bachlauf ist ein Mühlenmuseum) hinab in die am Saarufer malerisch liegende Unterstadt mit alten Schiffer- und Fischerhäusern. Die Stadtkirche von 1856 mit den beiden Spitzhelmen aus dem Jahr 1563 auf dem Westturm ist sehenswert wegen der Traubenmadonna, die im 15. Jh. entstand, und dem von Ernst Barlach beeinflußten Kreuzweg. Nebenan steht der Kunoturm, einziges Überbleibsel der im 14. Jh. errichteten Stadtbefestigung. Ein Besuch der Glockengießerei Mabilon (Mo–Fr 12 und 14–16 Uhr) gehört zum Programm von Saarburg wie die Fahrt mit der Sesselbahn ins Ferienzentrum Warsberg mit der schönen Aussichtslage. Lohnend ist eine Schiffahrt bis zur Saarschleife vor Mettlach, wobei man die charakteristische Saarlandschaft genießt.

Über Freudenburg kommt man zur Orscholzer Cloef, dem vielbesuchten Aussichtspunkt über der großen Saarschleife. **Serrig** ist der letzte bedeutende Weinort. Berühmt ist sein Schloß Saarfels, 1912 als schloßartige Villa im englischen Stil als Sektkellerei erbaut. Die Weinbaudomäne mit den Spitzenweinen wurde vom Weingut Saarstein übernommen, jedoch sind die technisch perfekt auf die Weinbereitung abgestimmten Gebäude verlassen.

Die Serriger Klause

Die schöne Aussicht Johanns des Blinden

Im 14. Jh. erreichte die Macht des Hauses Luxemburg einen geschichtlichen Höhepunkt: Balduin wurde Kurfürst des Erzbistums Trier und Königsmacher für seinen Bruder Heinrich VII., dem er den Weg zur Kaiserkrönung nach Rom ebnete. Seinem Neffen Johann hatte Balduin das Königreich Böhmen durch geschickte Heiratspolitik zukommen lassen.

Von 1310–46 herrschte Johann in Böhmen, obwohl er bereits 1333 seinen ältesten Sohn Karl als Verwalter einsetzte. 1340, nachdem er von einer Mücke gestochen worden war und ein Quacksalber ihm die falsche Medizin verabreichte, verlor er das Augenlicht, weshalb er als ›der Blinde‹ in die Geschichte eingegangen ist. Johann tat alles, um seinen Sohn Karl auf den Kaiserthron zu bringen, was ihm auch 1346 gelang. Karl machte Prag zum kulturellen Zentrum des Reiches. Doch Johanns Triumph währte nur kurz: Im August 1346 stürzte er sich, bereits erblindet, in die Schlacht von Crécy, fiel und wurde in der Abtei Mettlach beigesetzt.

Nachdem Anfang des 19. Jh. das Mettlacher Kloster säkularisiert worden war, wollte der romantische preußische Kronprinz Wilhelm von Hohenzollern dem Urahn eine würdige Grablege schaffen. Er beauftragte 1835 seinen Staatsarchitekten Karl-Friedrich Schinkel, an der Stelle eines uralten Heiligtums, in einem Sandsteinfelsen hoch über der Saar, eine neue Gruft zu bauen. Schinkel wollte »die alte Klause an ihrem Platz so malerisch ausbilden als es der Gegenstand irgendwie erlaubt«. Dies ist ihm mit der zweistöckigen Kapelle, die er adlerhostgeich in einer landschaftlich unvergleichlicher Lage einpaßte, vortrefflich gelungen.

Von 1838, dem Jahr der Weihe, bis zum Jahr 1946 genoß Johann der Blinde die wunderbare Aussicht über das Saartal von Serrig bis Saarburg und die sanft ansteigenden Höhen bis zum Schwarzwälder Hochwald. Dann wurde er nach Luxemburg gebracht. Jetzt ruht Johann, etwas an die Wand gerückt zwar, in der Luxemburger Gruft der Hauptkirche zu Luxemburg in einem hellen Marmorsarkophag und hat viel Besuch. Was ihm dort, in seiner vorerst letzten Ruhestätte, jedoch fehlt, ist aber die schöne Aussicht (April–Okt. 9–16 Uhr, Mo geschlossen).

Gut speisen an schöner Tafel

Villeroy & Boch

Das Ambiente einer der prachtvollsten spätbarocken Abteien, der Benediktinerabtei Mettlach, erbaut 1728–80 von Christian Kretschmar, der bei August dem Starken von Sachsen gelernt hatte, paßt letztlich doch zu dem, was hier seit über 150 Jahren produziert wird: vorne im Abteigebäude feinste keramische Waren und Fayencen und in den Hallen dahinter Sanitärkeramik.

Seit 1809 hat hier die aus Luxemburg stammende und mit dem preußischen Königshaus befreundete Familie von Boch ihre Produktionsstätte für feines Steingut, aus der nach der Verbindung mit der Fa. Villeroy, die auch eine Kristallerie betrieb, seit 1838 ein Weltunternehmen wurde.

In den Firmeninhabern und dem Standort verbinden sich deutsche und lothringisch-luxemburgische Lebensart mit alter regionaler Handwerkskunst. Man lebt stilvoll, aber unspektakulär: die Eßkultur ist nicht nur auf den Gaumen aus, auch das Auge ißt mit. Ein Besuch im Keramik-Museum des Unternehmens, vorbildlich eingerichtet in der um 1870 erbauten Prachtvilla Schloß Ziegelberg, zeigt die künstlerische und unternehmerische Qualität, die hier am Ufer der Saar entstand und das Unternehmen europaweit wachsen ließ (Di–So 10–13 und 14–17 Uhr).

Ein besonderes Erlebnis ist eine Wanderung durch den Tabener Urwald, ein Waldgebiet am Hang der Saar, das seit zweihundert Jahren nicht mehr forstwirtschaftlich genutzt wird.

Auf steilem Fels thront die **Serriger Klause,** die man über Taben-Rodt erreicht, zu der man wegen des prachtvollen Blicks auf die Saar einen Abstecher einplanen sollte. Auf dem beschriebenen Weg entlang der Saar können Sie nach Trier zurückkehren oder über das Ländchen nach Perl weiterfahren und die Route entlang der Obermosel anschließen.

Auskunft: Verkehrsamt Saarburg, Haus Warsberg, 54433 Saarburg, ✆ 0 65 81/8 12 15, Fax 8 12 90.

Unterkunft: Ockfen: Abtei St. Martin, Klosterstr. 1, ✆ 0 65 81/ 10 52: gepflegtes Haus mit viel Atmosphäre, Weinstube, Kat. 2.
Saarburg: Saarburger Hof, Graf-Siegfried-Str. 37, ✆ 0 65 81/23 58: gepflegtes Traditionshaus mit vorzüglicher Küche, Kat. 2. Aegon-Ferienpark Warsberg, ✆ 9 14 60. Le Mouton Hosteberg, Birkenweg 1, ✆ 0 65 81/ 22 25: Villenhotel.

Jugendherberge Saarburg, Am Bottelter 8, ✆ 0 65 81/ 25 55. **Camping:** Saarburg, Leukbachtal, ✆ 0 65 81/22 28; Waldfrieden, ✆ 0 65 81/22 55.

Restaurants/Weinstuben:
Saarburg: Zunftstube, Am Markt 11, ✆ 0 65 81/36 96: gutes kleines Restaurant mit empfehlenswerter lothringischer Küche.
Ayl: Weinhaus-Hotel Ayler Kupp, ✆ 0 65 81/30 31: schönes Landgasthaus mit Gourmet-Küche.

Die Elblingroute

Es empfiehlt sich, diese Route als alternativen Rückweg an die Saarroute anzuschließen. Von Mettlach aus ist Perl über das Ländchen schnell erreicht, von wo aus sich die Obermosel flußabwärts, mit der Sonne im Rücken, im schönsten Licht präsentiert.

Römermosaik bei Nennig

Das deutsche Pendant zur Luxemburger *Waistrooss,* letzebuergesch für Weinstraße, ist die Elblingroute entlang der Kalkfelsen des südlichen Moselufers, wo bis in den Saargau hinein der Obermosler Elbling wächst.

Perl und Nennig an der Grenze Frankreichs gehören noch zum Saarland, das hier auf Schloß Berg seine Spielbank eingerichtet hat. Das zugehörige Restaurant zählt zu den besten rundum. Das im 12. Jh.

Der Elbling

Elbling ist wohl die älteste Rebsorte an der Mosel für Wein, den schon die Römer und Kelten tranken. Als originärer *vinum album* (Alben in Süddeutschland) ist er später austreibend und etwas früher reifend als der Riesling, liebt kalkreiche, lehmige Böden und bringt einen alkoholarmen, säurebetonten Wein, der als Zech- und Tischwein zu empfehlen ist. Außer an wenigen Orten im Moselkrampen zwischen Zell und Cochem stellt er die vorherrschende Rebsorte der Obermosel zwischen Saar und französischer Grenze dar. Aus Elblingtrauben lassen sich vorzügliche Grundweine für Sekt-Cuvées gewinnen.

Eine fruchtige Rarität sind Weine aus gelbem und rotem Elbling, die man bei Spitzenweingütern findet.

Während die deutsche Seite der Obermosel vorwiegend Elbling anbaut, pflegt Luxemburg auch Riesling, Auxerrois, Muscadet, Pinot blanc, gris und noir sowie Rivaner.

erbaute Schloß Berg bestand aus Ober- und Niederburg, zwei miteinander verbundenen Wasserburgen. 1580 errichtete man einen großzügigen Schloßbau (1705–09 erweitert). Die starken Zerstörungen von 1944/45 wurden weitgehend beseitigt. Nicht weit liegt Schloß Bübingen, entstanden um 1340, dessen Neubau des 18. Jh. seit Ende des Zweiten Weltkriegs Ruine ist.

Nennig wurde berühmt durch den 1852 entdeckten riesigen Mosaikboden (160 m^2 Fläche). Er gehörte zur größten römischen Villa, die man jemals im Moselgebiet entdeckt hatte. Allein ihre Säulenfront umfaßte 600 m. Das Mosaik des 2. Jh. zeigt Darstellungen von Gladiatoren- und Tierkämpfen (April bis Sept. 8.30–12 und 13–18 Uhr, Okt. bis März 9–12 und 13–16 Uhr).

Oberhalb in Berg kann man Archäologen gerade bei der Freilegung und Rekonstruktion einer Villa mit Mosaiken zuschauen, und in Sehndorf werden gerade zwei jungsteinzeitliche Siedlungen aus der Zeit um 3500 v. Chr. ergraben.

Palzem, zur Römerzeit *Palatiolum,* wird von zwei Gebäuden dominiert: der doppeltürmigen imposanten Dorfkirche von Helfant von 1848 (1912 umgestaltet), und dem im 13. Jh. erbauten und im 16./17. Jh. erweiterten Schloß Thorn. Heute beweist Baron von Hobe-Gelting in seinem renommierten Weingut, welche Spezialitäten die Obermosel zu bieten hat (z. B. Roter Elbling). Eine Weinprobe an der größten erhaltenen Baumkelter lohnt sich. Von dem vorbildlich gepflegten Ort führte schon vor 2000 Jahren eine Brücke ans andere Ufer.

In **Wincheringen** »hat die Kirche keinen Turm und der Turm kein Schloß« – aber beide ergänzen sich, wie man sagt. Die Glocken hängen seit 1944 im Turm des zerstörten Warsberger Wasserschlosses, von dem das Herrenhaus noch steht. Die flächenmäßig größte Elblinggemeinde (300 ha) ist **Nittel.** Von der gotischen, barock ausgestalteten Rochuskapelle hoch über den Dolomitfelsen hat man einen schönen Ausblick auf die Mosel und das Luxemburger Gutland. In Wellen wird Dolomit untertage abgebaut und zu Dünge- und Putzkalk verarbeitet. **Temmels** wurde schon im Grimo-Testament von 634 genannt und gehörte zum Stift St. Agathe von Longuyon, ehe die Deutschritter den Besitz übernahmen, deren Landsitz von 1785 den Weinort optisch prägt.

Über Oberbillig, gegenüber der Sauermündung, und Wasserliesch geht es zurück nach Trier, und unsere Reise durch das Dreiländereck ist beendet.

ⓘ **Auskunft:** Fremdenverkehrsgemeinschaft Obermosel-Saar e. V., Granastr. 24, 54329 Konz, ✆ 0 65 01/ 77 90 und 8 31 56.

Schloß Berg bei Nennig ▷

Rokoko-Pavillon in Echternach

Unterkunft: Trassem: St. Erasmus, Kirchstr. 6, ✆ 0 65 81/ 26 84: gutes Landhotel, Kat. 2.
Nittel: Winzerhof Greif, Kirchenweg 11a, ✆ 0 65 84/3 05: stilvoller Weinhof, Weinstube, Kat. 2–3.
Nennig: Schloß Berg, ✆ 0 68 66/7 90: exklusives Hotel mit hervorragendem Restaurant, Kat. 1.

Längs der Sauer zur ›Luxemburger Schweiz‹

Ein lohnender Tagesausflug entlang der Sauer führt durch den Deutsch-Luxemburgischen Naturpark nach Echternach.

Das Tal der Sauer wird zu Unrecht oft links liegengelassen. Weinkenner treffen in den Dörfern der unteren Sauer, Langsur, Mesenich und Metzdorf, kräftige Weine an, die keineswegs dem Namen des Flüßchens entsprechen.

Bei **Ralingen** beginnt der Deutsch-Luxemburger Naturpark, eines der schönsten Erholungsgebiete Mitteleuropas. Hier ist die aufgestaute Sauer ein Paradies für Paddler und Wassersportler.
Rosport auf der Luxemburger Seite ist nicht nur bekannt für sein Mineralwasser und die gute Küche. Auf Schloß Tudor lebte von 1859 bis 1928 Henri Tudor, dem wir die elektrische Straßenbeleuchtung und die Autobatterie verdanken.

Bald sind wir in Echternach, dem Ausgangspunkt für Ausflüge in die sogenannte Luxemburger Schweiz mit dem Müllertal. Die Sandsteinfelsen und Schlüffen sind ein Mekka für Wanderer, Kletterer und Naturfreunde. **Echternach** und seine Reichsabtei wurden 698 vom irischen Mönch Willibrord gegründet. Sein Grab befindet sich in der Krypta der monumentalen Abteikirche St. Willibrord mit dem charakteristischen Stützenwechsel der Hochromanik. Am Dienstag nach Pfingsten findet hier die berühmte

Springprozession statt: Drei Schritte vor und zwei zurück tanzen die Pilger, die sich an Taschentüchern in Reihen festhalten. Die Bedeutung der Prozession ist nicht geklärt. Vielleicht war es ein Bittgang gegen den Veitstanz, der diese Wallfahrt begründet hat. Eine Ringmauer umgibt die Stadt mit ihrem historischen Kirchenhügel St. Peter und dem romantischen Markt, der vom Renaissance-Rathaus und von Adelshäusern umgeben ist. Ein Streifzug durch die winkligen Gassen zum Lustgarten mit dem Rokoko-Pavillon lohnt sich. Das neu eingerichtete Abtei Museum in der von Paul Mungenast im 18. Jh. erbauten Abtei und das Museum für Vorgeschichte geben einen Einblick in Echternachs reiche Vergangenheit (April-Nov. tg. 10–17Uhr).

Der Sauer folgend, passiert man **Weilerbach.** Und da sind wir schon bei dem geretteten Kleinod des Rokoko, 1777–80 von Paul Mungenast als Sommersitz für den letzten Echternacher Abt erbaut. Heute residiert dort der Denkmalpfleger des Kreises. Bald ist Bollendorf erreicht, wo am Ortseingang das ehemalige Schloß des Echternacher Propstes, erbaut um 1700 an der Stelle einer mittelalterlichen Burg, zu sehen ist. Die Anlage wurde im Krieg stark beschädigt. Wenig oberhalb liegt die 1907 freigelegte römische *villa rustica*, an deren Grundriß man die typische Anlage ablesen kann.

Auf dem Rückweg lohnt sich ein Abstecher zum nahegelegenen **Ferschweiler Plateau,** einer gewaltigen, 8 km langen und 4 km breiten frühgeschichtlichen Naturfestung. Geheimnisvoll sind die versteckten Kultstätten, Menhire, wie das Frauenbillenkreuz, die Wikingerburg und das Dianadenkmal.

Nur wenige Kilometer westlich liegt **Irrel,** dessen Wasserfälle ein Paradies für Wildwasserfahrer sind, und das Westwall-Museum Panzerfeste Katzenkopf (April–Sept. So und feiertags 14–17 Uhr). Über Welschbillig, wo eine prächtige Römervilla rund um die Kirche ausgegraben wurde, erreichen wir auf kurzer Strecke wieder Trier.

Auskunft: Tourist-Information Echternach, Rathaus, L-6486 Echternach, ✆ 0 03 52/7 22 30.

Restaurant: Hotel-Restaurant Koch-Schilt, Prümzurlayerstr., ✆ 0 65 25/8 60: gepflegtes traditionelles Gasthaus, Kat. 2–3.

Marktplatz in Echternach

MOUSEL
MOUSEL
MOUSEL
SALADE DE THON 185,-
SALADE MIXTE 155,-
KAFFEE + KUCHEN 100,-
APFELKUCHEN 60,-

Tips und Adressen

Reisevorbereitungen

Regionale Informationsstellen

Von den Informationsstellen erhalten Sie Prospektmaterial zur Moselregion, Schiffahrtspläne sowie Hotel- und Pensionslisten.

Fremdenverkehrs- und Heilbäderverband Rheinland-Pfalz
Löhrstraße 103–105
56068 Koblenz
✆ 02 61/91 52 00, Fax 9 15 20-40

Moselland-Touristik
Schanzstraße 35
54470 Bernkastel-Kues
✆ 0 65 31/20 91, Fax 20 93

Mosel-Saar-Ruwer-Wein e. V.
Gartenfeldstr. 12a
54295 Trier
✆ 06 51/4 59 67, Fax 4 54 43

Karten

Für das Moselgebiet gibt es umfangreiches Kartenmaterial. Als Straßenkarte genügt der Maßstab 1 : 400 000; wenn Sie jedoch die Anfahrtswege zu Burgen und Schlössern außerhalb von Ortschaften und Städten verzeichnet haben möchten, empfiehlt sich eine Karte im Maßstab 1 : 250 000. Topographische Wanderkarten im Maßstab 1 : 50 000 werden vom Landesvermessungsamt Rheinland-Pfalz herausgegeben, und sind über die Buchhandlungen zu beziehen.

Reisezeit

In der Zeit von Ostern bis Anfang November sind alle Hotels, Gaststätten, Museen, Burgen usw. geöffnet. Im Winter können Gruppen z. B. nur nach Anmeldung die Reichsburg in Cochem besuchen. Viele Hotels bieten günstige und interessante Angebote über Weihnachten und Neujahr sowie über Karneval, wenn überall von Weiberfastnacht bis Aschermittwoch Umzüge und Sitzungen stattfinden.

Der Frühsommer ist die beste Wanderzeit, und es gibt besondere Kulturangebote wie die Orgeltage und die Moselfestwochen. Im Herbst sind die Hotels an den Wochenenden meist ausgebucht, so daß man frühzeitig reservieren muß.

Besonders schön ist die Natur zur Obstblüte Anfang Mai oder zur Traubenblüte Mitte bis Ende Juni. Hochsaison der Winzerfeste ist Juni bis Anfang September, der Straßenweinfeste im Mai oder September und Oktober. Der Kurort Bad Bertrich bietet das ganze Jahr über interessante Angebote, nur wenige Hotels haben im Dezember oder Januar geschlossen. Fast überall werden Weihnachts- und Neujahrs-Arrangements angeboten.

Anreise

... mit dem Auto

Von Norden und Osten wird Koblenz über die A 61/A 48 erreicht; die Untermosel über die Abfahrten Winningen, Dieblich, Ochtendung, Kaifenheim (Karden); Cochem von der Abfahrt Kaisersesch; der Raum Zell-Mittelmosel über die Abfahrt Wittlich und Salmtal (Bernkastel), Trier über die Abfahrt Moseltal (Schweich). Von Süden über A 61 Abfahrt Rheinböllen nach Zell-Trarbach oder Abfahrt Koblenz zur Untermosel. Aus den westlichen Niederlanden und Belgien erreicht man über die A 27 Bitburg und setzt die Fahrt über die B 1 nach Trier fort.

... mit dem Zug

Die Mosel ist durch die Strecke Koblenz–Trier–Saarbrücken bzw. Luxemburg erschlossen. Der Raum Trier hat die zusätzliche Verbindung durch die Eifel von Köln über Euskirchen. Die Obermosel ist über die Verbindung Trier–Metz zu erreichen.

... mit dem Flugzeug

Die nächsten Flughäfen sind in Luxemburg, Köln und Frankfurt. Der Flughafen Hahn dient vorerst nur dem Charter- und dem privaten Flugverkehr. Für Privatflugzeuge stehen die Flugplätze Winningen, Traben-Trarbach und Föhren-Hetzerath zur Verfügung. Segelflieger können Neumagen-Dhron ansteuern.

... mit dem Schiff

Mit der Schiffahrtsgesellschaft Köln-Düsseldorfer erreicht man Koblenz und kann die Fahrt von dort aus im Linienverkehr bis Cochem fortsetzen. Informationen erhält man bei:
Köln-Düsseldorfer, Frankenwerft 15, 50667 Köln, ✆ 02 21/2 08 80 und Koblenz, Rheinufer, ✆ 02 61/3 10 30: an Ostern und Mai bis Okt. tgl.; mehrtägige Schiffsreisen auf Hotelschiffen.

Unterwegs an der Mosel

... mit dem Auto

Das Moseltal ist bis auf kurze Strekken (Hunsrückseite zwischen Treis und Cochem, Senheim bis Neef, Wolf bis Kindel, Detzem bis Longuich sowie auf der Eifelseite Kaimt bis Reil und Minheim bis Neumagen) beiderseits durch Bundes- und Landesstraßen erschlossen.

Zwischen Koblenz und Trier überqueren rund 30 Straßenbrücken die Mosel, so daß man leicht von einer Seite zur anderen wechseln kann. Einige Autofähren, z. B. bei Beilstein, Briedel und Pünderich, setzen als schwimmende Brücken über.

... mit dem Zug

Der InterRegio hält auf der Moselstrecke in Cochem, Bullay, Bad Bertrich und Wittlich. Die Züge fahren im Stundentakt. Von Wittlich existiert eine Busverbindung nach Bernkastel, von Bullay eine Zugverbindung nach Trarbach. Die Ruwerstrecke wird nur für nostalgische Fahrten mit dem ›Roten Elias‹ genutzt.

... mit dem Bus

Entlang der Mosel gibt es ein durchgehendes Verkehrsnetz des Öffentlichen Personen-Nahverkehrs (ÖPNV). Die Busse fahren tgl. (2× morgens, 1× mittags, 2× abends) von den zentralen Abfahrtsstellen: Koblenz (Bahnhofsvorplatz), Cochem (Endertplatz), Bullay (Bahnhofsvorplatz), Zell (an der Fußgängerbrücke), Trarbach (Moselufer), Bernkastel (Moselgestade). Man kann also ohne eigenen PKW die Mosel erkunden.

In Cochem, Bad Bertrich, Zell, Bernkastel-Kues, Trier, Saarburg bieten Busunternehmen Ausflugsfahrten an (Informationen bei den Verkehrsämtern).

... mit dem Schiff

Zu den schönsten Reisemöglichkeiten zählt die Entdeckung der Mosel mit dem Schiff. Von Cochem bis Trier bietet die Schiffahrtsgesellschaft Kolb tgl. Verbindungen an.

Personenschiffahrt Kolb, ✆ 0 26 73/15 15: Ostern und Anf. Mai–Pfingsten Di–Do, Sa/So und Juni–Okt. tgl.

Die Obermosel wird auf der Strecke Grevenmacher–Mettlach durch die Luxemburger Gesellschaft bedient. Die Schiffspläne erhalten Sie bei: Entente de la Moselle Luxembourgeoise, B.P. 33, L 6701 Grevenmacher, ✆ 0 03 52/75 82 75, Fax 75 86 66.

An der Saar sollten Sie auf keinen Fall den Ausflug zur Saarschleife versäumen. Saar-Personenschiffahrt, Saarburg, ✆ 0 65 81/56 05, Fax 56 06: Mai–Okt. Do und Sa 9 Uhr.

Unterkunft und Restaurants

Hotels und Gasthöfe

Die Moselregion hat ein reiches Angebot an Gästebetten, Ferienwohnungen und Gasthöfen. Die Qualitätsunterschiede sind allerdings groß. Hotels und Restaurants für gehobene Ansprüche sind bei den einzelnen Orten genannt.

Die in den praktischen Hinweisen im Reiseteil genannten Hotels sind in Kategorien eingeteilt. Alle Hotels der Kat. 1 und fast alle der Kat. 2 haben Hallenbad, Sauna, Solarium und Fitneßraum. Für ein Einzelzimmer in einem Hotel der Kat. 1, mit Frühstück, müssen Sie einen Preis ab 110 DM pro Nacht, der Kat. 2 von 60 bis 110 DM und der Kat. 3 bis 60 DM einkalkulieren.

Es gibt sehr viele Ferienwohnungen in den Weinorten und mehrere Ferienanlagen wie Montroyal bei Traben, den Zummethof bei Leiwen und Warsberg bei Saarburg, die von niederländischen Unternehmen betrieben werden. Der Preis einer durchschnittlich guten Ferienwohnung liegt für vier Personen bei ca. 70 DM pro Tag.

Private Gästezimmer werden auf Winzerhöfen angeboten. Informationen sind über Mosel-Saar-Ruwer-Wein e. V. erhältlich (s. Informationsstellen). Besonders groß ist die Auswahl an kleineren Gasthöfen und Hotels in der Preislage von 35 bis 50 DM pro Person für ein Zimmer mit gutem Frühstück. Listen sind bei den Touristenbüros zu bekommen, die unter den praktischen Hinweisen aufgeführt sind.

Jugendherbergen

Die Jugendherbergen in Koblenz (Festung Ehrenbreitstein), Brodenbach, Cochem, Traben-Trarbach, Bernkastel, Trier und Saarburg haben einen guten Standard. Für die Übernachtung zahlt man um 20 DM.

Campingplätze

Die Zahl der Campingplätze ist mit über 50 so groß, daß sie nicht einzeln aufgezählt werden können. Die meisten Plätze grenzen an das Moselufer und haben einen direkten Zugang zum Wasser. Die größeren Plätze liegen auf Inseln mit Uferanschluß: Ziehfurt bei Winningen, Hatzenport, Burgen, Treis, Ediger, Zell-Kaimt, Kues, Nehren, Schweich, Senheim. Auch in den ruhigen Seitentälern der Mosel, z. B. bei Brodenbach und Cochem, findet man schöne Campingmöglichkeiten. Die Plätze in Winningen, Brodenbach, Hatzenport, Burgen, Treis, Senheim, Trarbach, Kues und Schweich sind mit Jachthäfen verbunden.

Gourmet-Restaurants

Restaurants mit hohem Qualitätsanspruch haben sich auf regionale Köstlichkeiten besonnen und bieten feine regionale Küche. Dazu gehören auch Vor- und Nachspeisen, die mit spritzigen, fruchtigen Rieslingweinen veredelt sind. Der Fluß hat (wieder) viele Fische von Aal über Zander und Wels bis zum klassischen Moselhecht und der Bachforelle aus den nahen Hunsrück- und Eifelbächen. Sogar Flußkrebse werden wieder gefangen, sind aber (noch) ein seltenes Angebot.

Umgeben von waldreichen Bergen, kann sich die Mosel rühmen, ein wildreiches Gebiet zu sein. So gehören Wildspezialitäten wie Kaninchen, Rehnüßchen und Rehrücken, Hirschsteak und Frischling zum vielfältigen und anspruchsvollen Angebot. Das Ganze, abgerundet durch Nachspeisen, bei denen sich fruchtiger Riesling als Charlotte mit Tresterparfait, Riesling-Zabaione mit Wildfrüchten aus den Moselbergen oder Weinbergpfirsich-Eis mißt, kann international mithalten.

Wer also Riesling-Suppe, Moselaal in Mandelbutter, Riesling-Pastete, gefüllte Zanderroulade, Welsfilet in Pommerysauce, Rehnüßchen auf Holundersauce, Gänselebercreme im Weinblatt, ein gratiniertes Mosel-Tresterparfait oder eine Torte mit Rieslingtrauben kosten will, muß die Karten der Gourmet-Restaurants studieren, findet aber auch in vielen anderen Restaurants die regionale Moselküche.

Wein und gutes Essen, das gehört zusammen. Was die Bekanntheit angeht, hat das Moselgebiet noch aufzuholen, was die Qualität angeht, kann sie mit bekannteren Regionen mithalten. Es folgt eine alphabetisch nach Ortschaften sortierte Auswahl an überragenden (1), sehr guten (2) und empfehlenswerten (3) Restaurants:

Alken: Burg Thurand, Moselstr. 15, ✆ 0 26 05/35 81, (2)

Ayl: Weinhaus Ayler Kupp, ✆ 0 65 81/30 31, (2)

Bescheid: Zur Malerklause, Im Hofecken 2, (2–3)

Dieblich: Halferschenke, Hauptstr. 63, ✆ 0 26 07/10 09, (2)

Dreis: bei Wittlich, Waldhotel Sonnora, Auf dem Eichefeld, ✆ 0 65 78/4 06, (1)

Edige:, Zum Löwen, Moselweinstr. 23, ✆ 0 26 75/2 08, (3)

Kobern: Oberburg, ✆ 0 26 07/ 86 11, (3)

Koblenz: Loup de Mer, Schloßrondell, ✆ 02 61/1 61 38, (2); Stresemann, Rheinzollstr., ✆ 1 54 64, (2)

Konz-Wasserliesch: Scheid, Rei-ningerstr. 48, (2)

Longuich: Restaurant Robert, ✆ 0 65 02/ 49 20, (2)

Naurath-Büdlicherbrück: Landhaus St. Urban, ✆ 0 65 09/9 14 00, (1)

Neumagen: Gutshotel Reichsgraf von Kesselstatt, Balduinstr. 1, ✆ 0 65 07/20 35, (2)

Perl: Schloß Berg, ✆ 0 68 66/7 90, (1–2)

Saarburg: Saarburger Hof, ✆ 0 65 81/23 58, (2); Burg-Restaurant, Auf dem Burgberg 1, (2–3)

Trier: Pfeffermühle, Zurlaubener Ufer 76, ✆ 06 51/2 61 33, klassisch, Fischspezialitäten (2); Palais Kesselstatt, Liebfrauenstr. 10, (2); Weingut Reichsgraf von Kesselstatt, Liebfrauenstr. 9, (2); Quo Vadis, Neustraße 15, (2–3)
Ürzig: Moselschild, Moselstraße, ✆ 0 65 32/9 39 30, (2)
Zeltingen: Zur Post, Uferallee 7, ✆ 0 65 32/23 06, (3)

Erlebnisessen

Landauf, landab lassen ›Senator Clemens Mosellanus‹ und ›Burggraf Balduin‹ Scharen von Gourmets zu Tisch bitten: Wegweisend für die Wiederbelebung der römischen Küche nach Rezepten des kaiserlichen Starkochs Apicius war, angeregt durch den Genius loci der römischen Residenz in Trier, das Alt-Trierer Restaurant Zum Domstein.

Im besonderen, mit römischen Funden dekorierten Ambiente ist es seit zwei Jahrzehnten möglich, römisch *à la carte* zu essen. Sicherlich ist die römische Art der feinen Küche etwas gewöhnungsbedürftig, aber nicht ohne Reiz.

Eine Mischung von *cena* und *spectaculum* ist das römische Mahl bei ›Senator Clemens Mosellanus‹ im Saal des Erlebnisgasthofes Zum Christoffel in Ediger. Die dortigen ›Römer‹, eine inzwischen bekannte Folkloregruppe, richten das Mahl für den Senator, der die Szene lateinisch leitet und die Gäste zu Speis' und Trank bittet, aus. Ein buntes Programm römischer Spiele dient der Verdauung und ermittelt die Ehrenrömer.

Ein ähnliches Spektakel bietet man an der römischen Weinstraße in Schweich.

Nach den Berichten über die Gastmähler anläßlich des Besuchs Kaiser Maximilians 1512 an der Mosel hat ›Burggraf Balduin‹ seit 1978 auf der Cochemer Reichsburg eine Form des Rittermahls mit Mägden, Knechten und allerhand Spielleuten kreiert, das sich größter Beliebtheit erfreut. Mehr als 100 000 Gäste genossen inzwischen *Schmaltz-brod, kräfftig Supp, Keule und Käs,* begleitet von Moselwein, Tresterschnaps und Schnupftabak. Wer an diesem *trefflich Spectaculo* teilnehmen will, muß sich daher früh anmelden.

Rittermahle dieser Art gibt es auch auf der Ehrenburg bei Brodenbach und der Alten Burg in Longuich. Ähnlich sind zweimal jährlich (Mai, Oktober) die ›Garde-Essen‹ der Mosel-land-Garde von St. Aldegund im dortigen Ausonius-Keller, wo neben deftigem Essen nach Rezepten von 1000 mit gekonnten Gardetänzen und lustigen Spielen aufgewartet wird.

Informationen von A–Z

Ausflüge

Ein Urlaub an der Mosel ist ohne Erkundung der umliegenden Landschaften nicht denkbar. Es empfehlen sich folgende Touren:

Mittelrhein: mit Bacharach, Oberwesel, St. Goar, Boppard

Maria Laach–Mayen: mit Besuch der Abtei Laach, Vulkan-Museum in Niedermendig (mit Besuch der Stollen), Mayen und das Nettetal mit Schloß Bürresheim

Maare der Eifel: Ulmen, Daun, Manderscheid (Mosenberg), Gillenfeld mit Wildpark Daun und Glockengießerei Brockscheid

Hunsrück–Nahe: Stipshausen (Edelsteinkünstler, Ev. Pfarrkirche), Idar-Oberstein (Felsenkirche, Edelsteinmuseum, Edelsteinbrüche, Historische Weiherschleife), Besucherbergwerke in Bundenbach (Schiefer) und Fischbach an der Nahe (Kupfer)

Technische Museen im Hunsrück: Hermeskeil (das größte Flugzeugmuseum Deutschlands und Dampflokomotiven-Museum), Simmertal (Eisenguß-Museum Simmerhammer)

Luxemburg: Stadt Luxemburg (Altstadt, Festung, Alzette-Tal) – ›Luxemburger Schweiz‹ mit Müllertal, entlang der Sauer bis Echternach und zum Freschweiler Plateau

Thionville – Metz: (Dom, Altstadt, Festungsanlagen), Maginot-Linie (Festungswerk Hackenberg), Sierck–les–Bains

Aussichtspunkte

Eine vielfältig gestaltete Tallandschaft wie die Mosel hat natürlich zahlreiche Aussichtspunkte. Oft sie sind zu Walderholungsgebieten, die von örtlichen Vereinen gepflegt werden, ausgebaut; an den schönsten stehen Schutzhütten. Wer den Aufstieg durch Weinberge und Niederwälder scheut, kann meistens unmittelbar zu den Plätzen mit dem Pkw heranfahren. Von Koblenz moselaufwärts lohnt sich der Besuch folgender Aussichtspunkte:

Rheinbastion: der Festung Ehrenbreitstein

Aussichtsturm (AT) Carolahöhe: über Koblenz-Lay mit schönem Blick er die Vulkanlandschaft der Osteifel

Oberburg: Kobern mit schönem Moselblick

AT Niederfell: schöner Panoramablick über das Moseltal und das Maifeld

Ausoniusstein: bei Moselsürsch, Felsplateau mit sehr schönem Talblick

Zillesberg: bei Treis, Blick über Karden und Treiser Siebengebirge

Pinnerkreuz: über Cochem (mit der Sesselbahn erreichbar), einzigartiger Blick über Cochem und auf die Reichsburg

Schellenberg: bei Briedern-Beilstein, zeigt den Moselkrampen von seiner schönsten Seite

Calmont: über Bremm, Hochkreuz und Vier-Sseen-Blick, Blick vom steilsten Weinberg der Welt auf das gewundene Moseltal

AT Prinzenkopf: bei Alf-Pünderich, bekanntester Aussichtspunkt der Mosel mit Sechs-Seen-Blick

Starkenburg: über Traben-Trarbach, vom Mittags- oder Kaffeetisch aus können Sie den Blick auf die Mosellandschaft bei Trarbach bis zur Wittlicher Senke genießen

Borberg: über Ürzig, keltische Bergfestung mit schöner Aussicht auf das Moseltal und den mittleren Hunsrück

Zummethof: über Trittenheim-Leiwen, einzigartiger Blick über das Rebenmeer zwischen Neumagen und Klüsserath

AT Pölich-Mehringer Höhe: nicht weit vom Parkplatz an der A 1, Fünf-Seen-Blick, Blick in das Moseltal zwischen Schweich und Klüsserath

Trier: Kuckelsberg – Weißhaus – Mariensäule bieten Panoramablicke auf die Stadt und die Umgebung

Tawern: Tempelbezirk, Blick auf Saarmündung und auf Trier

AT Hosteberg: bei Saarburg, Panoramablick über den Saargau bis Luxemburg, Lothringen und auf den Schwarzwälder Hochwald

Schloß Saarstein: Aussicht über das Saartal von Saarburg bis Serrig

Perl-Borg: umfassender ›Dreiländerblick‹

Feste und Veranstaltungen

Wein- und Heimatfeste finden zwischen April und November an jeder Moselkrümmung, in jedem Weindorf statt. Über 300 Feste um Wein und Folklore weist der Kalender auf: offene Keller, Straßen-, Trachten-, Brunnen- und Waldfeste, Weinmessen und die Kulturwochen. Genannt seien in einer Auswahl die großen und spektakulären.

März: Mitte des Monats findet in Schweich im Alten Weinhaus die Wein- und Sektmesse statt

April: *1. Wochenende:* Grevenmacher Weinmarkt; *4. Wochenende:* Wein- und Essen-Symposion in Bernkastel

Mai: *Christi Himmelfahrt:* Kirmes auf der Marienburg; Pündericher Straßenfest; ›Saar-Pedal‹; *eine Woche nach Pfingsten* gehören die Straßen bei ›Happy-Mosel‹ den Radfahrern; mit *Fronleichnam* beginnt in Cochem die Mosel-Wein-Woche; Feste zum *1. Mai* in Wintrich, Kenn, Piesport; *2. Woche:* Europäisches Volksfest in Trier; Weinprobe in der Römervilla in Longuich; *4. Woche:* Im Bürgerhaus Nittel findet am letzten Samstag des Monats der Elbling-Probetag statt; Schloßfest in Lieser

Juni: In Trier wird im Kurfürstlichen Palais die Weinmesse ›Der große Ring‹ mit der Riesling-Präsentation veranstaltet; im Bürgerhaus Kasel treten Ruwer und Riesling in Wettstreit; *2. Woche:* Winninger Wein- und Schlemmertreffen; Saar-Wein- und Heimatfest in Ockfen; *3. Woche:* Weinblütenfest in Neumagen-Dhron; Kunst & Kultur, Küche & Keller in Hatzenport; Ruwer-Weinfest in Kasel; *4. Woche:* Altstadtfest in Trier; Gauklerfest in Winningen

Juli: Weinfest in Zell; Trierer Blumentage; *1. Woche:* Wein- und Burgfest in Kobern; Moselloreleyfest in Piesport; internationales Trachtenfest in Kröv; Weinfest in Senheim; *2. Woche:* Moselweinfestival in Traben-Trarbach; Wein- und Heimatfest in Löf; *3. Woche:* Winzer-Tanz- und Trachtenfest in Enkirch; Winzertag in Ehnen; *4. Woche:* Zunftweinfest der Schröter in Trarbach, Wein- und Heimatfest in Serrig

August: *1. Woche:* Weinfest in Briedel; Burgfest auf der Reichsburg in Cochem; Rieslingweinfest in Detzem; *2. Woche:* Weinfeste in Bruttig-Fankel, Ediger-Eller, Reil (mit Motocross), Ürzig und Trittenheim; *3. Woche:* Elblingfest in Trier, Wein- und Straßenfest in Bernkastel-Kues, *4. Woche:* Keltisches Weingelage in Zell-Kaimt; Wein- und Straßenfest in Zeltingen-Rachtig; Heimat- und Weinfest in Cochem; Sekt-Gala an der Porta Nigra in Trier

September: Weinfest der Mittelmosel in Bernkastel-Kues; Winninger Weinhex; Saarweinfest in Saarburg; Prädikatsweinversteigerung im Moselmuseum in Bernkastel; *1. Woche:* Straßenfest in Ediger-Eller und Wintrich; Herbstfest in Bullay; Erntedankfest in Schweich; Weinfest in Grevenmacher (Luxemburg); *2. Woche:* Brunnen- und Trachtenfest in Zell; Wein- und Heimatfest in Brodenbach; Fest der Traubenreife in Köwerich; *3. Woche:* Weinstraßenfest in Neumagen-Dhron; Weinmarkt in Trier; *4. Woche:* Römisches Herbstfest in Maring-Noviand

Oktober: *1. Woche:* Weinfest der Römischen Weinstraße in Schweich; Oktoberweinfest in Waldrach; Weinfest mit Oktobermarkt in Kröv; *2. Woche:* Römisches Kelterfest in Piesport; Federweißerfest in Ediger-Eller; *3. Woche:* Herbstfest der Jungwinzer in Klüsserath; Hahnenfeier in Sehndorf; *4. Woche:* Wein- und Kellerfest in Perl

November: Weinforum Mosel-Saar-Ruwer im Rheinischen Landesmuseum in Trier; Ruwer-Riesling-Weinmarkt im Bürgerhaus Kasel; *Allerheiligen:* Federweißerfest in Cochem

Über die Mosel-Saar-Ruwer-Wein e. V. sind weitere Informationen erhältlich.

Weinfröhlicher Kultur-Sommer: Über diese Feste hinaus finden jeden Sommer die musikalischen Festwochen an der Mosel statt. Daß der

Sommer der Kultur in der Provinz gehört, beweisen Festivals von der Nordsee bis zum Mittelmeer. Zwischen Opern auf der Koblenzer Festung und im Trierer Amphitheater hat der Kultur-Sommer an der Mosel viele Facetten:
Festliche Orgelwochen im Kreis Cochem-Zell auf historischen Orgeln (Eröffnung Christi Himmelfahrt, Information ✆ 0 26 71/6 13 09). Im Kloster Machern treten von April bis Nov. internationale Interpreten bei den *Mosel-Festwochen* auf (Information über Moselland-Touristik, ✆ 0 65 31/ 20 91). *Festliche Musiktage* werden in Trier von Sept. bis Nov. (Information ✆ 06 51/6 29 76) und der *Internationale Klaviersommer* im Kreis Cochem-Zell (Bad Bertrich u. a.) mit jungen internationalen Interpreten Ende Aug.–Sept. (Information ✆ 0 26 71/ 6 13 09) abgehalten. *Herbstliche Kulturtage* an der Saar (Information ✆ 06 51/71 54 27), *Kulturtreff* Traben-Trarbach (Info ✆ 0 65 41/90 11), *Jazz in Weingütern* entlang der ganzen Mosel und schließlich der übergreifende *Kultursommer Rheinland-Pfalz* mit Veranstaltungen in Burgen, Schlössern, Kirchen und Kellern (Information ✆ 0 61 31/ 2 88 38 10) runden das Angebot ab.

Museen und Galerien

Wer sich für die Kultur der Mosel interessiert, findet eine Fülle von musealen Einrichtungen und zahlreiche Galerien, die von den Künstlern selbst geführt werden. Oft bietet sich die Gelegenheit, ihnen bei der Arbeit über die Schulter zu schauen.

Museen

Alf: Burg Arras (Moselgrafik, Sammlung Heinrich Lübke), April bis Okt. tgl. 10–18 Uhr

Alken: Sammlung der Burg Thurant, April–Okt. tgl.

Bernkastel-Kues: Cusanus-Stiftung Nikolaus-Hospital und Cusanusgeburtshaus, Nikolausufer, ✆ 28 31; Mosel-Weinmuseum, Cusanusstr. 4, ✆ 41 41; Heimatmuseum Graacher Tor; Puppen- und Spielzeugmuseum, Kallenfelsstr. 4 (s. dort)

Brauneberg-Filzen: Wein- und Heimatmuseum im Kloster, ✆ 0 65 34/ 3 92

Burg Eltz: Schatzkammer der Sammlung von Eltz (Goldschmiedearbeiten, Waffen, Urkunden), April bis Okt. tgl. 9.30–17.30 Uhr

Cochem: Reichsburg, Sammlung Ravené, 15. März–10. Nov. tgl. 9–17 Uhr; im Winter Sa/So, Feiertage 10–16 Uhr; Sammlung Steib, tgl. nach Anmeldung, ✆ 0 26 71/80 78 oder 86 27

Enkirch: Heimatstuben im Ratskeller (s. dort)

Karden: Stiftsmuseum (römische Funde, kirchliche Kunst), ✆ 0 26 72/ 61 37, So 10–12, Mi, Sa 15–17 Uhr

Kenn: Heimatmuseum, am Gemeindehaus, ✆ 0 65 02/23 91

Kloster Machern: Weinmuseum, ✆ 0 65 32/20 44, tgl. 10–18 Uhr

Koblenz: (s. dort) Mittelrhein-Museum (Malerei, Plastik), Florinsmarkt 15, ✆ 1 29 25 20; Museum Ludwig

(Moderne); Landesmuseum Festung Ehrenbreitstein (Technik, Wirtschaftsgeschichte); Rhein-Museum, Charlottenstr. 550, ✆ 703450; Postgeschichtliche Sammlung, Friedrich-Ebert-Ring 14–20, ✆ 1282060

Konz: Volkskunde- und Freilichtmuseum Roscheider Hof, ✆ 0 65 01/ 40 28; Kaiservilla Valentinians an der Kirche St. Nikolaus, Mo–Do 14–18, Fr 14–17 Uhr

Leiwen: Wein- und Heimatmuseum, Euchariuskapelle, ✆ 0 65 07/ 33 78 oder 31 41, April bis Okt. 14–17 Uhr

Lieser: Heimatmuseum, Hochstr. 6– 8 (Heid), ✆ 0 65 31/27 77, (nach Anmeldung) 1. April–31. Okt. 17–20 Uhr

Mehring: Heimatmuseum, Bachstr. 4, ✆ 0 65 02/14 13, nach Vereinbarung

Mettlach: Keramikmuseum Schloß Ziegelberg, ✆ 0 68 64/12 94 oder 811496, Di–So 10 bis 13 und 14 bis 17 Uhr

Neef: Ofen- und Puppenmuseum, Neugartenstr., April bis Juni, Sa/So 13–17, Juni–Okt. tgl. 10–17 Uhr

Neumagen-Dhron: Heimatmuseum (Römer-Funde), ✆ 0 65 07/ 65 55

Pommern: Moritz-Schneiders-Weinmuseum mit Brennerei, tgl.

Saarburg: Mühlenmuseum Hackenberger Mühle (Ortsteil Staden) ✆ 0 65 81/8 12 15, tgl. 9–20 Uhr

Schloß Thorn: Palzem, Mo bis Fr 14–18, Sa/So 10–18 Uhr

Schweich: Stefan-Andres-Archiv und Synagoge, Niederprümer Hof, ✆ 0 65 02/22 48

Senheim: Weinmuseum Schlagkamp, (große Sammlung zur Weinkultur, Weinproben), ✆ 0 26 73/ 43 81, tgl. 9–18 Uhr

Trarbach: Mittelmosel-Museum im Haus Böcking (s. dort); Ikonenzentrum Kautenbach,Alte Schule Mi, Sa, So 14.30 bis 17.30 Uhr; Puppen- u. Spielzeug-Museum, Di–Fr 14-18, Sa/So 12–16 Uhr

Trier: Städtisches Museum, Simeonstift (Malerei, Plastik, Trierer Kulturgeschichte, Koptische Studiensammlung), ✆ 06 51/7 18 24 40; Landesmuseum (Frühgeschichte, Römische Sammlungen, Franken, Mittelalter), Ostallee, am Palastgarten, ✆ 4 83 68; Bischöfliches Dom- und Diözesanmuseum, Windstr. 6, ✆ 7 10 52 55; Domschatzkammer, ✆ 7 10 52 33; Schatzkammer der Stadtbibliothek, Weberbach 25, ✆ 7 18 24 30; Karl-Marx-Haus, Brükkenstr. 10, ✆ 4 30 11; Spielzeugmuseum, Nagelstr. 4–5

Winningen: Heimatmuseum (Horch-Sammlung), Schulstr. 5, ✆ 0 26 06/17 92,

Wittlich: Galerie Museum Meistermann im Alten Rathaus

Zell: Wein- und Heimatmuseum im Rathaus, Am Markt, Mai–Okt. Mi, Sa 15–17 Uhr

Galerien

Bernkastel-Kues: Moselgalerie Wendhut, Weingartenstr. 24, Kues; Galerie Josef Junk, Nikolausufer 14, ✆ 0 65 31/63 72, (Besuch nach Vereinbarung); Galerie Werner Seippel, Kardinalstr. 67, Kues, ✆ 0 65 31/

75 53; Galerie Landshut, im Hotel Landshut

Ediger-Neef: Wein-Galerie Wajos, ✆ 0 26 75/2 35

Klotten: Kunst-Keramik W. Stahl, Burg Koraidelstein (nach Vereinbarung)

Koblenz: Steinacker, Markenbildchenweg 13; Tent, Florinspfaffengasse; Rube, Mehlgasse

Senheim: Werkstattgalerie Christoph Anders, Vogtei, ✆0 26 73/46 35, (nach Anmeldung); Werkstattgalerie Manfred Pasieka, Zeller Str., ✆ 0 26 73/41 48 (Anmeldung)

Traben-Trarbach: Brückengalerie im Brückentor, tgl.

Trier: Galerie 86 – Europäische Akademie für bildende Kunst, Palaststr., ✆ 06 51/7 41 99; Berens, Palaststr., ✆ 7 67 44; Kaschenbach, Fleischstr., ✆ 7 34 87; Galerie Palais Walderdorff, Domfreihof; Kunsthandwerkerhof, Am Simeonsstiftplatz

Winningen: Galerie im Winzerhof Höreth-Schaaf, tgl.

Zell: Glasgalerie Fuchs, ✆ 0 6542/58 41, Mo–Sa

Naturschutzgebiete

Das Moseltal mit seiner spezifischen Struktur als Tallandschaft mit ungewöhnlich mildem Klima hat eine reiche Tier- und Pflanzenvielfalt aufzuweisen. Deswegen sind zahlreiche Abschnitte an der Untermosel als Naturschutzgebiet ausgewiesen. Es sind zum einen Uferzonen, die Wasservögeln Schutz bieten, zum anderen Felsregionen mit trockenen, warmen Ökotopen. Von Koblenz moselaufwärts gibt es folgende Naturschutzgebiete:

Kalkofen: Moselufer bei Dieblich-Niederfell, Ufer-Hochstaudensaum, der auch Lebensraum . der Würfelnatter ist

Reiherschußinsel: bei Lehmen, Ufervegetation mit altem Schwarzpappel-Bestand und Graureiherstandort

Ausoniusstein: bei Moselsürsch, artenreiche Flora mit seltenen Faltern (u. a. Mosel-Apollo)

Treiser Schock: alte Berggehölze auf Ems-Quarzit

Pommerheld: gegenüber von Pommern, Überwinterungsgebiet seltener Wasservögel wie Kormorane, Graureiher und Haselhühner

Dortebachtal: bei Klotten, trokken- warmes Klima auf den Felsklippen, bietet einer einzigartigen Fauna Platz, im Bachbereich seltene Farne, Kaub- und Lebermoose

Schafstallerhof: über Cochem-Cond, Feuchtwiesengebiet mit seltenen, an Grünlandbrachen gebundenen Pflanzen-, Vogel- und Insektenarten

Brauselay-Palmberg: artenreiche Fauna mit Apollo-Falter, Smaragdeidechse, Zippammer u. a.

Taubengrün: bei Senheim, Überwinterungsgebiet von Kormoranen und Graureihern, Brutplatz des Eisvogels, Auvegetation

Edigerer Laach: Altarm der Mosel mit Schwarzerlen, Teichrosen, Brutgebiet röhrichtgebundener Vogelarten

Falkenlay: bei Bad Bertrich, Schlackenvulkan mit altsteinzeitlichen Wohnhöhlen, alter Fels-Krüppelwald, Nelkenhafer-Rasen

Maringer Wies: zwischen Wittlich-Berlingen und Ürzig-Berg, Feuchtgebiet mit Schilfbestand, Feuchtgebietvögel und Libellen

Kiesgrube Oberkirch: bei Trier-Zewen, zahlreiche Amphibien, Reptilien- und Libellenarten

Urwald: bei Taben (Saar), altes, seit 200 Jahren ungenutztes Waldschutzgebiet

Perfeist: bei Wasserliesch, auf Muschelkalk stehender Buchenwald, reiche Orchideenbestände im Kalkmagerrasen

Urlaubsaktivitäten

Das Angebot an Urlaubsaktivitäten an der Mosel ist entsprechend der Nachfrage in den letzten Jahren erheblich erweitert worden.

Baden

In der Mosel ist das Schwimmen zumindest nicht (mehr) gesundheitsgefährlich. Die chemische und bakterielle Belastung des Moselwassers ist unbedenklich. Dem Wassersportvergnügen steht also nichts im Wege.

Die Zahl der Hotels mit Hallenbädern ist recht groß. Erlebnisbäder gibt es in Cochem (Spaßbad), Zell (Erlebnisbad), weitere in Wittlich (Vitellius-Erlebnisbad), Leiwen (Höhen-Erlebnisbad Sonnenberg), Schweich, Trier und Saarburg (Warsberg-Erlebnisbad). Thermalbäder haben Bad Bertrich, Traben-Trarbach und Bernkastel-Kues. Freibäder sind in alle größeren Orte an der Mosel sowie an Saar und Ruwer zu finden.

Flugsport

Rundflüge sind von den Flugplätzen Winningen-Koblenz, Hahn im Hunsrück, Trarbach, Neumagen-Dhron, Föhren-Hetzerath und Konz-Könen an der Saar möglich.

Die Flugplätze Büchel, Trarbach und Neumagen-Dhron (✆ 06 51/1 30 25 50), Konz-Könen (✆ 06 51/9 78 08-0) können von Segelfliegern angesteuert werden.

Drachenfliegen ist in Maring-Noviand, (✆ 0 61 51/23 33 74), Neumagen-Dhron (✆ 0 65 01/54 54), Mehring (✆ 0 65 02/4 07-1 11/1 18) und Ockfen (✆ 0 68 74/5 11) möglich.

Ballon-Fahrten werden in St. Aldegund, Montroyal bei Trarbach (Team Blau, ✆ 0 65 71/63 50 oder 0 65 42/2 12 74), Bernkastel (✆ 0 65 31/30 75) und Schweich (✆ 0 65 31/20 91) angeboten.

Der Flugplatz Föhren, FSC Trier, (✆ 0 65 02/49 99) bietet Fallschirmspringen an.

Radfahren

Inzwischen ist die Mosel zum Fahrrad-Eldorado geworden. Fast jeder Ort hat einen Fahrradverleih. Von Koblenz bis Karden geht es auf dem Radstreifen entlang der Bundesstraßen, danach kann man auf den ausgewiesenen Radwegen weiterfahren. Ein Naturpfad durch das NSG zwischen Treis und Cochem-Cond bietet sich an, dann verpaßt man aber die schönen Weindörfer Pommern und Klotten. Ab Cochem kann man vielfach das Ufer wechseln und die Wege direkt am Fluß nehmen. Ab Senheim geht es wieder durch die Natur – mühsamer – bis Neef. Über den Moseluferpfad verläuft von St. Aldegund bis Trier eine schöne Strecke.

Die Bundesbahn bietet in Trier, Koblenz und demnächst in Cochem und Bullay Fahrräder an, deren Rückfracht im Preis inbegriffen ist. Als Radfahren zum Trend wurde, erfand man ›Happy Mosel‹: am ersten Sonntag nach Pfingsten 240 km autofreies Fahrradvergnügen zwischen Cochem und Schweich, beiderseits der Mosel. ›Saar-Pedal‹, am Sonntag vor Pfingsten bietet autofreie Straßen an der Saar und oberhalb Triers.

Ein Radwanderführer ›Mosel‹ gibt genaue Auskunft über die Streckenvarianten entlang des schönen Flusses. Weitere Informationen: Fremdenverkehrsverband Rheinland-Pfalz, Postfach 1420, 56014 Koblenz, ✆ 02 61/3 10 79, Fax 1 83 43, oder Mosselland-Touristik, Postfach 1310, 54463 Bernkastel-Kues, ✆ 0 65 31/20 91, Fax 20 93.

Schiffsrundfahrten

Kleinere Rundfahrten und Tagesausflüge an der Mosel und Saar sind eine schöne Abwechslung und werden in zahlreichen Orten angeboten:
Rundfahrten der Köln-Düsseldorfer in Winningen und Brodenbach (Auskunft s. ›Unterwegs an der Mosel‹)
Cochem-Beilstein, mit der Undine, Personenschiffahrt Kolb, ✆ 0 26 71/74 31, tgl.
Rund um die Marienburg, Salker, ✆ 0 65 42/2 22 57, von St. Aldegund nach Trarbach, Mai–Okt. tgl.
Bernkastel–Trarbach–Bernkastel, Personenschiffahrt Kolb, Ostern–Okt. tgl. 10, 11.45, 14, 15, 17 Uhr
Mittelmoselfahrten, Michels, Bernkastel-Kues, ✆ 0 65 31/82 22, Mi, Do, Sa, So, ab Bernkastel 10 Uhr, ab Zell 15 Uhr
Rundfahrten auf der Saar, Saar-Personenschiffahrt Saarburg, ✆ 0 65 81/56 05, Fax 56 06, und Reiter, Saarburg, ✆ 0 68 72/21 33

Wandern

1910 wurde der Moselhöhenweg vom Verein Mosel-Hunsrück-Hochwald angelegt, der durch ein weißes M gekennzeichnet ist. Eine Broschüre ist gegen eine Schutzgebühr von 1 DM bei allen Verkehrsämtern erhältlich. Für die 224 km der Hunsrückseite von Koblenz nach Palzem werden zehn Tagestouren empfohlen, die über Berg und Tal auf alten Höhenwegen entlangführen und gelegentlich zur Mosel absteigen.

Von Wasserbillig nach Koblenz sollte man für die 164 km der Eifelseite acht Tage einplanen. Die Hunsrückseite hat mehr Naturlandschaft, die Eifelseite mehr Kulturdenkmäler zu bieten. In den Ferienorten gibt es überall geführte natur- und kulturkundliche Wanderungen, z. B. die Moselwein-Wanderung von Cochem nach Bernkastel, oder die Orgel-Wanderungen zu historischen Orgeln an der Mittelmosel und im angrenzenden Hunsrück (Stumm-Orgeln). Zahlreiche Wanderungen bietet das Konzer Land an, Enkirch hat Wanderwochen, Cochem-Zell Stern- und Rundwandertage, und Treis-Karden veranstaltet eine Burgen-Wanderung. Informationen und Buchung über Moselland-Touristik.

Wassersport

Slips und Anlegestellen für Boote gibt es bei fast jedem Ort. Wasserski kann an den zahlreichen ausgewiesenen Stellen gefahren werden. Jet-Ski ist wegen des Lärms nur bedingt möglich, die Schiffahrtsämter informieren über ausgewiesene Abschnitte. Motorboot-Rennen werden regelmäßig in Lay und Trarbach abgehalten. Oberhalb der Stauwehre kann auf der Mosel und der Sauer auch gesurft werden. Vielfältig ist das Angebot an Wassersportmöglichkeiten an der aufgestauten Sauer; Wildwassersport ist bei Irrel möglich.

Weineinkauf

Was bringt man von der Mosel mit? Natürlich alles, was mit Wein zusammenhängt. Aber Weinvorlieben sind sehr subjektiv. Probieren kann man überall in den Kellern. Manchmal wird ein Kostenbeitrag verlangt; doch die Probe ist meist unverbindlich. Um sich nicht zum Kauf gezwungen zu sehen, entrichte man freiwillig einen Beitrag, sofern man nicht kaufen will. Entscheiden sollte man sich für den Wein, der einem liegt, ohne groß auf Etikett und Preis zu achten. Oft schmeckt einem nämlich der Wein für 7 DM die Flasche besser als der für 15 DM.

Ordentliche Qualitätsweine kosten zwischen 5,50 und 8 DM, Prädikatsweine und Kabinett 7,50 bis 10 DM, Spätlesen 9–14 DM, Auslesen über 12 DM beim Kauf ab Winzer-Keller. Vorsicht bei Billigangeboten!

Jeder Winzer bietet trockene, halbtrockene und milde (liebliche) Weine an. Es ist die Frage einer natürlichen Beeinflussung der Gärung, wie ein Wein gelegt wird. Die Angst vor ›gestoppten‹ Weinen, die Kopfweh verursachen, ist ebenso unbegründet wie die Angst vor der natürlichen Weinsäure, die den Magen belastet. Ein fachgerecht behandelter Wein ist stets verträglich.

Neben dem Wein gibt es Winzersekte, meist handgerüttelt, um die 15 DM für Riesling-Jahrgangssekte. Darüber hinaus werden die typischen Destillate wie Hefeschnaps, Trester (Grappa), Weinbrand, Obstwasser und spezielle Liköre aus Riesling-Trauben oder Weinbergpfirsichen, die besonders für Sekt-Aperitifs geeignet sind, angeboten. Köstlich ist Traubengelee oder Weinbergpfirsich-Marmelade. Eine Besonderheit sind eingemachte rote Weinbergpfirsiche. Ein reiches Sortiment an schönen

Dingen rund um den Wein von Gläsern bis zum Korkenzieher aus Rebholz rundet das Sortiment ab.

Empfehlenswerte Weingüter

Jede Winzerempfehlung ist subjektiv. Deshalb sind Weingüter genannt, die von den großen Weinführern beurteilt sind oder die bei Weinprämierungen über längere Zeit besonders erfolgreich waren. Im Grunde sollte jeder seinen Winzer suchen und finden können.

An der Saar: E. Müller-Scharzhof (Wiltingen); Zilliken-Forstmeister Geltz (Saarburg); Jordan & Jordan-van Volxem (Wiltingen); Schloß Saarstein (Serrig); Dr. Wagner (Saarburg); v. Hövel (Oberemmel); J. P. Reinert (Kanzem); Lauer (Ayl); Reverchon (Kanzem); Piedmont (Filzen); Simon (Serrig); Dr. Fischer (Ockfen); v. Othegraven (Kanzem)

In Trier: Reichsgraf v. Kesselstatt; Bischöfliches Konvikt/Priesterseminar; Friedrich-Wilhelm-Gymnasium; Vereinigte Hospitien

An der Ruwer: Karthäuserhof-Rautenstrauchsche Weingüter (Eitelsbach); C. v. Schubert-Maximin-Grünhäuser; Karlsmühle/Lorenzhof; Weis (Mertesdorf)

An der Mittelmosel: J. J. Prüm (Wehlen); F. Haag (Brauneberg); Dr. Thanisch Ww., Dr. Loosen, Wegeler-Deinhard, Dr. Pauly-Bergweiler (alle in Bernkastel); Max Richter (Mülheim); Haart (Piesport-Wintrich); Weins-Prüm, S. A. Prüm (Wehlen); Selbach-Oster (Zeltingen); Schaefer (Graach); Lauerburg (Bernkastel-Kues); Grans-Fassian (Leiwen); Urbanushof-Weis (Leiwen); E. Clüsserath, Clüsserath-Weil (Trittenheim); J. J. Christoffel (Ürzig); H. Hauth-Kerpen (Wehlen); Meulenhof-Justen (Erden); St. Ehlen (Lösnich); Kirsten (Klüsserath); Schloß Lieser (Lieser); Kees-Kieren (Graach); Hain, Weller-Lehnert, Reuscher-Haart, Lehnert-Veit (alle Piesport); Laurentiushof-Milz (Trittenheim); C. Loewen, J. Rosch, O. Werner & Sohn (alle Leiwen); Paulinshof (Kesten); Schmitt-Wagner (Longuich); M. Molitor (Zeltingen); Studert-Prüm (Wehlen); Merkelbach (Ürzig); Müller-Burggraef (Reil); Immich-Batterieberg (Enkirch); C. Busch (Pünderich)

An der Terrassenmosel: Heymann-Löwenstein (Winningen); Freiherr v. Heddesdorf (Winningen); Dötsch & Haupt (Kobern); Freiherr v. Schleinitz (Kobern); Dr. U. & P. Stein (Alf-St. Aldegund)

Weine aus Weinbergen, die ausschließlich nach ökologischen Prinzipien bebaut sind und mit rein biologischen Mitteln weiter behandelt worden sind, erhält man an der Mosel bei den **ECO-Winzern:** U. Weber (Lehmen); G. Lönnartz (Ernst); J. Deis (Senheim); T. Franzen (Bremm); U. Kreuter (Alf); P. Mentges (Bullay); K. Stülb (Zell-Kaimt); C. Rimmele (Zell-Merl); A. Cuy (Zell-Merl); F. Brohl (Pünderich); C. Busch (Pünderich); Steffens-Kess (Reil); H. Schorn

(Burg); U. Treitz (Wolf); P. Frommer (Wolf); R. Trossen (Kinheim); U. Wick (Kröv); J. Schneider (Maring-Noviand); K. Schweisel (Osann-Monzel); L. Thul (Riol); H. J. Luy (Konz); C. Loch (Schoden); R. Holbach (Wincheringen); H. J. Stempien (Wincheringen)

Weinbaubetriebe der ›Terrassenmosel‹ mit besonderem Angebot

Bremm: R. & J. Franzen, Auf Cales 12, Kammerwein 1996; G. & R. Leitzgen, Brunnenstr. 7, Weinstube, Elbling-Preis 1996

Briedel: Walter-Erben, Hauptstr. 188, Feriendomizil beim Winzer

Bruttig-Fankel: M. Hess-Becker, Christophstr. 8, Gutsschänke

Bullay: Amlinger-Schaardt, Fährstr. 1, Straußwirtschaft

Cochem: Kloster Ebernach, Sehler Anlagen, Sekte, Destillerie

Ediger: Zenz-Probst, Paulusstr., Destillerie; W. J. Oster, Moselstr., Wein-Galerie ›Wajos‹

Ellenz: U. Schneider, Sebastianusstr., Straußwirtschaft, biologische Produkte

Enkirch: Rueff-Röchling, Weingasse, Gutsschänke

Hatzenport: T. Ibald, Moselstr. 44, Straußwirtschaft

Mesenich: Arens-Hirschen, Pützstr. 12, Straußwirtschaft

Müden: Sonneneck, Bachstr. 14, Gutsschänke

Neef: Amlinger & Sohn, Moselstr., Gutsschänke

Pommern: Moritz-Schneiders, Hauptstr. 24, Weinmuseum, Destillerie, Seminare; Blenz, Im Bachtal 189, Gutsschänke, Fischräucherei, Destillerie; Fuchs, Zehnthofstr. 4, biologisch orientiert, Seminare

Pünderich: H. Dahm, Hauptstr. 78, Straußwirtschaft

Reil: E. Melsheimer, Dorfstr. 21, Wein-Galerie

Senheim: D. Schlagkamp-Desoye, Zeller Str., Weinmuseum, Seminare, Vinarena; S. Schützen-Erben, Drillesplatz, Straußwirtschaft

Treis: O. Knaup, Am Rathaus 6, Straußwirtschaft

Winningen: F. Knebel, August-Horch-Str. 9, Gutsschänke

Zell-Merl: A. Kallfelz, Hauptstr., Seminare

Glossar

Antiphonar Buch mit kirchlichen Gesängen in Gregorianischem Choral (gr./lat.)

Apsis Halbrunder oder polygonaler Raumteil; im Kirchenraum Altarnische

Arkade Fortlaufende Reihe von Bögen über Säulen oder Pfeilern

Atrium Hauptraum einer römischen Villa, Vorhof der Basilika

Attika meist niedriges Obergeschoß

Balustrade Aus Säulchen (Balustern) gebildetes Geländer

Baptisterium Taufkirche oder -kapelle

Basilika In der Antike Königshalle, Gerichtshalle. Vorbild des christlichen Kultraums, meist durch Säulen- oder Pfeilerreihen in Schiffe geteilt. Das Mittelschiff ist überhöht und hat eigene Fenster

Bastion Stark bewehrter Festungsvorbau mit Kanonengang (Kasematte)

Blendarkade Wandgliederung durch vorgeblendete Mauerbögen

Caldarium Warmbad römischer Thermen

Chor-(Raum) Früher für Geistliche bestimmter Raum mit Hauptaltar einer Kirche

Chorschranke Trennung zwischen Chorraum und Chorumgang oder Nebenchören, meist plastisch gestaltet

Dendrochronologie Altersbestimmung von Hölzern mittels Jahresringen

Dienst Rundstab an Wand oder Pfeiler zur Aufnahme von Gurten und Rippen eines Gewölbes

Dormitorium Schlafsaal eines Klosters

Dreipaß Gotische Maßwerkform aus drei Kreissegmenten

Epitaph Gedächtnismal mit Inschrift, häufig den Verstorbenen darstellend

Gurt Verstärkungsbogen des Gewölbes, der zwei Joche trennt

Intarsie Einlegearbeit aus Holz, Stein, Perlmutt u. a.

Joch Feld eines Gewölbes, durch Gurte und Stützen abgegrenzt

Kapitell Plastisch gestaltetes Kopfstück einer Säule oder eines Pfeilers

Kapitelsaal Gewölbte Halle, meist zweischiffig; Versammlungssaal der Mönche im Ostflügel des Klosters

Kämpfer Auflagestein für einen Gewölbebogen

Konsole Aus der Mauer ragender Auflagestein

Krummholz Gebogene Stütze im Fachwerk

Kreuzgewölbe Gewölbe, bei dem die Last überkreuzt auf die Eckstützen übertragen wird; die Schnittstellen bezeichnet man als Grate, daher Kreuzgratgewölbe

Kurie Haus der Domgeistlichen

Krypta Unter dem Chor liegender Begräbnisraum von Märtyrern oder Kirchengründern

Laterne Polygoner, mit Fenster durchbrochener Aufbau über einer Kuppel

Lettner Plastisch gestaltete Trennung von Chor und Schiff, zur Lesung des Evangeliums z. T als Bühne ausgebaut

Lohe Getrocknete Eichenrinde zum Gerben

Maßwerk Geometrische Bauornamentik der Gotik, vor allem an Fenstern und Brüstungen

Mensa Altartisch

Netzgewölbe Netzförmiges Gewölbe mit vielen plastischen Schlußsteinen (Knoten)

Obergaden Obere Fensterwand über dem Mittelschiff einer Basilika

Pilaster Flacher Wandpfeiler

Portikus Offener Säulenvorbau an der Hauptfassade

Quadrum Vierflügelanlage eines Klosters oder Schlosses

Refektorium Speisesaal der Mönche

Reliquiar Kunstvoll gestalteter Behälter für Reliquien

Retabel Altaraufsatz

Risalit Über die gesamte Höhe eines Gebäudes vorspringender Teil

Rollwerk Bandartiges Ornament mit eingerollten Enden

Rosa mystica Mystische Rose als Symbol für Maria, die Mutter Jesu

Rustika Mauerwerk aus grob behauenen Quadern

Spolien Wiederverwendetes, meist gestaltetes Bauteil

Staurothek Reliquiar für ein Kreuzpartikel

Strebepfeiler Zur Lastaufnahme des Gewölbes vor die Wand gesetzter Pfeiler

Tabernakel Gehäuse zur Aufbewahrung der geweihten Hostien; Ziergehäuse mit und ohne Figuren

Vesperbild (Pietà) Maria mit dem toten Christus auf dem Schoß

Vierung Raumteil zwischen Langhaus, Chor und Querhäusern

Villa rustica Römischer Herrenhof

Villa suburbana Römische Vorstadt- oder Land-Villa

Volutengiebel Dreiecksgiebel mit schneckenförmigem Zierteil an den Seiten

Welsche Haube Halbkugelig-zwiebelförmige Bekrönung eines Turms

Zwerchhaus Dachhäuschen mit großem Fenster, das bündig in der Fassade steht

Zwerggalerie Arkadenreihe in einer Wandfläche aus kleinen Säulen oder Pfeilern mit Laufgang

Literaturhinweise

Allgemein

Allkemper, Gisela: Das Kochbuch von der Mosel. Hölker, München 1995

Anhäuser, Uwe: Hunsrück und Naheland. Entdeckungsfahrten zwischen Mosel, Nahe, Saar und Rhein. DuMont Kunst-Reiseführer, Köln 1996[4]

Ausonius, Decimus M.: Mosella. Wissenschaftliche Buchgesellschaft, Darmstadt 1989

Bauer, Rudolf/Candea, Romulus: Zwischen Trier und Koblenz. Besinnliche Tage an der Mosel, Droste, Düsseldorf 1988

Dieck, Walter: Trier und die Mosel. Ansichten aus alter Zeit, Peters-Verlag, o. J.

Henschel, Gerhard: Moselfahrten der Seele. Weisser-Stein-Verlag 1992

Jakoby, Rosa: Leben im Moseldorf. Kell 1995[4]

John, Nora/Sünnen, Sonja: Radtouren durchs Moselland. DNA 1996

Jugendherbergen an der Mosel und Saar. Deutscher Wanderverlag, Osnabrück 1995

Kremer, Peter: Fröhliche Moselweinkarte. Spee, Trier 1983

Krisam, Alfons: Deutschland und die Moselaner. Spee, Trier 1993[3]

Meininger: Restaurantführer Mosel. Meininger, Nürnberg 1996

Richer, Werner, Temming, Rolf: Weinreise an der Mosel. 1993

Kunst/Kultur

Dehio, Georg (Hrsg.): Handbuch der Kunstdenkmäler Rheinland-Pfalz – Saarland, München 1984

Rheinische Kunststätten: Hrsg. v. RVDL Neuss, Von zahlreichen Einzeldenkmälern und Orten zwischen Koblenz, Trier und Mettlach, in Einzelheften (18–48 S.)

Ronig, Franz (Hrsg.): Der Trierer Dom. RVDL, Neuss 1980

Schmidt/Köhren-Jansen/Freckmann: Kleine Hausgeschichte der Mosellandschaft. Rheinlandverlag, Köln 1990

Schommers, Reinhold u. a.: Kultur- und landschaftskundlicher Wanderführer Kreis Cochem-Zell. Weis Verlag, Monschau 1992

Literatur

Andres, Stefan: Des Lebens tiefste Weisheit liegt im Wein. Heitere Kulturgeschichte des Rebensaftes. Tieck 1989

Ders.: Wir sind Utopia u. a. Novellen, Suhrkamp, Frankfurt 1997

Ders.: Die Vermummten. Moselländische Novelle. Reclam o. J.

Viebig, Clara: Dies.: Heimat. Novellen von Eifel und Mosel. Rhein-Mosel-Verlag, Briedel 1996

Dies.: Unter dem Freiheitsbaum – Prinzen, Prälaten und Sansculotten (erscheint demnächst im Rhein-Mosel-Verlag, Briedel)

Abbildungsnachweis

Peter Barzem, Ediger-Eller: S. 20, 26
Ralf Freyer, Freiburg: S. 16, 31, 36, 42, 53, 59, 69, 89, 106, 132, 139, 163, 174, 191, 194, 195
Robert Janke, Boslar: S. 34, 147, 159, 168, 179
Michael Jeiter, Merzenich: Umschlagvorderseite, Innenklappe vorn, Innenklappe hinten, Umschlagrückseite (o.), S. 2/3, 10, 22, 32, 48, 52, 57, 60, 64, 71, 75, 77, 79, 86, 95, 97, 100, 105, 108, 100, 115, 121, 123, 130, 135, 139, 142, 148, 154, 160, 166, 170, 190, 192
Lothar Lenz, Cochem: S. 18, 92, 102
Karl Maas, Schalkenmehren: S. 66
Hans Peter Merten, Saarburg: S.1, 8, 24, 63, 82, 112, 144, 180, 178, 196, 198
Werner Richner, Saarlouis: S. 204
Reinhardt Scholz, Düren: S. 201
Bernd Steinicke, Wittlich: Umschlagrückseite (u.), S. 23, 125, 136,
Martin Thomas, Vaals: S. 184
Reinhard Tiburzy, Hauset: S. 200

Karten Grundrisse und Pläne

Die Grundrisse entstanden nach Vorlagen des Deutschen Kunstverlags, München.
Kartographie: artic, Duisburg, © DuMont, Buchverlag

Alle in diesem Buch enthaltenen Angaben wurden von dem Autor nach bestem Wissen erstellt und von ihm und dem Verlag mit größtmöglicher Sorgfalt überprüft. Gleichwohl sind – wie wir im Sinne des Produkthaftungsrechts betonen müssen – inhaltliche Fehler nicht vollständig auszuschließen. Daher erfolgen die Angaben ohne jegliche Verpflichtung oder Garantie des Verlages oder des Autors. Beide übernehmen keinerlei Verantwortung und Haftung für etwaige inhaltliche Unstimmigkeiten. Wir bitten dafür um Verständnis und werden Korrekturhinweise gerne aufgreifen:
DuMont Buchverlag, Postfach 10 10 45, 50450 Köln oder Mittelstraße 12–14, 50672 Köln.

Personenregister

Ortsregister